KB198358

폭정에서 민주정 구하기

한국 민주정의 선진화를 위하여

폭정에서 민주정 구하기

이효성 지음

시적 알레고리:
민주정의 참 정치

이효성

민주정, 백성들이 주인이고 권력의 원천인 나라
그래서 백성들은 스스로 나라를 다스려야 하나
그들이 다 나서면 그 수가 너무 많아 혼란스럽고
모두들 각자의 생업이 있기에 그러기도 어렵다
그래서 그들은 자기들을 대신해 나랏일을 하라고
각지서 고루 일꾼들을 선출하여 결정권을 주었다
하지만 정기적 투표로 저들을 바꿀 수도 있게 했다

처음엔 일꾼들이 백성들의 뜻을 파악하려 했다
그리고 나랏일에 반영하려 나름대로 노력도 했다
그러나 시간이 흐를수록 민심에 소홀해져 갔다
그러다 힘과 돈이 있는 자들과 어울리고 작당했다
선거가 닥치면 머릴 조아리다 당선되면 뻣뻣해졌다
저들은 자신들이 복잡한 나랏일의 전문가라 떠들며
백성의 뜻을 헤아리기보다 자신들의 뜻대로 했다

그러자 백성들이 길모퉁이에서 속삭이기 시작했다
그들의 속삭임 점점 커져 함성으로 길거리에 울렸다
"우리의 일꾼들이 우리를 위해서 일하지 않는다
주인인 우리가 이제 그들에게 본때를 보여야 한다"
드디어 일꾼들을 다시 뽑는 새로운 선거철이 왔다
일꾼들 머리를 깊이 숙였으나 주인들 고개를 돌렸다
그리곤 민심을 등한시했던 자들은 모조리 갈아치웠다

새로운 일꾼들은 주인을 수시로 찾아와 소통했다
언제나 매우 공손하고 상냥한 자세로 다가왔다
하지만 돈과 힘이 있는 자들은 되도록 멀리 했다
나라의 일은 거의가 주인의 뜻을 헤아려 결정했다
그러자 투표 날이 다시 다가와도 비교적 조용했다
주인의 뜻을 헤아린 자들은 모두 다시 뽑히곤 했다
그리고 민주정에는 전에 없던 평화와 안정이 깃들었다

윤석열의 비상계엄에 대하여

> 우리는 언제나 편을 들어야 한다.
> 중립은 압제자를 돕지, 희생자를 돕지 않는다.
> 침묵은 가해자를 격려하지, 피해자를 격려하지 않는다.
> ― 엘리 위젤(Elie Wiesel)

　　이 책의 출판을 위한 모든 사전 작업이 끝나고 출판사는 본서의
서점 등록작업을 2024년 11월 말경에 시작했다. 그러던 중 12월 3
일 밤 10시 23분에 윤석열은 긴급 대국민 담화의 형식으로 비상계
엄이라는 것을 선포했다. 그의 폭정이 우리의 민주정에 최후의 일격
을 가하는 순간이었다. 어쩌면, 그의 폭정이 너무 폭주한 나머지 스
스로 멈출 수 없어 절벽으로 떨어지는 순간이기도 했다. 이 책에서
도 다루었듯, 더불어민주당은 이미 지난 8월 윤석열의 계엄 선포 움
직임을 감지하고 사전에 경고했기에 윤석열이 실제로 그런 일을 벌

이진 못할 것으로 모두들 생각했다. 윤석열의 폭정에서 우리의 민주정을 구하려고 이 책을 쓴 필자조차도 그랬다. 그만큼 윤석열의 계엄 선포는 그야말로 아닌 밤중에 홍두깨 같은 조치였고, 그의 폭정이 생각보다 훨씬 더 빨리 타락하고 더 심하게 미쳐가고 있었음을 증거한다.

만일 그가 계엄에 성공했다면 대한민국은 전두환 독재 시절로 퇴행했을 것이다. 그리고 완전히 후진국으로 추락할 터였다. "깨어보니 후진국"이 문자 그대로 실현될 판이었다. 계엄 선포에 이어 곧바로 발표된 포고령 1호의 3항 "모든 언론과 출판은 계엄사의 통제를 받는다"는 명령에 따라 이 책은 출판될 수도 없었을 것이다. 천만다행으로 그의 계엄이 실패하여 이 책이 빛을 보게 되었다. 그런데 본서의 작성은 지난 늦여름에 마쳤기에 윤석열의 폭정과 우리의 민주정에 분수령이 될 이 어마어마한 계엄 사건을 다루지 못했다. 그래서 이 후기를 통해 이 사건의 전말과 그 평가, 윤석열의 인성과 정신 상태, 이 사건이 우리나라와 우리의 민주정에 미칠 함의 등을 별도로 천착하고자 한다.

2025년 1월 말 현재 윤석열은 온 국민이 텔레비전으로 지켜본 탈법적 비상계엄 선포에 의해 한편으로는 국회의 탄핵 소추 의결에 따라 직무정지 상태로 헌재의 탄핵 심판을 기다리고 있다. 다른 한편으로는 내란 수괴 혐의로 공수처에 의해 체포·구속되어 수사를 받은 후 검찰에 의해 구속·기소되어 형사재판을 기다리고 있다. 그는 한때 검찰총장으로서 한국의 법 집행의 실무 책임자였고 지금은 대통령으로서 그 최고 책임자다. 그럼에도 그는 불법적인 비상계엄을 선포한 데 이어 이제는 헌재의 탄핵 심판과 수사기관의 수사 및 기소 그리고 그에 따른 형사재판이라는 정당한 사법절차와 법치주의를 무시하고 부정하여 지지자들이 서울서부지법에 난입하여 파괴와 소요를 일으키게 하는 등으로 또다시 헌정질서를 무너뜨리고 있다. 그는 헌정질서를 훼손하고 국정을 문란케 한 민주정의 극악한 적이자 파괴자다. 그렇기에 이 후기에서 그의 직명이나 호칭은 생략하기로 한다.

1.

윤석열의 비상계엄은 1980년 광주민주화항쟁 때 전두환 신군부 일당에 의해 발동된 이후 44년 만의 일이다. 그 사이 대한민국은 산업화에 이어 정치의 민주화와 문화의 세계화에도 성공하여 서구 수준 또는 그 이상의 선진국이 되었다. 그 사이 대한민국은 다른 어떤 나라보다도 더 많은 발전과 변화를 이룩했다. 이처럼 눈부신 발전과 변화를 달성한 2024년의 대명천지에 바나나 공화국에서나 일어날 수 있는 비상계엄 또는 친위 쿠데타는 청천벽력(靑天霹靂: 맑은 하늘에 날벼락)인 셈이다. 오늘날 한국의 기술 발전이나 사회 변화의 가속도로 볼 때 지난 44년간은 그 이전 수 세기에 해당하는 변화와 발전을 압도하는 것이었다. 그래서 윤석열의 비상계엄 선포에 우리 모두는 경악하고 어리둥절할 수밖에 없었다. 그리고 나라의 최고 책임자를 잘못 선출한 대가를 너무도 크게 치르고 뼈저리게 후회해야 했다.

윤석열의 계엄은 그 목적부터 반민주적이다. 그는 다수당인 야당이 법과 절차에 따라 행한 장관 등 고위공직자들에 대한 정당한 탄핵과 예산 삭감으로 정부여당을 견제하는 것을 "입법 독재를 통해 국가의 사법 행정 시스템을 마비시키고 자유민주주의 체제의 전복을 기도하고 있다"고 규정했다. 이어 그는 국민의 선택에 의해 뽑힌 야당 의원들을 "우리 국민의 자유와 행복을 약탈하고 있는 파렴치한 종북 반국가 세력들"로 몰아 "일거에 척결"하기 위해 비상계엄을 선포한다고 밝혔다. 이 담화문은 끝부분에서 "저는 지금까지 패악질을 일삼은 망국의 원흉, 반국가세력을 반드시 척결하겠다"고 재차 척결을 다짐했다. 정치적 경쟁 상대를 나라의 적으로 몰아 없애버리겠다는 살벌하기 그지없는 반민주적 자세고 태도다.

그러나 이런 목적의 계엄 선포는 "전시·사변 또는 이에 준하는 국가비상사태"에 선포할 수 있다는 헌법 77조의 요건에도 맞지 않고, 사전에 국무회의 의결을 거치고 국회에 통고해야 한다는 절차도 제대로 거치지 않았고, 국회의 권한을 중지시킬 수 없음에도 계엄 포고령을 통해 국회를 해산시키려 한 탈법적인 것이었다. 후에 수사과정에서 드러나고 있듯, 계엄군의 국회 진입은 국회의원들을 체포하여 국회의 계엄 해제 의결을 막으려는 것이었고, 선거관리위원회 진입은 선거 자료를 확보하여 22대 총선을 부정선거로 몰아 국회를 해산하기 위한 명분을 만들려는 것이었다. 이로써 순간적으로 우리 민주정이 절체절명의 위기에 처했었다고 할 수 있다.

이런 계엄 선포를 듣고 놀란 우원식 국회의장은 계엄 선포 약 30여 분 후인 밤 11시쯤 "모든 국회의원은 지금 즉시 국회 본회의장으로 모여 달라"고 공지했다. 더불어민주당 이재명 대표 또한 계엄 선포 소식을 듣자마자 즉시 국회로 오면서 승용차 안에서 유튜브 방송을 통해 자당 의원들과 지지자들에게 국회로 와줄 것을 당부했다. 이를 듣고 상당수의 지지자들과 일반 시민들이 용감하게 국회로 달려왔다. 이때는 계엄사가 밤 11시부로 대한민국 전역에 국회라는 헌법적 기관의 기능과 집회, 결사, 언론의 자유 등 국민의 기본권을 제한하는 모두 6개 항의 반헌법적 〈계엄사령부 포고령 제1호〉가 발효된 때였다.

이런 포고령에도 국회로 시민들이 속속 모여들어 국회의 사무처 직원들 및 의원 보좌진들과 함께 국회 내부로 진입하려는 무장 계엄군과 대치하였다. 이들 사이에 고성이 오가고 심한 몸싸움도 있었고 일부 계엄군은 창문을 깨고 안으로 들어가기도 했다. 이 과정에서 계엄군들은 특수부대 요원들임에도 무력은 행사하지 않고 눈에 띄게 소극적으로 그리고 굼뜨게 대처하며 시민들에게 밀리는 모습을 보이기도 했다. 그러는 사이에 대부분의 야당 국회의원들과 일부 여당 국회의원들이 용감하게 담장을 넘는 등으로 국회 본회의장에 모여 정

폭정에서 민주정 구하기

족수를 넘겼다. 우원식 국회의장은 그러한 긴급한 상황에서도 차분히 절차를 제대로 챙겨 개의에 흠결이 없도록 만전을 기한 후 4일 0시 47분에 본회의를 개의하고 여야 재석 의원 190명의 전원 찬성으로 비상계엄 해제 요구안을 가결하고 "계엄 선포 무효"를 선언했다. 그리고 즉각 이를 대통령실에 통지하고 계엄군에게 철수를 요구했다. 이에 국회에 진입했던 계엄군들은 1시 11분부터 국회 경내에서 철수했다.

국회의 계엄 해제 요구에 윤석열은 즉시 계엄을 해제해야 함에도 시간을 끌면서 반격을 시도하려 했으나 여의치 않자 결국 새벽 4시 26분 담화를 통해 계엄을 해제했다. 이로써 윤석열의 시대착오적인 반헌법적 비상계엄은 선포 약 2시간 30분 만에 국회에 의해 무효가 되었고, 선포 6시간 만에 결국 국회의 해제 의결에 따라 계엄을 해제했다. 그리하여 그의 비상계엄 선포는 한밤중의 촌극으로 끝났다. 그리고 그의 내란 또는 친위 쿠데타 시도는 제명을 재촉하는 자살골이 되었다. 그 덕에 대한민국의 민주주의는 일단은 나락으로 떨어질 뻔한 절체절명의 위기에서 벗어나게 되었다. 천우신조로 대한민국의 국운은 아직 살아 있음을 확인하게 된 것이다.

2.

계엄 해제 후 모든 야권은 즉시 윤석열 탄핵 소추 의결을 추진하는 등으로 상황이 급박하게 돌아가자 한남동 관저에 칩거하고 있던 윤석열은 관저로 한동훈 여당 대표를 불러들여 탄핵 소추 의결을 반대하도록 회유했다. 그러면서 윤석열은 탄핵 소추 1차 의결일인 12월 7일 아침 국회의 탄핵 소추 의결을 앞두고 "계엄 선포와 관련하여 법적, 정치적 문제를 회피하지 않겠다"는 담화를 발표했다. 윤석열의 회유에 넘어간 한동훈이 탄핵 반대의 당론에 따르겠다고 함으로써 1차 탄핵 소추 의결은 무산되었다. 그러나 윤석열에 속았다고 생각한 한동훈이 돌아서자 윤석열은 2차 탄핵 소추 의결을 앞두고는 계엄 담화문과 대동소이하게 모든 탓을 야당으로 돌리고 자신은 그러한 야당을 경고하기 위해 계엄을 선포한 것이며 계엄 선포권은 대통령의 통치권의 하나라고 강변했다.

윤석열은 자신이 국민에 의해 아주 근소한 차이로 대통령에 뽑혔을지라도 자신이 대통령인 사실은 중요하고, 야당은 국민의 전폭적 지지로 압도적 다수당이 되었음에도 그 사실은 안중에도 없다는 태도를 보였다. 더구나 그는 다수당인 야당과 협상하고 타협하려는 노력도 전혀 기울이지 않았다. 그 스스로도 22대 총선 결과가 나오자 "앞으로는 정치하겠다"며 그동안 정치를 하지 않았다는 사실을 인정하기도 했으나 그 뒤로도 달라진 것은 없었다. 윤석열은 자신이 이끄는 정부의 폭정을 견제하기 위해 국민들이 야당을 절대 다수당으로 만들어준 것을 인정하고 받아들이지 못한 비민주적인 인물이다. 그는 대통령의 권력은 국민의 권력을 위임받은 것이며 그래서 그 권력은 대통령 자신이 아니라 국민을 위해 써야 한다는 민주정의 원리도

폭정에서 민주정 구하기

알지 못하는 듯하다. 그는 봉사하는 민주국가의 대통령이 아니라 군림하는 군주시대의 제왕 노릇을 하려 한 돈키호테 같은 시대착오적 인간이다.

윤석열은 매일 폭탄주 20여 잔을 마실 정도로 폭음을 한다고 한다. 그러고는 늦게 일어나 출근도 하지 않은 채 이른바 뻥카를 보내 출근하는 척하는 경우가 다반사고, 극우 유튜브에 빠져 심지어는 보수신문조차도 전혀 보지 않고, 진실을 전하거나 잘못을 지적하는 충언에는 심한 욕설로 반응하고, 국정에는 관심도 없고 국비로 김건희와 해외여행이나 즐겼다. 윤석열은 자기만의 가상과 허구의 세계에 빠져 있어 민주공화국인 대한민국의 정체의 의미도 모르고 있는 것으로 보인다. 그의 12월 3일의 살벌하고 반민주적인 계엄 선포 담화문, 12월 12일의 적반하장의 횡설수설과 중언부언의 변명성 담화문, 경찰에 체포되기 전에 미리 녹화한 자신의 체포와 수사는 "불법의 불법의 불법"이라는 1월 15일의 뻔뻔하기 짝이 없는 담화문 등은 그가 현실과 민심을 전혀 파악하지 못하고 있음을 여실히 보여주었다.

비상계엄이 해제되고 윤석열이 체포·구속되었다고 그것이 없던 일이 되거나 완전히 해소되는 것은 아니다. 윤석열이 헌재에 의해 탄핵 소추가 인용되기까지 심지어는 이 이후까지도 우리나라의 위상과 국민들의 자부심 그리고 많은 이들의 삶과 정서에 후유증과 문제점을 남기게 될 것이다. 시위 참가자들은 이 추운 겨울에 시위 현장에서 추위에 떨고, 수많은 이들은 긴 겨울밤 동안 잠을 설치며 텔레비전 앞에서 마음을 죄고 있다. 이런 점에서 일부 변호사들과 시민들이 윤석열에 대한 집단손해배상 청구소송을 제기하려는 움직임은 정당하다고 할 수 있다.

악은 일거에 사라지거나 제거되지 않는다. 악한 존재일수록 교활하고 야비하고 모략적이고 선동적이어서 그 생명력이 매우 끈질기다. 더구나 윤석열과 이해관계를 같이 하는 계엄 가담자, 그가 계속 권좌에 있어야 유리한 자, 어리석고 소수일망정 계엄 동조자와 무조건적인 윤석열 지지자도 있기 마련이다. 이들은 윤석열과 한 패가 되어 민주정을 퇴행시키는 악의 무리로서 계엄을 부정하거나 정당화하며 우리의 민주정과 정치를 타락시키는 온갖 추태를 벌이고 비상식적 궤변을 일삼고 있다. 윤석열은 여전히 민주공화국 대한민국의 '국가적 재앙'이다. 그가 탄핵 심판으로 대통령직에서 파면되고 내란의 우두머리로 단죄되어 감옥에 갇힐 때까지 우리가 여전히 깨어 있지 않으면 안 되는 이유다.

3.

윤석열은 12월 14일 국회에서 탄핵 소추안이 가결되어 직무가 정지된 채 헌재의 최종 판단을 기다리고 있다. 그리고 그 직후부터 윤석열 계엄의 주요 가담자들은 경찰, 공수처, 검찰 등 국가 수사기관들에 의해 내란과 직권남용 혐의로 수사를 받기 시작했다. 그들의 범죄 행위의 상당 부분은 텔레비전으로 생생하게 중계되었고 전 국민들이 지켜보았다. 윤석열은 수사에 협조하지 않고 버티다가 뒤늦게 공수처에 의해 체포(2025/1/15).구속(1/19)되어 내란 수괴 혐의로 수사를 받고, 검찰에 의해 구속 기소(1/26)되어 구치소에 구금된 상태로 형사재판을 기다리고 있다. 그의 범죄는 너무도 중차대하고 명명백백해서 그는 단죄를 피할 수 없을 것이다. 그렇다면 그는 대통령이라는 막강한 권력의 자리에 있으면서도 그에 만족하지 않고 왜 이렇게 무모하고 시대착오적인 비상계엄을 시도했을까 하는 의문이 남는다. 이 의문점을 풀어보기로 하자.

인터넷상에는 윤석열의 어릴 적 생활기록부라는 것이 떠돌고 있다. 이는 물론 최근에 컴퓨터로 작성된 것으로 조작된 것이 분명하다. 그런데 여기에는 윤석열의 어릴 적 모습의 사진과 함께 '행동 특성 및 종합 의견'으로 "1. 재능이 없고 성실하지 않으며 교칙에 순응하지 않고 고집이 세며 고자세임. 2. 또한 꾸지람하면 오만불손하며 급우들 위에 군림하고 싶어 함"이라는 의견이 적혀 있다. 그의 성격에 대한 이런 규정에는 많은 이들이 공감하는 댓글들이 달려 있다. 이 생활기록부가 조작된 것일지라도 그의 성격을 간결한 몇 마디로 비교적 정확히 지적했기 때문일 것이다. 윤석열을 개인적으로 모른다 하더라도 그가 검찰로 그리고 대통령으로 행동해온 것을 보건대, 그리고 그를 아는 이들의 그의 행태에 대한 이런저런 지적들에 비추어 보건대, 이러한 성격 규정은 일리가 있어 보인다. 그는 법이나 사회적 규범을 따르지 않고, 남의 말을 듣지 않으며, 다른 이들 위에 군림하려는 특성을 갖고 있는 것이다.

윤석열은 아홉 번의 도전 끝에 사법시험에 합격하여 대통령이 되기 전까지 거의 검찰로 지냈다. 말하자면, 그는 평생 갑의 위치에서 피의자를 심문하고 압박하는 일을 해왔다. 게다가 그는 국정원 댓글 활동 사건과 박근혜 대통령의 국정농단 사건을 비롯하여 정치권력과 관련된 사건들을 집권세력의 입맛에 맞게 수사해온 전형적인 정치검찰이었다. 그리고 그의 그런 이력이 그가 문재인 정부에서 서울중앙지검장을 거쳐 검찰총장에까지 오른 까닭이기도 하다. 여기서 그치지 않고 제대로 된 자당의 대통령 후보감이 없는 '국민의힘'이 그를 대통령 후보로 영입하여 그는 얼떨결에 대통령이 되었다. 그러니 그는 세상이 만만하게 보였을 것이고 자기는 언제나 옳다는 생각에 빠지게 된 듯하다.

윤석열이 검찰로 있는 동안 무리한 수사도 많이 했고, 그가 방패막이가 되어준 처가 관련 비리를 포함하여 개인적인 비리도 많았던 것으로 보인다. 문재인 정부의 청와대 민정수석실 인사담당 비서관이었던 최강욱 변호사에 따르면, 문 대통령이 윤석열을 검찰총장으로 지명할 때 그에 대한 무려 80여 페이지의 인사평가 보고서를 작성했다고 한다. 그만큼 많은 문제가 있었다는 뜻이다. 게다가 종합적인 평가는 1. 흠결 없음, 2. 일부 흠결, 3. 상당 흠결, 4. 중대 흠결의 네 단계로 나뉘는데 윤석열의 종합 평가는 최하위 단계인 '중대 흠

폭정에서 민주정 구하기

결'로 임명 불가로 보고되었다고 한다. 그럼에도 그는 청와대의 인사 라인에 있던 모든 이들에게 검찰개혁을 맹세하며 로비한 끝에 검찰총장에 임명되었다고 한다. 그리고 그가 검찰총장에 임명되자 검찰 개혁은커녕 검찰 개혁을 위해 임명된 조국 장관을 가족까지 샅샅이 뒤져 장관직에서 물러나게 했다.

윤석열의 거짓말은 이번 비상계엄 담화 및 12월 12일의 변명 담화에서도 수없이 드러났다. 텔레비전 중계 영상에서 시청자들이 두 눈으로 확인한 것과 배치되는 주장도 서슴지 않았다. 그리고 그가 군 지휘관들과 그 밖의 관계자들에게 했다는 계엄 관련 지시에 대한 수사 기관의 수사 내용과 배치되는 주장도 부지기수로 늘어놓았다. 그는 계엄 선포의 날짜와 시간, 계엄군의 지연된 출동, 그들의 소극적 대처, 단전·단수 문제 등을 비롯한 비상계엄이 실패한 원인조차도 자신이 그렇게 시켜서 그런 것으로 둘러댔다. 그는 심지어 두 시간짜리 계엄이 어디 있냐며 자신의 계엄 선포는 단순히 야당에 경고하기 위한 것이었다고 말했다. 그리고 그의 변호사는 윤이 체포의 '체'자도 꺼내지 않았다고 말했다. 계엄과 관련된 그의 주장은 거의 모두가 다 거짓말이다. 그가 이렇게 뻔뻔스러운 거짓말을 하는 것은 그의 본래 성품인 것으로 보이며 심지어는 그의 출세에 도움이 되었다.

윤석열의 문제는 거짓말뿐만이 아니다. 그의 더 큰 문제는 그가 몇 가지 심한 중독증 증세를 보인다는 점이다. 많은 이들이 그를 복합적인 중독증 환자로 본다. 이들 중독증으로 그는 올바른 인지 능력이 부족하여, 정상적인 현실 인식과 정상적인 사유와 언행이 불가하며, 따라서 정상적인 삶을 영위하기도 어려운 자라고 할 수 있다. 그런 사람이 국가의 지도자가 되었기에 국민들이 폭정에 시달리고, 국가가 위기에 처하고, 선진국이었던 나라가 하루아침에 후진국으로 추락하게 된 것이다. 그의 중독증에 대해 살펴보기로 하자.

첫째, 무엇보다 그는, 일본의 《아사히신문》에도 보도된 것처럼, 매일 소맥 폭탄주를 20여 잔을 마실 정도의 알코올 중독자다. 알코올을 매일 그나마 다량 마셔대면, 건강의학 전문가인 정희원 교수의 지적처럼, 전두엽이 심하게 훼손되어 이성적인 판단을 하지 못할 뿐만 아니라 감정 조절도 제대로 못하여 걸핏하면 흥분하고 화를 크게 낸다고 한다. 이것이 알코올에 의한 치매 증상이라는 것인데 윤이 그런 증상을 보인다고 의심하는 이들이 많다. 이처럼 이성적 판단이 불가한 자가 결코 중책을 맡아서는 절대로 안 될 일이다. 불행히도, 그런 그가 대통령이 되었으니 나라가 제대로 돌아가기는커녕 위기에 빠질 수밖에 없게 된 것이다.

둘째, 윤석열은 또 극우 유튜브에도 중독되어 있다고 한다. 그는 정치를 잘해서 국민의 마음을 얻으려 하거나 정상적인 언론을 통해 검증된 정보와 민심을 파악하려 하지 않는다고 한다. 심지어는 보수 신문조차도 읽지 않는다고 한다. 그리고 충언에는 갖은 욕설로 대꾸한다고 한다. 대신 그는 틈만 나면 우리 현실을 왜곡하고 대통령 비위나 맞추는 극우 유튜브만을 보면서 거짓 정보와 자기기만적 위안을 얻는다고 한다. 그가 부정선거 음모론에 빠진 것도 유튜브 중독 탓이다. 그러니 그는 현실과 동떨어진 엉뚱한 생각과 판단과 말을 하게 되고 잘못된 신념을 갖게 된 것이다. 그는 자기만의 세상에 갇혀 살고 있는 셈이다.

셋째, 윤석열은 무속에도 빠져 있는 듯이 보인다. 대통령 후보 TV 토론 시에 보인 손바닥에 쓰여진 임금 왕자, 무속인의 훈수에 따라 대통령 집무실을 청와대에서 용산으로 이전한 일, 대통령이 된 후 해외여행 날짜를 무속인의 점지에 의해 변경한 일 등이 이를 증거한다. 그의 부인인 김건희는 스스로 상당한 수준의 무속의 실력자로 자처한다고 한다. 윤석열 주변엔 김건희를 비롯 천공, 건진법사, 명태균, 노상원 등의 무속인들이 즐비하다. 그러니 윤석열 정권에서는 이성과 상식이 아니라 무속과 주술이 국정을 지배하고 있는 셈이다. 이러니 나라가 제대로 굴러간다면 그것이 이상한 일이 될 것이다.

넷째, 윤석열은 권력에도 도취되어 있다. 평생 검사로서 피의자를 비롯 많은 사람들 위에 군림해왔고 그로 인해 검찰총장에 이어 얼떨결에 대통령까지 되었으니 권력에 취할 만도 하다. 그는 정치를 설득과 타협으로 보지 않고 자기 뜻대로 상대를 굴복시키는 것으로 보는 듯하다. 그랬기에 22대 대선에서 야당이 절대적 다수당이 되어 마음대로 권력을 행사할 수 없게 된 데다 자신에게 치명적인 이른바 '명태균 황금폰' 내용이 폭로 직전에 이르자 자기 반대자들과 비판자들을 싹 쓸어버리기 위해 급기야 비상계엄까지 선포한 것이다. 아니, 그 이전부터 그의 권력 지향적 성격이 그를 쿠데타를 동경하게 한 것으로 보인다. 그는 검사 시절에도 쿠데타라는 말을 자주 해왔으며, 자기가 군인이었으면 쿠데타를 했을 것이라는 말도 했다고 한다. 검찰의 내부 고발자 임은정 검사는 그를 "쿠데타가 로망인 사람"이라고 규정하기도 했다.

이런 중독증들로 인하여 윤석열은 자기 현실도 주제도 파악하지 못하고, 허구의 망상적 가상 세계에 빠져 있는 듯이 보인다. 그는 거의 미치광이 수준의 헛된 생각과 말을 하고 사는 사람이었던 것이다. 이런 인물이었기에 그는 절대로 대통령이 되어서는 안 될 사람이었다. 그런 그가 민주적인 선거에 의해 대한민국의 대통령으로 뽑혔다. 그리고 그는 그 민주주의를 질식시키려고 시도하여 평생 영어(囹圄)의 신세를 면치 못하게 되었다. 그는 대한민국이라는 나라의 지도자가 되어 나라를 망치려 하였고 그에 따라 자신도 망치게 되었다. 대통령이 되지 않았다면 쿠데타를 꿈꾸었을지라도 실행하지는 못했을 것이라는 점에서 그가 대통령에 당선된 것은 대한민국이라는 나라에게뿐만 아니라 본인에게도 커다란 불행이 되었다.

4.

2025년의 새해도 한 달이 지나고 있는 작금 대한민국의 최대의

리스크(위험)는 윤설열이다. 그가 계엄 실패로 대통령직의 직무에서 배제되어 있지만 그가 대통령직을 유지하며 대통령으로 남아 있는 동안에는 대한민국의 위기가 가중될 수밖에 없다. 실은 대통령에 취임하면서부터 그는 대한민국의 최대 리스크가 되었다고 할 수 있다. 그럼에도 많은 사람들이 그렇게 인식하지 못했을 뿐이었다. 그러다가 비상계엄 선포를 통해 그렇다는 사실을 윤석열 본인이 직접 극적으로 온 국민에게 입증시켜 주었을 뿐이다. 그는 민주정을 완전히 파괴하려는 비상계엄이라는 극악한 짓을 저지르고도 즉각 사임하지 않고, 뻔뻔하게 헌재의 탄핵 판결을 받겠다고 했다. 그래서 대한민국의 리스크가 계속되고 있는 것이다.

　윤석열이 정상적인 인간이라면 계엄을 선포하지도 않았겠지만, 설령 잘못 판단하여 선포했다 하더라도 그것이 실패한 경우라면, 즉각 사임했어야 한다. 왜냐하면 그렇게 하는 것이 나라를 위해서는 말할 것도 없고 자기 자신을 위해서도 더 낫기 때문이다. 어차피 그의 죄가 막중하고 명백하고 만천하에 드러나서 그는 헌재의 탄핵 판결에서 파면을 면할 수 없다. 그가 헌재에서 탄핵 판결을 받으면 그는 연금은커녕 전직 대통령의 예우도 받지 못하게 되고 내란죄의 처벌도 더 무겁게 받게 될 것이 뻔하다. 그런데도 그는 사임 대신 굳이 헌재의 탄핵 심판을 받겠다고 하면서 자신의 계엄 선포는 거대 야당에 경고하기 위한 것이었다고 했다가 나중에는 국민에게 호소하기 위한 것이었다고 말을 바꾸었다. 자신은 진정한 의미의 계엄을 의도한 것은 아니었다면서 두 시간짜리 계엄이 어디 있느냐거나 계엄은 대통령의 통치권이라는 등 사실에도 반하고 시대착오적이기도 한 주장을 쏟아내고 있다.

그러나 윤석열은 현실을 직시할 정도의 합리성이나 판단 능력을 지닌 사람이 못된다. 그렇기에 사임하지 않고 굳이 탄핵 심판을 받겠다고 한 것이다. 그러면서 헌재 판결에서 승리할 수 있다고 생각하여 수사에도 협조하지 않고 관저에서 버티고 있다가 결국 체포·구속되었다. 그런 와중에 변호사와 지인들을 통해 사법처리에 대해 협상을 시도하면서 공공연히 지지자들을 선동하기도 했다. 이런 윤석열의 행태는 정상적인 판단을 하지 못해 대한민국의 격을 더욱더 떨어뜨리고, 국정의 위기를 연장시키고, 자신의 죄과를 더 키웠을 뿐이다. 그는 대한민국을 대표하고 이끌었던 대통령이 아니라 일반 잡범들이나 하는 수준의 판단과 행위를 한 것이다. 참으로 안타깝고 측은하기까지 하다.

윤석열은 온 국민이 텔레비전 생중계를 통해 똑똑히 지켜본 바와 수사 과정에서 드러난 사실들도 도외시한 채 자신의 계엄의 의도와 목적과 의미를 완전히 축소·왜곡하여 사소화했다. 중요 책임은 비겁하고 졸렬하게 부하에게 떠넘기기도 했다. 자신 때문에 내란의 가담자가 된 부하들의 처지에는 미안해하는 기색도 없다. 그러면서 그는 "저는 끝까지 싸울 것"이라며 자신의 무죄만을 강조하였다. 대신 자신의 계엄 선포에 따른 국가 위상의 추락, 정치 불안에 따른 경기 냉

폭정에서 민주정 구하기

각, 외국인 투자 감소, 환율 상승, 주가 하락, 국가 신용도 하락 위험 등의 국가적 문제, 외교적 공백과 협상력의 저하 등으로 나라와 국민이 겪는 어려움과 고통은 전혀 아랑곳하지 않는다. 그는 자신과 김건희의 권력 강화와 권력 행사에만 관심이 있지 국정을 돌보고 민심을 챙기는 국가 지도자의 진정한 업무에 대해서는 도통 관심이 없는 것이다. 그는 대통령의 자리가 국리민복을 위해 노심초사해야 하는 자리임을 이해조차 못 하고 있는 것은 아닌가 하는 의심이 든다. 그는 자신에 대한 미국의 거부감도 전혀 모르는 듯하다. 그는 애초에 대통령직을 제대로 수행할 수 있는 인물이 못 되었던 것이다.

윤석열은 많은 심리 전문가들에 의해 문제가 있는 사람으로 지적된다. 배상훈 프로파일러는 윤석열이 정신적 의존 대상이 필요한 의존형 망상장애(어려서는 아버지 → 검사로서는 조직 → 결혼해서는 김건희)와 마리오네트 증후군의 특징을 보인다고 지적한다. 《한국일보》에 따르면, 한 정신건강의학과 교수는 "기본적인 사실관계조차 제대로 분간하지 못하고 자신이 바라는 것을 그대로 진실이라 믿고 있는 것 같다"면서 "소통 불능 상태까지 갔다면 망상을 의심해 볼 수 있다"고도 말했다. 또 다른 한 심리학과 교수는 "피해망상과 반사회적 성격 특성이 엿보인다"면서 "간헐적 폭발 장애 여부도 생각해 볼 수 있다"고 말했다. 또 다른 정신의학과 교수는 "조직의 최정점에 올라가면 정보가 비대칭적으로 주어지기 때문에 자신에게 유리한 정보만 선택하고 깊이 몰두하면서 확증 편향에 빠지기 쉽다"고 지적하기도 했다.

　이런 사람에게 이성적 사유나 건전한 판단은 기대하기 어렵다. 아니 불가하다. 그러니 대한민국의 리스크를 줄이고 단축하는 길은 헌재에서 하루빨리 그를 탄핵 심판하여 대통령직에서 파면하고 법과 절차에 따라 새로운 정부를 구성하는 일뿐이다. 그 후에는 그와 그의 비상계엄 가담자들을 형사재판에 의해 사면 없는 최고의 엄한 처벌에 처하여 권력자나 군부에게 다시는 이런 일을 일으키려는 꿈조차 꿀 수 없게 만들어야 한다. 아울러 서울 서부지법에 난입하여 폭동을 주도한 자들도 엄벌에 처해야 한다. 그런 연후에는 대통령의 권한과 역할에 관한 사회적 논의를 통해 제도 개선을 이루어내야 한다. 1987년 전두환 신군부에 의한 비상계엄과, 2024년 연말 윤석열 비상계엄이 보여주듯, 악한 일은 흔히 모두의 예상보다 훨씬 더 나쁜 수준에서 일어난다.

　윤석열과 같은 인물이 민주적인 선거로 대통령에 선출된 것은 우리 민주주의의 커다란 오점일 뿐만 아니라 약점이기도 하다. 본서에서 논의한 바와 같이, 민주주의는 여러 장점에도 불구하고 그 최대의 약점은 민주주의 그 자체를 파괴할 수 있는 인물이 나라의 지도자로 선출되는 것을 막기 어렵다는 점이다. 그러나 그의 불법적 계엄 선포와 그 실행을 내란으로 규정하고 헌법과 법에 따라 그를 처벌하기 위한 절차를 밟고 있는 것은 한국 민주주의의 성숙한 내적 힘이기도 하다. 불행 중 다행인 것은 윤석열의 내란 시도는 그것을 저지하

　　　　　　　　　　폭정에서 민주정 구하기

고 단죄함으로써 한국 민주주의가 더욱 다져지고 한 단계 더 발전하는 계기가 될 수도 있다는 점이다.

그러나 이를 계기로 앞으로는 이런 일이 다시는 일어나지 않도록 법과 제도의 정비도 이루어내야 한다. 새로운 정부가 구성되면, 우리의 정당제도, 지도자 선출 방식, 비상계엄 선포권을 비롯한 대통령의 지나치게 비대한 권한, 대통령의 탄핵 요건, 대통령 직속의 경호처의 존속 등에 관하여 정치권, 특히 국회 차원에서 심각한 논의와 제도 개선이 있어야 할 것이다. 이번 기회에 검찰 개혁도 반드시 이루어내야 한다. 아울러 각급 학교와 군에서 민주주의 교육을 더욱더 강화해야 한다. 특히, 이번 계엄 가담자의 면모에서도 드러났듯, 군사 반란과 쿠데타의 주역은 항시 육사 출신들이었다는 점에서 육사의 뿌리, 존재 목적, 교육 내용 등에 일대 개선이 이루어져야 한다.

헌법에 따라 우리 정부가 상해 임시정부의 법통을 잇듯, 우리 군은 임시정부 산하의 독립군의 법통을 이어야 마땅하다. 해사와 공사 따라서 해군과 공군은 그렇게 하고 있다고 한다. 그러나 육사만큼은 독립군이 아니라 굳이 미군 통역장교를 뽑던 '군사영어학교'를 모태로 삼고 있고 독립군을 그 모태로 하지 않는다고 한다. 그 학교는 독립군에 적대적인 일제의 만주군관학교 출신을 비롯한 친일인사들이 주축을 이루었고 이들이 6.25 때 그대로 육사에 흡수되었다. 그 결과 육사는 잘못된 전통을 수립했고 따라서 교육 또한 잘못되어 온 것으로 보인다. 이번에 이를 국가 차원에서 반드시 바로잡아야 한다.

5.

이번 윤석열의 비상계엄령은 설득력도 없고 합법적이지도 않고 게다가 전쟁마저 유발할 수 있는 아주 위험한 불장난 같아 양식 있는 국민들은 도저히 받아들일 수 없는 것이었다. 게다가 국제적으로 오늘날 한국은 산업화와 민주화에 성공한 경제적 강국이자 선진 민주국가로 인정을 받고 있고, 한국의 각종 문화는 한류라는 이름으로 세계적으로 수용되고 있다. 이처럼 정치, 경제, 문화에서의 세계적 수준에 이른 현재 한국의 발전된 현실이나 그에 따른 국제적 위상을 고려하면 이번 비상계엄 선포는 생뚱맞을 뿐만 아니라 지극히 시대착오적인 것이다.

그렇기에 이 비상계엄은, 오래전부터 치밀하게 준비된 것으로 밝혀지고 있지만, 결코 성공할 수는 없는, 터무니도 어처구니도 없는 것이었다. 그 계엄령을 그렇게 느낀 이들은 비단 한국인들뿐만이 아니었다. 미국 정부의 거듭된 공식적인 비판적 논평이나 서방 선진국들의 열띤 비판적 보도로 증명되듯, 이 계엄령에 관한 외국과 외국인들의 반응도 뜬금없다는 것이었다. 모두가 "이 21세기의 대명천지에 선진국 대한민국에 계엄이 웬 말이냐?"라는 도저히 이해할 수 없다는 어리둥절한 반응인 것이다. 그만큼 윤석열의 비상계엄은 대한민국의 국격과 위상을 형편없이 떨어뜨린 것이었다.

폭정에서 민주정 구하기

그런 말도 안 되는 비상계엄이 실패하는 것은 너무나 당연하다. 그 비상계엄은, 앞에서 언급한 대로, 요건도 절차도 갖추지 못한 불법적이고 비상식적인 것이었다. 그래서 북한을 도발해서 국지전이든 전면전이든 전쟁이라도 일으켜 계엄의 명분을 얻으려 했으나 천만다행으로 북한이 이에 말려들지 않았다. 그래서 어쩔 수 없이 윤석열은 야당과 종북주의자들 때문에 한국이 국가적 위기에 처한 듯이 말했으나 그 어불성설의 억지 주장이 의식 수준이 높고 이미 수십 년 동안 민주주의를 향유해온 우리 국민들에게 먹혀들 리 없다. 그로 인해 오히려 한반도에 미군을 주둔시키고 있고 북한과 전쟁을 원치 않는 미국이 윤석열을 위험인물로 경계하게 되었다.

앞서도 지적했지만, 윤석열은 충언에는 욕설을 지껄이며 아예 듣지도 않고, 심지어는 보수적인 언론조차도 보지 않고, 극우 유튜브 시청에만 몰입하고, 아첨하는 자들의 말만 듣는 것으로 알려져 있다. 그렇게 해서 허구와 망상의 세계에 빠져 있는 그가 현실을 제대로 파악할 리 없다. 그러니 시대착오적인 비상계엄을 선포하고, 그것이 실패하자 처음에는 야당에 경고하기 위한 것이었다고 하더니 나중에는 국민에게 호소하기 위한 것이었다고 상황에 따라 말을 바꾸면서 말도 안 되는 엉뚱한 변명이나 하고, 어리석게도 하야 대신 승산을 점치며 탄핵 소추에 대한 헌재의 심판을 기다리고 있다. 그로 인해 지금 한국의 민주정과 대한민국이라는 나라의 최대의 리스크가 빨리 끝나지 못하고 계속되고 있다. 그는 계엄을 선포하여 한국의 위상에 커다란 타격을 가하고 그 계엄이 실패했음에도 사임도 하지 않은 채 어떻게든 시간을 끌려고만 하여 대한민국의 리스크를 키우고 늘리고 있는 것이다.

윤석열의 잘못된 계엄은 실패했다. 그리고 그는 그에 대한 응분의 대가를 치러야 하고 반드시 치를 것이다. 그러나 계엄을 단죄하기 위한 절차는 계엄이 선포된 지 한 달 반이 지나도록 순조롭게 진행되지 않고 지지부진한 모습을 보이기도 했다. 당당하지도 못한 채 졸렬하고 구질구질한 모습을 보이고 있는 윤석열이 수사에 비협조적인 채로 지지자들을 선동하면서 버텼기 때문이었다. 그뿐만 아니라 여당을 비롯하여 그와 같은 배를 탄 자들이 주요 요직에서 은근히 암약하고 있기 때문이기도 했다. 그래서 그를 체포해 수사하라는 법원의 영장을 제시한 공수처의 1차 체포 시도에도 윤석열과 그의 경호처는 저항했다. 하지만 2차 시도에는 저항에 대비해 단단히 준비한 경찰에 의해 계엄 선포 44일 만인 1월 15일 한남동 관저에서 결국 체포되었다.

위헌적 계엄 시도에 따른 윤석열의 대통령직 파면은 헌재에서 그의 탄핵 심판으로 이루어질 것이다. 그의 내란죄와 직권남용죄에 대한 판결은 그에 대한 형사재판으로 이루어질 것이다. 그런데 그의 형사재판이 보다 더 완벽을 기하기 위해서는 윤석열 내란 특검이 하루빨리 출범해야 한다. 그래야 내란죄와 함께 외환죄에 대해서도, 그리고 대통령 비서들과 국무위원들의 가담과 연루의 여부에 대해서도, 제대로 수사하고 기소할 수 있다. 하지만 어떤 경우든 윤석열이 민주정을 파괴하려 했던 대가는 톡톡히 치르도록 해야 한다. 윤석열을 비롯한 내란의 주요 가담자들은 반드시 사면 없는 엄정한 처벌로 다시는 그 누구도 불법적 계엄은 꿈도 꿀 수 없게 일벌백계해야 한다.

그렇게 되기까지에는 다소의 우여곡절이 있을 수 있겠으나 그의 죄가 너무나 엄중하고 명백한데다 무엇보다 우리의 민주적 제도와 법적 절차가 살아 있어 결국에는 사필귀정에 이를 것이다. 대한민국은 그리 만만한 나라가 아니며 그 국민들 또한 그리 호락호락한 이들이 아니다. 그러기에 대한민국은 이미 세계 유수의 선진국이 되었고 그렇게 인정받아 왔다. 우리는 반드시 윤석열의 폭정과 계엄을 극복하고 우리 민주정을 반석 위에 올려놓게 될 것이다. 사실, 계엄을 이겨내고 민주정을 더욱 튼튼히 하는 일은 세계에서 그 유례가 없는 일이다. 우리는 그 일을 해낼 것이다. 그리하여 우리 민주정은 계엄이라는 위기조차도 자신의 발전의 계기로 삼는 수준 높은 민주정의 세계적 모범 사례가 될 것이다.

6.

앞에서 윤석열의 계엄이 도저히 성공할 수 없는 시대적, 상황적 요인, 즉 한국은 이미 선진 민주정의 국가가 되어서 계엄 같은 반민주적이고 후진적인 강압적 조치가 국민들에게 먹혀들 수 없다는 점을 살펴보았다. 그러나 그것은 계엄이 실패한 직접적 행위적 이유는 아니었다. 그것은 어디까지나 현재의 한국적 여건에서 계엄이 시대 착오적인 것임을 지적한 것이다. 계엄의 실행을 실제로 저지하는데 기여한 몇몇 사회적 행위 요인들은 따로 있다. 여기서는 윤석열의 계엄을 저지한 실제적인 행위자들과 그들의 행위를 살펴보기로 하자. 이는 자연스럽게 우리 민주정에는, 나아가 우리와 우리나라에는, 여전히 희망이 있음을 확인하는 일이기도 하다.

첫째, 한국은 세계에서 가장 선진적인 인터넷망과 디지털 시스템을 갖추고 있다. 게다가 한국인들은 이러한 인터넷망과 디지털 시스템을 소통과 정보 교환 등 사회생활에서 매우 적극적으로 활용해오고 있다. 한국인들은 거의 모두 스마트폰을 비롯한 각종 디지털 기기로 연결되어 있어 정보와 의견을 즉각적으로 교환하고 그에 따라 플래시 몹(flash mop)을 하듯 곧바로 특정한 장소에 모여 집단행동에 나설 수 있고 실제로 그렇게 많이들 해왔다. 이번 사태에서도 많은 사람들, 특히 2030의 젊은이들이 우리의 민주주의를 지켜야 한다는 절박감에서 그렇게 했다. 계엄 선포 소식을 듣자마자 많은 시민들이 서로 연락을 취해 계엄군보다 먼저 국회에 도착하기도 했다. 그리고 시위에 참여하지 못한 이들은 디지털 시스템을 활용한 선결제 등의 방법을 활용하여 음료, 음식, 핫팩, 담요, 난방 버스 제공 등으로 시위를 지원하며 연대를 표시하고 있다. 그리고 이는 다른 나라에서는 볼 수 없는 매우 독특한 우리만의 시위 문화가 되어

폭정에서 민주정 구하기

가고 있다.

둘째, 한국인들은 여러 차례의 비상계엄을 통해 그에 대해 면역력을 갖게 되었다. 특히 1980년 5.18 광주 민주화항쟁 때의 비상계엄군에 의한 민주화 요구 시위의 끔찍한 유혈 진압으로 계엄에 대한 강한 반감과 저항심을 가지고 있다. 비상계엄에 대한 국민들의 트라우마와 그에 따른 알레르기적 반응은 많은 시민들이 국회에 집결하여 용감하게 계엄군에 맞서 그들을 저지하는데 크게 기여했다. 이후에도 이들 민주주의를 지키려는 양식 있는 시민들은 국회의 탄핵 소추 의결 전까지는 국회에 모여 탄핵 소추 의결을 이끌어냈고, 그 이후에는 광화문, 남태령, 한남동 등에서 시위를 벌여 결국 윤석열의 체포와 구속에도 큰 역할을 했다. 이들 시위 현장에서 한 고2 여학생은 "나라가 국민을 버릴지언정 국민은 나라를 버리지 않는다는 말이 우리 세대에도 유효하다는 것을 보여주자"고 말해 듣는 이들을 뭉클하게 했다. 이들은 혈기가 넘치는 젊은이들이기에 눈이 오면 은박지를 뒤집어쓰고 키세스 시위대가 되어 밤을 새워가며 시위를 벌이기도 했다. 게다가 이들은 촛불 대신 자신들이 좋아하는 아이돌들의 응원봉을 흔들며 시위를 축제와 같이 즐기고 있다. 즐기는 시위를 누가 막으랴! 우리 민주정의 미래가 밝은 이유이기도 하다.

셋째, 한국 군대와 경찰의 중간 간부와 일선 군경은 이미 민주 교육을 받은 2030세대다. 게다가 그들은 과거 한국 군경의 행위에 대한 학습을 통해 국민을 적대하는 데에는 소극적이거나 명령을 거부하는 자세를 갖고 있다. 특히 광주 민주화 항쟁에 투입되어 유혈 진압을 담당했던 특전사와 특수부대는 적이 아니라 국민을 공격하고 학살한 데 대한 비난과 커다란 죄책감으로 트라우마를 겪어야 했다. 그래서 이들 특전사와 특수 부대는 광주시민들에게 사죄하고 여러모로 관계 개선을 벌여왔다. 그리고 그런 반성적 행위는 후배 지휘관들과 병사들에게 그대로 전수되었다. 그런 특전사와 특수 부대가 적이나 반란군이 아닌 자국민을 상대로 한 계엄에는 소극적일 수밖에 없다. 특히 어려서부터 민주주의 체제 속에서 자라온 X-세대의 군경은 더 말할 것도 없다. 실제로 12월 3일 국회를 에워싼 경찰과 국회와 선거관리위원회 내로 진입한 계엄군이 적극적으로 나서지 않고 수동적으로 행동했다. 이들의 이러한 민주적 자세로 앞으로 명분 없는 위법적 비상계엄은 가능하지 않을 것으로 보인다.

넷째, 우리 정계는 민주정을 지키는 데 진심인 민주적 정치인들이 다수가 되었다. 그들은 자신들의 목숨이 위험할 수 있는데도 비겁하게 숨거나 도피하지 않고 용감하게 비상계엄의 대상이며 계엄포고령의 현장인 국회로 달려가 담을 넘는 등으로 본회의장에 모였다. 그들은 주로 야당 의원들이긴 했지만 여당 의원들도 일부 있었다. 그들 (제적 300명 가운데 190명)은 계엄군이 국회 내로 진입하는 순간에도 국회 본회의장에 모여 텔레비전이 생중계하는 가운데 차분하게 비상계엄을 무효화하는 의안을 만장일치로 가결하여 비상계엄의 무

폭정에서 민주정 구하기

효화를 선포하고 계엄군에게 퇴각할 것을 명했다. 윤석열은 이에 즉각 응하지 않고 반격을 시도하려 했으나 텔레비전에 의해 전국에 생중계된 국회의 계엄 무효화로 이미 대세가 기울어버렸다. 결국 윤석열은 국회의 계엄 무효화를 받아들이고 자신의 비상계엄을 해제했다. 이처럼 민주주의에 대한 신념이 확고하고 그걸 지키기 위해 자신의 위험조차 감수하는 용감한 정치인들이 다수인 한 우리의 민주정은 그 미래가 밝다고 할 수 있다.

다섯째, 한반도에서 전시 작전권을 가지고 있고 핵무장을 한 북한과 전쟁을 원치 않는 미군과 미국은 한국군의 대북 관련 움직임을 예의주시하고 있음이 밝혀졌다. 그 결과 미군은 예고도 해주지 않은 한국군의 북한 도발 등의 이상 움직임이 포착되자 적잖이 당황하며 그에 강력히 경고하고 심지어는 그 도발을 막으려고도 했던 것으로도 보인다. 계엄이 선포된 날 밤 필립 골드버그 주한미대사의 몇몇 한국 관계자에 대한 전화 시도, 국회의 윤석열 탄핵소추 의결을 이틀 앞둔 12월 12일 《MBC》와의 대담에서 북한을 빙자한 한국군의 국내 사보타주에 대한 브래드 셔면 미 하원의원의 경고도 이런 움직임으로 보인다. 김어준, 한동훈 등에 체포 가능성을 미리 귀띔해 준 것도 같은 맥락이다. 미 국무부의 한국 담당 인사들은 윤석열 계엄의 고비마다 한결같이 그가 민주적인 절차에 따라 탄핵당하기를 바라는 매우 노골적인 논평을 냈다. 미국은 윤석열을 위험인물로 간주하고 그가 확실히 우리 정치판에서 제거되기를 바라는 속내를 드러내어 은

근히 한국 정부를 압박하고 있는 것이다.

이런 몇 가지 까닭으로 앞으로는 누구도 감히 비상계엄이나 쿠데타를 꿈꾸지 못할 것이다. 여기서 특히 우리에게 희망을 주는 젊은 시위 참가자와 젊은 계엄 군경들의 자세와 행동에 주목하고자 한다. 유년의 추억이 그러하듯, 어려서 학습한 것과 체험한 것은 오래 남기 마련이다. 우리 기성세대는 목숨을 걸고 쟁취한 우리의 소중한 민주정이나 민주주의의 가치에 대해 또는 그 소중함에 대해 우리 젊은 세대는 잘 모를 것으로 지레짐작했다. 그러나 그것은 기우였다. 우리 젊은 세대는 민주주의를 교육받고 체험하며 자랐기에 그것이 위기에 처했을 때 자신들이 얼마나 소중한 것을 잃게 되는지를 너무나 잘 알고 있었던 것이다.

그래서 2016년 촛불시위 때만 해도 기성세대 중심으로 자못 근엄하게 이루어졌던 탄핵 시위가 이번에는 젊은 세대 중심으로 즐거운 축제처럼 벌어졌다. 게다가 우리 젊은 병사들은 자국민을 상대로 총부리를 겨누지 않고 시위대의 저항에 밀리는 듯한 소극적 대응으로 적대행위를 삼가고 민주군대 다운 모습으로 처신했다. 이처럼 우리에게는 민주교육을 받고 민주주의를 체험하며 자라 민주주의의 소중함을 체득하고 있기에, 민주주의가 위기에 처하자 그것을 지키려 나선 많은 젊은이들이 있다. 그들이 존재하는 한 대한민국의 민주정 또는 민주주의는 그 생명력을 건강하게 이어갈 것이다. 윤석열의 계엄은 우리 민주정의 역사에서 하나의 큰 오점이지만 동시에 우리 민주

폭정에서 민주정 구하기

정을 다지고 고양시키는 전화위복이 될 것이다. 대한민국의 민주정이여, 뿌리는 깊이, 줄기는 단단히 자라 태풍에도 *끄떡없는* 튼실한 나무가 되어라!

차례

시작하는 말

> 책은 우리 내부의 얼어붙은 바다를 깨는
> 도끼로 쓰여야 한다.
> ─프란츠 카프카(Franz Kafka)

필자는 이 책을 써가는 과정에서 출판에 대해 별 고민을 하지 않았다. 오히려 그에 대해 사회과학도로서 사명감을 가지고 의욕적으로 임했다. 그러나 원고 작성을 마치고 막상 출판을 해야 할 시점부터는 이 책을 출판하는 것이 과연 필자 개인의 적절한 처사인지에 대해서 적잖은 고민을 했다. 이 책은 윤석열 정권의 폭정을 극복하고 우리 민주정의 발전에 기여하려는 논의이지만 그 과정에서 문재인 정부의 검찰개혁 실패와 그로 인한 윤 정권 탄생에의 기여를 부정적으로 다루지 않을 수 없었기 때문이다. 필자는 문재인 정부의 초대 방송통신위원장(2017.8-2019.9)으로 국무회의에도 배석하는 등 그 정부의 일원이었기에 그 실패에 대한 집단적인 책임도 있고, 필자를

폭정에서 민주정 구하기

장관급 공직에 기용해준 문재인 대통령과 당시 청와대 인사들에 대한 의리 문제도 있기 때문이다.

필자는 검찰개혁과 관련된 부서나 조직의 책임자도 아니었고 또 필자가 방송통신위원장 직을 그만 둘 때까지 국무회의에서 검찰개혁이 논의된 적도 없다. 그렇다고 필자는 아무 관계가 없다는 듯 또는 제3자인 듯 태연하게 문재인 정부의 검찰개혁 실패를 말할 수 있다고는 생각하지 않는다. 게다가 필자를 고위 공직자로 임명해준 분들에 대한 의리를 생각하면 더욱 더 그렇다. 그럼에도 고민 끝에 결국 이 책을 출판하기로 결심했다. 실패는 부끄러운 일이지만 그것을 감추기보다는 오히려 드러냄으로써 사람들에게 교훈을 줄 수 있고, 인간적 의리는 개인적으로 지켜야 할 가치이지만, 그러나 그에 구애되어 정권의 잘잘못을 가리는 공적인 가치를 포기해서는 안 된다고 생각했기 때문이다.

문재인 정부의 검찰 개혁의 실패는 큰 실수다. 그런데 그보다 더 큰 실수는 많은 비리 의혹과 나쁜 평판과 거짓말에도 검찰의 서열을 다섯 단계나 파괴하면서까지 "검찰 개혁의 적임자"라며 윤석열 검사를 검찰총장에 기용하고 힘을 실어주어 그가 대통령까지 되는 데 기여한 일이다. 그에게 속아서 그랬건, 또는 그를 너무 신뢰했거나 통제할 수 있다는 오판에서 그랬건, 이 실수야말로 참으로 범해서는 안 되는 거대한 실수가 되고 말았다. 왜냐하면, 아무런 국정 철학이나 비전도 없이, 권력욕에 눈이 어두워 문재인 정부의 검찰 개혁에 맞섰다는 것을 밑천으로 얼떨결에 대통령이 되어 국정을 제대로 돌보지 않아 국민들의 안전을 위험에 빠뜨리고, 민생을 점점 더 어렵게 만들고, 나라의 위상을 추락시키고 있기 때문이다.

윤석열 검찰총장의 비리를 조사하여 그의 징계를 청구했으나 오히려 그 때문에 장관직을 사퇴해야 했던 추미애 전 법무부 장관은 소설 형식을 빌려 문재인 정부의 검찰 개혁 실패를 다룬 책 《장하리》(2023)의 프롤로그에서 이렇게 지적했다. "'검찰통치'의 문을 열어준 것은 명백한 정치의 실패이고, 개혁의 실패이다. 그런데 정치의 실패로 인한 결과는 다시 국민의 몫이 되고 말았다. 뼈아픈 성찰과 점검은 다시 시작하기 위해서 반드시 거쳐야 하는 과정일 것이다. 왜 실패했는가? 실패의 연유를 알아야 극복할 길을 찾을 수도 있는 것이다."

그렇다. 개혁과 정치의 실패는 결국 나라와 국민의, 또는 공공의, 몫이 된다. 그 실수로 인해 한국 민주주의가 더욱 발전하기는커녕 형편없이 퇴행하게 되었고 그에 따라 선진국 한국의 위상이 순식간에 추락하고 있기 때문이다. "깨어보니 선진국!"이었던 나라가 돌연 다시 "깨어보니 후진국!"이 되어가고 있는 것이다. 무엇보다 민생과 민심과 국민의 안전에는 아랑곳하지 않은 채 자신들의 이익과 안위만 생각하는 집권자와 그 측근들의 이기적인 저열한 정치와 눈 먼 폭정으로 많은 국민들이 고통을 받고, 자존심을 상하고, 열패감을 갖게 되었기 때문이다.

그 동안 착실하게 발전해오던 우리의 민주정이 갑자기 폭정으로 퇴행하리라고는 거의 아무도 예상하지 못했다. 촛불시민들의 검찰 개혁에 대한 열망을 떠안고, 검찰 개혁을 정부의 제1과제로 당연시했고, 그에 대한 준비까지 했던 문재인 정부가 검찰 개혁에 실패했을 뿐만 아니라 그 실패의 결과로 결국 검찰 정권까지 탄생시키고, 그들에 의한 폭정으로 우리의 민주정이 위기에 처하고, 많은 국민들이 실망과 좌절과 고통에 빠지게 되었다. 참으로 아이러니한 일이 아닐 수 없다. 검찰 정권의 탄생이 다른 정권도 아닌, 검찰 개혁을 정권의 제1과제로 내세웠던, 문재인 정권의 잘못에 의해 결과한 일이란 점은 더 큰 충격으로 다가올 수밖에 없다. 이 점에 대해 문재인 정권과 그 관계자들의 통렬한 자기반성이 요구된다.

윤석열 정권의 폭정은 하루빨리 종식되어야 마땅하다. 그 종식에 기여하기 위해서는 그 정권의 탄생에 기여한 이들이 먼저 자신들의 잘못과 실수를 인정하고 사과해야 한다. 그래야 새출발을 할 수 있기 때문이다. 그러나 직접적이고 큰 책임이 있는 이들은 거의 나서지 않고 있다. 사실 나서기가 쉬운 일은 아닐 것이다. 어쩌면 인간의 속성상 자신의 잘못이나 책임을 솔직히 인정하기도 어렵다. 그 잘못이나 실수가 클수록 그에 따른 책임감도 더 커지기 때문에 더 그럴 것이다. 그러나 자신의 잘못을 깨닫고 인정하고 밝히고 사과하지 않고는 세인들에게 교훈도 줄 수 없고 폭정에 저항하도록 촉구도 할수 없다. 무엇보다 자신의 잘못에 대한 반성과 참회와 속죄의 기회도 잃고 만다.

그래서 직접적인 당사자는 아니지만 문재인 정부의 일원이었기에 필자라도 나서야 한다고 생각했다. 그 과정에서 인간적인 의리를 지키지 못하는 일은 대의를 위해 소의를 버린 일로 양해되기만을 바랄 뿐이다. 개인적인 관계나 의리의 차원에 얽매여 대의를 버리는 일이야말로 더 나은 세상을 위해 경계해야 할 일이다. 최동석 '인사 조직 연구소' 소장은 우리의 정치 발전을 위해 우리 사회는 보은과 의리라는 전근대적 윤리 의식을 책임과 의무라는 현대적 윤리 의식으로 하루빨리 바꾸어야 한다고 지적했다.[(2024.7.6). 〈건강한 민주주의 네트워크 296. 인사 평가 방법론으로 본 유시민과 김어준(우원식, 조국, 문재인)〉]. 전적으로 공감하는 말씀이다.

하루빨리 폭정을 종식시키고 우리의 민주정을 더욱 선진화하는 일은 현재 우리의 시대정신이며 우리의 최우선 사회적 과제다. 공론의 장에서 시시비비를 제대로 가리고 대의를 선양하기 위해서, 그리하여 민심을 받들어 우리의 민주정을 발전시키고 민생을 돌보아 더 수준 높은 선진 민주정의 나라가 되기 위해서, 우리는 우리 자신의 잘못을 인정하고 사실을 사실대로 드러내는 작업이 긴요하다. 이 책의 출판이 그런 대의에 대한 충정에서 비롯된 작업의 하나로 이해되기를 바란다.

대한민국의 소중한 민주정이여, 영원하라! 그리고 더욱더 발전하라! 그리하여 격랑에도 흔들리지 않는 단단한 닻을 내려라! 이에 본서가 조그마한 기여라도 한다면 더 없는 영광이겠다. 민주적인 더 나은 세상을 만들기 위해 애썼던 분들과 애쓰고 있는 분들 모두를 기리며 그 분들께 이 책을 바친다.

2024년 찌는 듯한 무더위 속에서
산들바람 부는 선선한 가을을 기다리며,
이효성

머리말

악인(惡人)들이 작당하면, 선인(善人)들은 단합해야 한다.
그렇지 않으면 하나씩 하나씩 비열한 싸움에서
동정 받지 못하는 희생양으로 전락한다.
— 에드먼드 버크(Edmund Burke)

우리나라의 '대한민국'이라는 국호와 '민주 공화국'이라는 국체
는, "대한 독립 만세"를 외치고 "우리는 오늘 조선이 독립한 나라이
며, 조선인이 이 나라의 주인임(吾等은 玆에 我 朝鮮의 獨立國임과 朝
鮮人의 自主民임)"을 선언한, 1919년 3월 1일 시작된 거족적인 독립
운동에서부터 비롯된다. 이 3.1독립운동의 영향으로 그 해 4월 11
일 '대한민국 임시정부'가 상해에 건립되고 그 임시정부는 운동의 정
신을 받들어 "대한민국은 민주공화제로 한다"는 내용을 제1조로 한 '대
한민국 임시헌장'을 제정했다. 이 임시헌장의 정신과 표현을 그대로
이어받아 우리 헌법은 1948년 7월 17일 최초 제정 때부터 지금까지

폭정에서 민주정 구하기

'대한민국'의 국체를 '민주 공화국'으로 규정해오고 있다.

　그러나 헌법에 규정되었다고 해서 우리의 민주 공화정, 또는 민주정(民主政), 또는 민주주의가 처음부터 잘 정착되고 발전되어 온 것은 아니다. 우리 민주정은 시작되자마자 이승만의 문민 독재를 필두로, 박정희의 쿠데타에 의한 군사 독재와 유신 독재, 전두환과 신군부의 군사 독재를 거친 끝에 1987년 '6월 항쟁'을 계기로 선거 민주주의를 확보했다. 그 이후로 다소의 우여곡절을 겪기는 했으나 2017년 국정을 농단한 박근혜 대통령을 아무런 폭력이나 혼란 없이 법적 절차에 따라 탄핵하고 평화로운 선거로 문재인 대통령을 선출하여 새로운 정부를 구성하고 계속 선진 민주주의로 발돋움을 해오고 있었다.

　그러던 차에 정말 예기치 못하게 윤석열 검찰총장이 문재인 대통령 측에 한 약속과는 달리 자신의 휘하에 있는 일단의 검찰들과 함께 문 정부의 검찰 개혁에 저항하며 일종의 반란을 일으켰다. 그리하여 문 정부의 검찰 개혁을 좌절시키고 그 여세를 몰아 야당의 대통령 후보가 되어 결국 검찰 정권을 탄생시켰다. 그리고 검찰 정권이 탄생하자마자 우리의 소중한 민주정이 퇴행하고 있는 조짐들이 나타나고 있다. 민주정의 근간인 삼권분립과 법치주의가 심히 훼손되고 국가권력이 공익이 아니라 사익을 위해 오용되고 있는 현실이 바로 그것이다.

　그런 구체적인 예를 들어보자. 사법부의 징용공 판결을 행정부가 존중하지 않는 태도를 보이고, 국회의 다수당인 야당의 주도로 통과

된 중요 법안들 거의 모두에 대해, 심지어는 대통령 자신과 부인이 관련된 것까지도, 대통령이 거부권을 행사하는 등으로 거부권을 남용하고, 정식 입법을 통해서가 아니라 손쉬운 대통령 시행령 개정으로 행정권을 확대하는 등으로 법을 우회하고, 대통령의 사면권을 매우 편향적으로 행사하고, 검찰의 수사권과 기소권을 차별적·선택적으로 적용하고, 공직과 무관한 대통령 부인인 김건희 여사가 국정에 개입하고, 언론을 장악하고 통제하려는 정권의 조치들이 노골적으로 행해져 기울어진 언론 지형이 더욱더 심하게 기울어졌다. 이 얼마나 황당한 국정의 농단이며 민주정의 퇴행인가!

지금 벌어지고 있는 이러한 일들은 제대로 된 민주 공화정에서는 도저히 있을 수 없는 일종의 폭정이다. 이는 우리 민주정이 심각한 위기에 직면해 있음을 뜻한다. 민주정은 과거에는 혁명이나 정변으로 단번에 무너지고 폭정으로 대체되기도 했지만, 오늘날은 주로 선거로 선출된 권력자에 의해서 민주적인 절차로 때로는 순식간에 때로는 서서히 내부로부터 무너지기도 한다. 나치의 히틀러, 필리핀의 마르코스, 페루의 후지모리, 베네수엘라의 차베스, 러시아의 푸틴, 그 밖의 많은 독재자들이 민주적인 선거로 선출된 다음 민주적인 절차를 악용하여 독재자가 되었다. 이승만의 독재도 그런 예의 하나였다.

그런데 우리는 그 동안 많은 투쟁과 희생의 결과로 우리의 민주정을 쟁취하고 발전시켜 왔다. 그랬기에 많은 이들이 우리의 민주정이 후퇴하는 일이 다시는 일어나지 않을 것이라고 믿었다. 그러나 불행

폭정에서 민주정 구하기

히도 그 믿음은 잘못된 것이었다. 우리의 민주정이 폭정으로 퇴행하는 일이 지금 우리 눈앞에 벌어지고 있다. 이미 폭정의 싹이 빠르게 자라고 있다. 스웨덴 '민주주의 다양성 연구소'의 《민주주의 보고서 2024(Democracy report 2024)》에 따르면, 우리의 '자유민주주의 지수'가 2021년 17위에서 2023년 47위로 뚝 떨어졌으며 우리나라는 '독재화'가 진행되고 있다. 우리가 계속 방심하거나 무관심하면 그 독재화가 깊고 단단한 뿌리를 내려 제거하기가 어려워질지도 모른다. 그것이 자라면 자랄수록 제거에 더 많은 희생이 따르게 된다.

본서는 윤석열 정권의 폭정에서 우리 민주정을 구하고 선진화하기 위한 논의다. 좀 더 부연하면, 민주정은 인류가 발명한 가장 훌륭한 정치 체제지만 그 자체는 매우 취약한 제도여서 국민들이 조금만 방심하거나 무관심하면 언제든 폭정으로 퇴행할 수 있다는 점, 폭정은 포악할 뿐만 아니라 법을 무시하거나 오용하거나 남용하거나 편파적으로 적용하고 공익이 아니라 사익을 추구한다는 점, 만일 민주정이 폭정으로 퇴행하는 조짐이 나타나면 그 퇴행이 고착되기 전에 그 초기 단계에서 제거해야 불필요한 희생을 줄일 수 있다는 점, 우리 민주정에 최근 그런 퇴행이 나타나고 있기에 우리 모두 경각심을 가져야 한다는 점과 함께 민주정의 참된 정치는 무엇이고 우리 정치권은 어떤 자세를 지녀야 하는가 등을 말하려는 것이다.

필자는 우리가 선진국 소리를 듣기 시작한 지가 엊그젠데 벌써 폭정으로 퇴행하고 있다는 비판을 받고 후진국 소리를 듣는 이런 현실이 믿기지가 않는다. 그러나 불행히도 그것이 오늘날 우리가 매일 체험하는 실제 상황이기도 하다. 민주정은 자칫 잘못하면 이처럼 순식간에 뒷걸음질을 치게 된다. 이제 이를 하루빨리 바로 잡아야 한다. 우리가 선진국이 되었다는 자부심을 잃지 않기 위해서, 우리의 선진국 지위를 반석 위에 올려놓기 위해서, 무엇보다 우리가 보다 더 자유롭고 평등하고 창조적이고 안전한 삶을 영위하기 위해서, 우리는 언제나 행동하는 양심으로 나서야 한다.

친애하는 국민 여러분, 저는
북한 공산세력의 위협으로
자유대한민국을 수호하
국민의 자유와 행복을
있는 파렴치한 종북
세력들을 일거에 ᄎ   사유
헌정 질서를 지키
비   을 선
저는 지금까?   을 일삼은
망국의 원흉
반드시 첫   니다, 이는
체제 전?   는
반국가   동으로부터
국민   안전, 그리고
국   능성을 보장하며
          에게 제대로 된 나라를
          위한 불가피한
          니다.

작가

인터뷰

편집 후기

우리는 1월 16일에 이효성 작가를 인터뷰했다. 윤석열 대통령이 체포된 다음 날이다. 작가는 잔기침을 참아가며 현 정국에 대한 명쾌한 풀이를 내놓았다. 언론학계의 구루다웠다. 작가의 진가는 늘 역사의 한복판에서 빛난다. 하마터면 이 목소리를 전하지 못할 뻔했다. 독자에게 진실을 전할 수 있다는 사실에 편집자로서 큰 책임과 보람을 느낀다.

편집장 마형민

처음 원고를 보고 페스트북이 정치색을 가진 출판사로 낙인찍힐까 두려웠다. 출간 2주 만에 정치 성향과 관계없이 이 책은 시의적절한 예언서가 되었다. 윤석열의 비상 계엄 선포가 실현되었다면 이 책은 곧바로 검열 대상이 되었을 것이다. 우리가 누리는 자유는 결코 당연하지 않다. 노골적인 폭정 하에서도 대한민국의 민주정을 지키고자 하는 작가의 날선 글을 숙독해야 하는 이유다.

편집팀장 곽하늘

책 내용이 시의적절하다는 반응이 많습니다. 어떻게 이렇게 예언처럼 딱 들어맞았는지 궁금해요.

제가 신통력이 있는 것은 아니지만 윤석열의 폭정을 염려하다 보니까 빨리 종식시키지 않으면 우리 민주정이 크게 퇴행할 것이라고 보았습니다. 그런데 이 책의 출간에 맞추어 윤석열 정권이 정말 예상을 뛰어넘는 엉뚱한 사고를 쳐서 책이 마치 예언서처럼 되고 말았어요. 그 덕분에 오히려 책의 홍보가 자연스럽게 이루어졌습니다. '예언이냐'라고 하는데, 사실 예언이라기보다 제가 그 동안 전두환 시절부터 경험했던 걸 되짚었어요. 이런 식으로 무리하게 정치를 하면 결국 폭정이 더 심해져 가서 어떤 위기 같은 것이 생길 수밖에 없지요. 지금 정세랑 맞아떨어진 거죠.

책 제목이 '폭정에서 민주정 구하기'인데, 21세기 대한민국이라는 선진 민주국가에서 불법 계엄까지 시도할 줄은 저도 몰랐습니다. 하지만 뭔가 '유사한 상황'이 생길 것 같다는 느낌은 있었어요. 왜냐하면, 윤석열이 극우 유튜버들과 무속에 의존하고 야당과 타협도 없이 독선적으로 막 나가고 있었거든요. 김건희 여사가 '날짜가 나쁘다'고 해외 순방 날짜까지 바꾼 사례를 주변에서 들으면서, '정상적 의사결정이 이뤄지지 않는 정권'이라는 생각을 했습니다.

그러다 보니 예전에 겪었던 전두환·박근혜 시절 모습을 떠올리게 됐고, 결국 폭주가 벌어질 거라고 어느 정도 예상했어요. 그래서 '폭주가 시작되면 가속이 붙어 멈출 수 없게 된다'고 생각했는데, 윤석열은 무리수를 거듭하다가 결국 계엄령까지 꺼내 들었잖아요. 그러니 사람들이 '어떻게 이렇게 딱 맞냐'고 생각한 것 같습니다.

책 출간 시점도 묘하게 겹쳤습니다. 일부러 이 시기를 노린 게 아니에요. 원래 원고가 지난여름 다 준비돼 있었는데, 조금 더 다듬다 보니 시간이 좀 더 걸리게 됐죠. 그런데 윤석열이 더 급하게 폭정을 가속하면서, 출간과 동시에 실제 사태가 터져 버렸습니다. 독자들이 "정말 예언가 같다"고도 하니, 저도 시세를 잘 탔다는 생각이 들긴 하네요. 사실 예언이 아니라, 과거 쿠데타나 독재 경험을 살펴보면 이런 유형의 권력자는 결국 폭주하기 쉽다는 뜻이거든요. 이번 사태가 그 사례가 됐을 뿐이라 오히려 안타깝죠.

이 책이 너무 시의적절한 것이 되어 국민 입장에선 슬픈 일이지만, 그래도 사람들이 "이 책이 현실과 똑같은 문제를 지적하고 있다"고 느끼며 조금이나마 깨달음을 얻는다면 보람찬 기여가 되지 않을까 싶어요. 그래서 '예언'이라기보다는 안타까운 현실을 고발하고 그런 현실을 빨리 끝내야 한다는 촉구였다고 말씀드리고 싶습니다.

어제(1월 15일) 윤석열 대통령이 체포된 후 수사를 계속 거부하고 있는데, 앞으로 어떻게 전개될지 예언 아닌 예언을 해 보신다면?

지금까지 한 달 반 동안 영장 집행을 안 받고 수사를 회피했잖아요. 대통령이라는 사람이 그런 식으로 시간을 끌었다는 것 자체가 말이 안 된다고 봅니다. 하지만 결국 체포됐어요. 이건 '아무리 대통령

폭정에서 민주정 구하기

이어도 정당한 법적 절차를 끝까지 무시하긴 어렵다'는 걸 보여 준 거고, 이제 처벌을 제대로 받을 가능성이 커졌다고 봐요.

왜냐면, 이번 계엄령이나 내란 시도에 대한 장면이 전부 녹화됐잖아요. 계엄군이 무장해서 국회에 들어가는 모습도 텔레비전으로 전 국민이 봤고요. 군이 출동한 건 사실이고, 윤석열이 비상사태를 선포했는데 헌법 절차를 완전히 무시했어요. 이런 증거가 너무 명백하기 때문에 헌법재판소가 탄핵도 빠르게 인용할 거라 봅니다. 박근혜 때도 헌재가 전원 합의로 파면했는데, 이번엔 사안이 더 심각하니까요.

탄핵이 인용되면 대통령은 파면이고, 범죄 수사는 별도로 진행되고 재판에 넘겨지면 몇 년 갈 수도 있어요. 그런데 최소한 대통령직은 2개월 안에 끝날 거라 생각해요. 현직 대통령이 수사를 거부하면서 시간만 끌면 국가 지도자의 공백이 길어지잖아요. 그런데 헌재가 그걸 용납하긴 어려울 겁니다. 비상사태도 아닌데다 국무회의의 의결도 없이 계엄령을 선포했고, 국회에 통보조차 안 했으니 명백한 위헌이죠. 시간을 질질 끌 이유가 없어요.

그다음엔 새 대선을 치러야 해요. 헌법상 대통령 파면 후 2개월 안에 재선거를 해야 하니까요. 특정인에게 유리하다고는 하지만, 그래서 여당이 기를 쓰고 시간을 더 끌면서 그가 후보로 못 나오게 하려는 갖은 억지를 부리고 있죠. 그래도 헌재가 지도자 공백을 오래 두진 않을 테니 조만간 대선이 치러질 거라고 봅니다.

결국 이번 체포가 국민에게도 '대통령이어도 법 위에 있을 수 없다'는 메시지를 줬어요. 헌재가 탄핵 절차를 마무리하면 자연히 새 선거 국면으로 넘어갈 거고요. 아무리 시간을 끌어도 2개월 안에는 결정될 가능성이 크다고 생각합니다. 이런 권력의 공백을 빨리 종식시키는 것이 헌재의 존재 이유이기도 합니다. 윤석열 스스로도 어느 정도 예상을 했을 텐데, 무속이나 극우 유튜브, 술에 의존하면서 정상적 판단을 못 하는 듯해요. 지금 와선 어떤 담화를 내도 설득력이 없고, 수사까지 계속 미루니 매를 벌고 있다고 봅니다.

이 사건이 하나의 이벤트로 끝나지 않으려면, 우리 사회가 이런 퇴행을 통해 뭘 배워야 될까요?

민주정이라는 게 민주적인 선거로 지도자가 선출돼도 그 사람이 정말 민주적이고 합리적인 사람인지 가려내지 못하는 약점이 있어요. 그러다 보면 트럼프 같은 사람이 대통령이 되고, 우리도 윤석열이란 인물이 정권을 잡게 됐죠. 결국 국민이 수시로 감시하고 견제해야 한다는 게 핵심이에요. 선거로 뽑혔다고 다 괜찮은 건 아니니까, 방심하면 안 됩니다.

이번 계엄령 시도에서 봤듯이 민주적 절차를 어기고 계엄군이 국회까지 진입했어요. 그런데 젊은 군인들이나 경찰이 총칼을 제대로 쓰지 않고 시간을 끌었습니다. 제가 보기엔, 이건 과거 44년 동안 민주화를 거치며 '민간인에게 총을 겨누면 안 된다'는 교육과 의식이 쌓였기 때문이죠. 무장한 계엄군이 들어왔어도 일부러 총구를 아래

폭정에서 민주정 구하기

로 돌리고, 창문을 깨는 시늉만 하면서 충돌을 피한 거예요. 이걸 보면서 그래도 우리 사회가 민주주의를 어느 정도 내면화했구나 하고 느꼈습니다.

결국 이런 경험이 말해 주는 건 민주주의가 선거 한 번으로 완성되지 않는다는 사실이에요. 누구를 뽑든 간에 그 사람이 독재적 행동을 하진 않는지 국민이 계속 확인해야 해요. 헌법이나 제도도 중요하지만, 실제로 막아 주는 건 국민의 감시와 행동이거든요. 군인과 경찰, 공무원도 국민 의식에서 자유롭지 않아요. 그러니까 명령이라 해도 '이건 아니다' 싶은 계엄령에는 가담을 안 한 거죠.

또 한 가지 중요한 점은, 미국에서 트럼프가 백인 저소득층을 선동해 의사당 난입을 벌였듯이 민주주의는 언제든 퇴행할 수 있다는 겁니다. '우리는 이제 괜찮다'라고 안심할 때가 가장 위험해요. 저도 박정희의 유고가 일어난 뒤, '쿠데타 같은 게 다시 일어나진 않겠지'라고 생각했는데 전두환 일당에 의해 광주 학살까지 벌이는 쿠데타가 일어나더군요. 그걸 보고 권력은 늘 경계해야 한다고 깨달았습니다.

이번 사건도 '이제 계엄령까지 막아냈으니 끝났다'고 보면 안 됩니다. 똑같은 일이 반복될 수 있어요. 저는 책에서 폭정이 가속이 붙으면 멈출 수 없다고 표현했는데, 제동을 거는 건 결국 국민뿐이에요. 왜 이런 사태가 벌어졌는지, 다음엔 어떻게 막아야 하는지를 생각하고 행동해야 합니다. 이걸 단순한 이벤트가 아니라 민주주의를 지키기 위한 교훈으로 삼아야 해요.

전 정부에서 일하셨는데도 대의를 위해 소의를 버리고 쓰셨다고 하셨잖아요. 이 책을 쓰게 된 진짜 계기는 무엇인가요?

문재인 정부에서 일했다는 건 맞습니다. 제가 방송통신위원장을 지냈으니 일정 부분 그 정권의 구성원이었죠. 저에게 직접적인 책임이 있었던 것은 아니어도, 그 정권 하에서 일한 사람이니까 아주 없다고 할 수도 없지요. 하지만 문재인 정부에서 임명을 받았기에 개인적 의리의 문제도 있지요. 해서 고민했지만 공적인 문제에서 의리만을 내세울 순 없었어요.

윤석열을 키워 준 게 문재인 정부라는 지적이 많잖아요. 검찰에 적폐 청산을 맡겼고, 그래서 검찰의 힘이 커졌으며, 그 검찰총장이 자기를 임명해준 정부와 싸운 것을 전과로 내세워 야당 후보로 나가 대통령이 됐으니까요. 저도 그 정권의 한 구성원이니 책임이 없다고할 순 없습니다.

그렇다고 '잘못이 있어도 의리로 덮겠다'는 건 현대사회의 윤리로서는 안 맞죠. 잘못은 잘못이라고 밝혀야 하고, 책임이 있다면 인정해야 한다고 생각해요. 그런데 많은 분들이 이걸 회피해요. 문재인 전 대통령과 청와대 관계자들이 윤석열을 검찰총장으로 발탁할 때 "내가 검찰 개혁을 제대로 하겠다"는 윤석열의 말을 믿었는데 결과가 이렇게 됐으니 안타깝지만 책임을 면할 수는 없잖아요. 속았다는 말로 면피가 되는 문제가 아니라고 봅니다. 그런데 더 직접적인 책임의 자리에 있는 분들은 아무도 안 나서니 "이걸 그냥 넘어가면 안 되

폭정에서 민주정 구하기

겠다. 나라도 나서야겠다"고 생각하게 되었죠.

국민 입장에선 "문재인 정부나 윤석열 정부나 뭐가 달라?"라고 볼 수도 있잖아요. 또 윤석열 정권이 들어서자마자 폭정 비슷한 징후가 많았어요. 김건희 씨가 무속에 의존해 국정을 결정하고, 야당과 대화는 없고, 의대 정원 2천 명 증원 같은 비합리적 정책까지 막 나오니 '가만 두면 큰일'이라고 느꼈죠. 그래서 지금 상황이 왜 이렇게 됐는지, 어떻게 해야 하는지 책임감을 가지고 말하고 싶었어요.

물론 전 정권의 잘못을 지적하면, 어떤 분들은 "거기서 혜택 받아놓고 배은망덕한 것 아니냐"고 할 수도 있죠. 하지만 저는 개인적 은혜보다 민주주의와 국민을 위한 대의가 더 크다고 봤습니다. 제가 방송통신위원장이어서 검찰 개혁과는 직접 관련이 없지만, 검찰 개혁 실패 과정을 알기에 무거운 마음으로 쓰게 되었어요.

결국 문재인 정부가 윤석열을 키운 책임과 윤석열이 벌이는 폭정을 함께 짚고 싶었어요. 그리고 '문재인 정부도 잘못이 있고, 윤석열은 훨씬 더 크게 잘못을 저질러왔는데, 그럼 우린 어떻게 해야 하나'라는 질문을 던지고 싶었죠. 그걸 위해 대의를 택한 거예요.

윤석열이라는 인물 자체가 정치 입문 전에도 여러 문제가 있었다고 하는데, 작가님이 정부에 계실 때 들은 소문이 있었나요?

저는 윤석열을 개인적으로 잘 알지는 못했습니다. 다만 "나는 개인에게 충성하지 않는다"는 말을 했을 때 인상 깊게 봤는데, 결과적으론 거짓말이었다는 게 드러났죠. 김건희 씨나 검찰 패거리, 특히 서울중앙지검 특수부 중심으로만 충성했다는 이야기가 많아요. 실제로 측근만 챙긴다는 말도 있었고요.

제가 정부에 있을 땐 잘 몰랐습니다. 그러나 위원장직을 그만두고 나름대로 인터넷이나 유튜브를 찾아보면서 많은 것을 알게 됐습니다. 소문에 의하면, 대학교 때까지 아버지(윤기중 교수)께 맞았다는 얘기도 있고, 어머니가 결혼을 반대해 의절 상태라는 말도 있더라고요. 또 결혼 자체가 검사와 피의자의 관계였다는 소리도 나왔죠. 그러니 "이건 정상적 관계가 아니다"라고 많이들 말했어요. 김건희 집안 민원을 검찰 고위직 신분으로 해결해 줬다든지, 비리를 덮었다는 식의 루머도 많이 있었어요.

전 정권 민정수석실에 있던 최강욱 변호사가 윤석열 인사평가 보고서를 썼는데, 80페이지 넘게 문제가 기록됐다는 이야기도 들었습니다. 임용 불가였는데도 검찰총장이 된 거예요. 왜냐하면 "검찰 개혁을 철저히 하겠다"는 본인 말만 듣고 대통령 포함 인사라인이 믿었다고 하죠. 근데 총장 되자마자 조국 법무장관을 치면서 다 뒤집어 버렸습니다.

이 사람 인성도 여러모로 문제라는 말이 많았어요. 대학교 때까지 아버지께 맞았다는 건 무언가 문제가 있었기 때문이겠죠. 거짓말을 함부로 하고, 술을 너무 많이 마시며, 알코올성 치매가 있다는 심리학자들 분석도 있었습니다. 극우 유튜브만 보면서 왜곡된 현실에 빠졌다는 이야기도 있었고요.

그러다 보니 현실에 맞지 않는 엉뚱한 계엄령 같은 것을 시도하게
된 것이라고 봐요. 민주당에서 계엄령을 경고했는데 다들 헛소문이
라고 했지만 현실이 되고 말았어요. 그는 상당히 오래전부터 비상계
엄을 준비한 것으로 보입니다. 특히 작년 4월 총선 야당에 대패한 뒤
더욱 결심을 확고히 하고 준비를 해온 것 같습니다. 그래서 여러 징
후가 나타났고 드디어 작년 8월 야당인 더불어민주당의 김민석 최고
위원을 통해 "집권 경험이 있는 민주당의 정보력을 무시하지 말고,
비상계엄은 꿈도 꾸지 말라"라고 경고를 한 겁니다.

어쨌건 윤석열에 관한 여러 부정적인 말들이 많았는데, 결국 대부
분 실제로 드러난 면이 큽니다. 9번을 재수해서까지 검사가 되려고
했다든지, 매일 저녁 술에 취해 다음날 늦게 일어나 제대로 출근하
지 않는다든지, 극우 유튜브만 본다든지, 검찰 신분에 피의자와 동거
하다 결혼했고, 부인에게 잡혀 산다든지, 무속에 빠져 있다든지, 충
고를 하면 대노한다든지 하는 얘기들이 많았어요. 정치에 입문해도
정상이긴 힘들 거란 우려가 이미 오래전부터 있었습니다.

**최근 담화문에서도 반국가 세력, 종북, 공산화, 부정선거 이야기가
나오는데, 왜 이런 주장에 동조하는 세력이 있다고 보세요?**

그게 여러 요인이 있어요. 먼저 극우 유튜버들은 자극적 콘텐츠를
해야 시청자가 몰리고, 슈퍼챗 같은 후원을 받습니다. '이게 말이 되

나?' 싶은 내용이라도 막 얘기해야 클릭이 많아지고 돈이 돼요. 그래서 선거 부정 같은 음모론을 끝없이 생산해 내죠. 그러면 열성 지지자들이 슈퍼챗을 쏘고, 서로 호응하는 구조입니다.

그리고 그런 가짜 뉴스를 실제로 믿는 사람들도 의외로 많습니다. 국민의힘 대표까지 지낸 황교안 전 총리도 비슷한 주장을 했고, 윤석열도 그걸 맹신하는 듯한 모습을 보였잖아요. 그래서 "그럼 당신 대통령 선거도 부정이냐"고 묻고 싶지만, 극우 논리에 빠지면 그런 모순은 안 보이는 거죠. 야당이 전부 나쁘고, 선거도 잘못됐다고만 생각하니까요.

무속 문제도 커요. 윤석열 주변에 김건희 씨가 사주 팔자를 보고 천공, 건진법사, 명태균 같은 무속인이 득실댄다는 말이 계속 나옵니다. 그들과 무슨 이야기를 했는지 모르지만, 대체로 음모론적 얘기를 했을 가능성이 크죠. 그러면 '반국가 세력이 있다, 종북이 있다, 부정선거가 있다' 같은 흐름으로 이어지기 쉽습니다.

제가 볼 땐, 21세기에 이런 극단적 주장들이 통하는 건 역사적 배경도 있어요. 친일 청산을 못 했고, 반공 이데올로기를 내세우면 쉽게 지지를 얻었던 일이 많잖아요. "빨갱이다, 종북이다"라고 외치면 그걸 믿고 열광하는 분들이 생깁니다. 돈 받고 태극기 집회 나가는 분도 있고, 진심으로 믿는 분도 있고요.

결국 극우 유튜브만 보면서 계속 그 말만 들으면 현실감각을 잃어요. 윤석열도 극우 유튜브를 즐겨 보고 야당이 전부 반국가 세력이라

폭정에서 민주정 구하기

고 여긴다는 얘기가 많잖아요. 그러니 담화문에서도 주로 야당을 지칭하는 '반국가 세력'을 일망타진하겠다고 하는 겁니다. 문제는 그 말이 상식적으로 황당하다는 거예요. 근거 없이 부정선거를 떠들고, 공산화를 외치니 누군가는 속고 누군가는 혀를 차죠. 윤석열이 '부정선거'를 믿었다면, 자기가 뽑힌 대선도 부정이 되는 건데 이들은 그 모순을 무시해요. 그냥 자극적 이슈로 '우리는 정의, 저들은 종북'이라 몰아가면 반응이 오니까요.

윤석열이라는 인물에 대해서는 어떻게 생각하세요. 쿠데타가 로망이라는 말도 있었지요.

처음엔 '설마'라고 생각했어요. 그런데 윤석열 밑에서 일했던 임은정 검사가 "쿠데타를 자주 언급했고, 쿠데타가 로망인 사람이다"고 증언하더군요. 임은정 검사는 검찰 내부 고발자로 유명한데, 그 말로 봐선 뜬소문이 결코 아니었구나라고 느꼈어요.

제 입장에선 시베리아 횡단열차를 타본다든지 캄차카 반도의 옅은 강에서 맨손으로 연어를 잡아보는 게 로망이에요. 대개 사람들의 로망이란 이런 유의 것들이죠. 그런데 윤석열은 쿠데타를 로망으로 삼는다니 별 이상한 로망도 있다고 생각했죠. 사실이라면 그의 권력 지향이 엄청날 거라는 짐작이 들죠. 그래서 이번 계엄령 시도도 '아, 이 사람이 예전부터 쿠데타나 계엄 같은 걸 정말로 해 보고 싶어 했구나' 하는 생각이 들었어요. 물론 윤석열의 망상일 수도 있지만 실제 실행에 옮겼으니 망상으로만 끝난 건 아니잖아요.

또 윤석열이 9수 끝에 검사됐다는 말도 있잖아요. 그만큼 권력에 집착해서 검사가 됐고, 정치 검찰로 유명해진 뒤 문재인 정부 때 검찰총장에 올랐죠. 그리고 대선 후보까지 됐어요. 그런 무서운 권력 욕심이 있었다면, 로망으로서 쿠데타 이야기도 단순 농담이 아니라 진심일 수 있다고 봅니다.

민주주의 사회에서 고위공직자가 쿠데타를 로망으로 여겼다는 건 대단히 위험해요. 헌정 질서를 정상적으로 보지 않는다는 뜻이거든요. 실제로 이번 계엄령 발표도 김건희나 무속, 극우 유튜브에 의존한 데서 비롯되었을 것으로 보는 이도 있잖아요. 윤석열은 쿠데타를 '한 방에 모든 권력을 잡는 방법'쯤으로 여긴 듯합니다.

저는 80년대 전두환 쿠데타와 광주 학살을 직접 목격했던 세대라 다시 쿠데타 얘기가 나오는 것만으로도 충격입니다. 그런데 21세기에 그런 발상으로 계엄까지 실행하려 했다니, 말이 안 되죠. 그래서 윤석열이 쿠데타가 로망이라는 말은 농담이 아니라고 봐요. 이 사람의 잠재의식과 권력욕이 드러난 거라고 생각합니다.

전 정권이 검찰 개혁을 실패했기 때문에 윤석열 정권이 나왔다고도 합니다. '검찰 개혁'이 뭔지 쉽게 설명해 주실 수 있나요? 문재인 전 대통령에게도 어떤 책임이 있다고 보시는지도 궁금합니다.

검찰 개혁이란 핵심적으로 '수사와 기소를 분리'하는 겁니다. 지금 한국 검찰은 수사도 하고, 기소도 하고, 그 과정에서 경찰까지 지휘하고, 언론 브리핑까지 담당해요. 이건 원래 일제강점기에 독립운동가를 손쉽게 잡으려 일본이 검찰에 모든 권한을 몰아줬던 구조인데, 해방 뒤에도 고치지 못했죠. 군대는 김영삼 정부 때 하나회를 척결했고, 정보기관인 중앙정보부는 김대중·노무현 정부를 거치며 어느 정도 민주화됐습니다. 경찰도 지역으로 분산을 시도했어요. 그런데 검찰만은 '반성의 기회' 없이 계속 권력을 휘둘렀고, 박근혜 정부 시절에도 전면에서 대통령을 옹위했습니다.

문제는 문재인 정부 때 적폐 청산을 검찰에 맡기면서 검찰 권력이 더욱 막강해졌다는 사실입니다. 원래 문재인 대통령은 검찰 조직 자체를 없애고 수사청·기소청을 따로 두어 서로 견제하게 만들려고 했어요. 미국도 FBI는 오로지 수사만 하고 연방검찰은 기소만 담당하잖아요. 그런데 실제로는 적폐 청산 수사에 검찰을 대거 활용하다 보니 개혁 대상인 검찰이 오히려 힘을 키우는 역설이 벌어졌죠. 조국 전 장관 사태부터 검찰이 정부와 갈등을 빚었고, 결국 검찰 개혁은 끝내 완수되지 못했습니다.

이런 와중에 '나는 개인에게 충성하지 않는다'는 구호로 등장했던 윤석열이 정치적 인기를 얻어 대통령까지 됐습니다. 그래서 "검찰 개혁을 못 해서 윤석열 정권이 나왔다"는 말이 현실이 된 거죠. 사실 국민 입장에선 '검찰 개혁'이라는 말이 추상적으로 들릴 수 있지만, 결국 '수사기관'과 '기소기관'을 분리해야 합니다. 둘을 한 덩어리로 묶어 두면 막대한 권력이 생기고, 경찰까지 지휘하면서 언론 플레이까지 하니 견제 자체가 어렵습니다. 영장 청구도, 공소 유지도, 언론 브리핑도 검찰이 독점하니, 윤석열 같은 정치 검찰 출신이 나오는 게 이상하지 않게 된 거예요.

여기에 대해 문재인 전 대통령의 책임을 언급할 수밖에 없는 이유는, 그 개혁을 구상하던 사람이 문 대통령 본인이었음에도 실제로는 개혁을 제대로 밀어붙이지 못했다는 데 있습니다. 적폐 청산을 검찰에게 일임한 상태에서 '기소권·수사권 분리'를 미루게 됐고, 결국 검찰의 권력이 오히려 커졌어요. 저는 책에서도 '전 정부가 윤석열 같은 인물을 키워 준 셈이고, 문재인 전 대통령도 언젠가 여기에 대해 자기 책임을 인정해야 한다'는 점을 썼습니다. 검찰 개혁을 제대로 진행했더라면 지금처럼 검찰 출신 대통령이 계엄령까지 시도하는 상황은 맞이하지 않았을 거라 보거든요. 그래서 문재인 전 대통령과 당시 정부 관계자들이 언젠가는 그에 대해 발언을 해야 한다고 생각합니다.

작가님의 개인적인 이야기도 궁금한데요. 혹시 시간을 되돌려서 다른 일을 할 수 있다면, 무엇을 해보고 싶으신가요?

원래는 기자가 되고 싶었어요. 오래 한 건 아니지만, MBC·경향신문이 한 회사였을 때 입사시험에 합격하여 잠시 연수를 받고, 사건기자로 새벽부터 밤늦게까지 현장을 돌아다니기도 했었습니다. 미국

폭정에서 민주정 구하기

유학 시절엔 한국일보 시카고 지사 기자를 반 년 동안 했었지만, 기자로 직업을 택하진 않았어요.

가끔 '기자를 제대로 했다면 어땠을까' 하는 생각은 들어요. 해외 특파원으로 현장을 누비면서 글을 쓰고, 사회 정의를 구현하는 젊은 열정을 펼쳤을지도 모르죠. 하지만 언론학자로서 현장도 어느 정도 맛보고 이론도 깊이 연구한 터라 미련은 크지 않습니다. 만약 제가 기자만 했다면, 미국 유학에서 프랑크푸르트학파를 공부하거나 방송통신위원장으로 국가 행정을 경험하긴 어려웠겠죠.

그래도 기자 생활을 10년 이상 해 봤다면 현장 감각이 더 생생했을 텐데 싶은 아쉬움은 있어요. 경찰 기자는 사건·사고를 끊임없이 마주하고, 새벽부터 뛰는 생활이라 힘들지만 젊으니까 도전해 볼 만 했을 거예요. 완전히 소화하진 못했으니, 그 부분이 궁금하기도 합니다. 그렇다고 제가 기자를 못 해서 크게 한이 된 건 아닙니다. 언론학을 하면서 언론 현장을 연구하고, 방송통신위원장으로 언론계가 어떻게 굴러가는지도 파악했으니까요. 또 언론학자로 강의도 하고, 미국에서 이론을 깊이 탐구한 게 적성에 맞았어요. 기자로 해외 특파원을 했다면 더 현장감 있는 경험을 쌓았겠지만, 지금껏 쌓아 온 공부나 경험도 소중해요. 아마 그런 폭넓은 시각 덕에 윤석열 정권이나 계엄령, 쿠데타 시도가 뭔지 간파해 책에 쓸 수 있었겠죠. 그래서 큰 후회는 없습니다.

인생 선배로서, 요즘 정세와 후배들을 보면 어떤 생각이 드세요?

나이 들며 느낀 건 누구든 보수화되고, 건강 문제도 생기고, 젊었을 때처럼 날카롭지 못해지는 게 자연스럽다는 거예요. 그 자체를 나쁘다고 할 순 없어요. 그래서 행동에는 젊은이들이 나설 수밖에 없습니다. 문제는 윤석열처럼 민주주의를 뒤흔드는 사람이 대통령이 됐을 때 그냥 둬도 되냐는 거죠. 전두환은 쿠데타를 통해 몇 달에 걸쳐 권력을 잡았지만 윤석열은 정식 선거로 뽑힌 터라 더 위험하다고 봅니다.

지금 상황은 후배 세대가 더 강한 위기의식을 가져야 한다고 보여요. 전두환 시절 광주 학살이 일어날 줄 몰랐듯, 그러나 역사는 언제든 반복되더라고요. 이번엔 윤석열이 '21세기에 계엄령'을 꺼냈잖아요. 그러니 권력을 감시해야 하고, 이상 징후가 나타나면 국민이 저항해야 합니다. 또 젊은 사람들이 지금 정세를 보고 분노하기도 하지만, 냉소나 체념에 빠지지 않았으면 해요. 오히려 이번 계엄령을 막아 냈다는 사실이 의미 있다고 봅니다. 젊은 세대와 민주 교육 받은 군경이 "민간인을 상대로 총을 쓰면 안 된다"라는 의식을 가지고 있었잖아요. 그래서 명령이 떨어져도 충돌을 피하려 하고, 시간을 끌면서 계엄이 실패했죠. 이 점이 희망을 줍니다.

정치가 복잡하고 엉망이라 '누구를 믿어야 하나, 다 똑같네' 하는 회의론도 있지만, '아 몰라' 하고 손 놓으면 폭정은 더 쉽게 성공해요. 민주주의는 감시와 참여, 거리 시위까지 해야 유지된다는 걸 저도 광주·전두환 시절을 거치며 배웠습니다. 그래서 후배 세대에게

폭정에서 민주정 구하기

"내가 다 가르쳐주마" 할 순 없지만, 최소한 "지금 느끼는 위기의식은 옳다. 이상한 게 아니다"라고 얘기해 주고 싶어요. 권력이 잘못 돌아가면 행동해야죠. 옛날처럼 술자리나 상명하복에 끌려다닐 필요도 없고, 공부하고 정보를 공유하면 됩니다.

결국 나이 든 세대가 아니라 미래가 창창한 젊은 세대가 나서야 합니다. 젊었을 때 우리 사회를 어떻게 더 좋게 만들지 고민하고 움직이는 게 가치 있는 일이라고 말해 주고 싶습니다.

살아오신 동안 여러 사건과 변화를 목격하셨다고 하셨는데, 그중 가장 충격이었던 일이 무엇인지 궁금합니다. 그리고 그로 인해 작가님의 인생은 어떻게 변화하였는지요.

제가 가장 큰 충격을 받았던 건 12·12 군사반란과 이어진 5·18 민주화운동의 무력진압이었습니다. 원래 저는 박정희 사망 뒤로는 군사적 방법으로 권력을 잡는 일은 없을 거라 여겼어요. 그때 한국이 이미 많이 발전했고, 국민 의식도 높아졌다고 생각했거든요. 그런데 12·12 군사반란이 일어나고, 5·18 민주화운동이 무력으로 진압되면서 수많은 희생자가 나왔잖아요.

당시 저는 대학원에서 조교로 일하고 있었는데, 국내 언론이 전혀 보도하지 못했기 때문에 미 대사관이나 문화원에 가서 외신을 찾아봤어요. 거기서 시신이 난자당해 늘어서고, 태극기를 덮어 둔 사진들을 확인했는데, 정말 충격이 컸습니다. 이 정도로 끔찍한 일이 일어날 거라고는 상상하지 않았는데, 실제로 일어났던 것이죠.

"권력이라는 건 늘 경계해야 하는구나" 하는 걸 그때 절감했습니다. 그래서 이후 미국 유학 시절, 프랑크푸르트학파 같은 비판적 학문을 깊이 파고들었어요. 단순히 언론학 공부만 한 게 아니라 사회구조와 권력을 비판적으로 보는 시각을 익히게 된 거죠.

돌아와서는 한겨레신문의 '신문 비평'을 맡아 전두환 정권과 언론의 유착을 세게 지적했는데, 주변에서 조심하라는 말을 많이 들었어요. 그 정도로 5·18 민주화운동 무력진압이라는 사건이 저에게는 큰 충격이고 큰 계기였어요. 그래도 저는 논리와 사실을 기반으로 비판해야 한다고 생각했고, 그때 쌓은 경험이 지금의 제 연구와 글쓰기 토대가 됐다고 봐요.

다시 말씀드리지만 12·12 군사반란과 5·18 민주화운동 무력진압이 제 인생에서 가장 큰 충격이자, 정치적·사회적 의식을 깨운 중요한 전환점이었습니다. 그 일을 계기로, 사람이 살면서 권력을 감시하고 비판해야 한다는 걸 몸으로 배웠다고 할 수 있죠. 그때의 학살과 희생을 잊지 않는 것, 그리고 계속해서 민주주의를 지켜 내는 과정이 우리 모두에게 주어진 과제라고 생각합니다.

MZ세대에 대한 방송 보도가 많은데, 작가님은 요즘 MZ세대를 어떻게 바라보세요?

요즘 2030을 이해 못 하겠다고 하는 기성세대도 있는데, 저는 이번 응원봉 시위를 보고 생각이 바뀌었습니다. 2016년 촛불 시위는 중장년층이 근엄하게 촛불을 들었지만 이번엔 2030이 아이돌 응원하듯 밤새워 시위를 하더군요. 즐겨서 하는 거라, 누구도 막기 힘들죠.

어떤 분들은 "얘들이 뭘 알겠냐"고 하지만 이들은 민주주의 교육을 받고 자랐어요. 계엄령이 자유를 빼앗는다는 걸 알고 자연스럽게 대응하는 거죠. 그래서 훨씬 기발하고 자유로운 방식을 펼치는 겁니다. 저는 이 모습을 보면서 '앞으로 민주주의가 밝겠다'고 희망을 봤어요.

또 요즘은 상사가 저녁에 같이 식사하자고 해도, "미리 말씀 안 해주면 약속 있어서 못 갑니다"라고 하잖아요. 옛날엔 부장이 오라면 무조건 따라갔지만, 이제 개인 시간이 중요한 세대가 됐어요. 그걸 두고 "싸가지 없다"고 할 게 아니라, 불필요한 회식이나 술자리를 끊고 자기가 하고 싶은 것을 하는 게 좋은 변화라고 할 수 있죠.

한편, 남성들이 문화 행사나 시위 현장에는 상대적으로 덜 나온다는 문제도 있어요. 뮤지컬, 연극, 음악회에도 여성이 주로 가고, 남성은 집에서 게임만 한다는 이야기가 많잖아요. 그래서 여성들이 "남자도 같이 문화 향수나 체험에 나오면 좋겠다"고 말하는데, 저도 동의합니다.

그래도 전체적으로 보면, MZ세대가 사회 현안에 재미있고 적극적으로 참여하는 건 정말 고무적입니다. 예전 기성세대는 늘 "요즘 젊은 것들 버릇없다" 했지만, 사실 그 젊은 세대가 항상 새로운 문화를 만들고, 계엄령까지 막아 낸 거예요. 저는 이들이 민주주의를 지키는 큰 역할을 했다고 보고, 앞으로도 자유롭고 창의적인 방법으로 사회를 발전시킬 거라 믿습니다.

앞으로 보다 다양한 책을 쓰고 싶다고 하셨는데, 구체적으로 어떤 주제나 방향을 생각하고 계신가요?

제가 주로 언론학과 비판 커뮤니케이션을 다뤄 왔지만, 사실 문사철(文史哲)의 인문학적인 시각으로 접근하고 싶은 주제들이 많습니다. 예를 들면, 한국과 일본의 관계나 한국과 중국의 관계처럼 오랜 역사 속에서 형성된 문화적·문명적 흐름을 살펴보고 싶어요. 예전에 우리가 문명에서 뒤쳐져 식민지로 전락했지만 지금은 다시 역전된 상태잖아요. 그 과정에서 생긴 이슈나 서로 간의 영향을 좀 더 심층적으로 파헤치고 싶습니다.

일본은 백 년 숙적, 중국은 천 년 숙적이라고도 하는데, 그 말 자체가 어디서 비롯됐는지, 실제 역사를 보면 꼭 그렇지만은 않았거든요. 또 문화적으로는 우리가 앞선 면이 많았고, 문명 측면에서는 일본이 앞서 가기도 했습니다. 이런 맥락을 인문학적인 시각에서 차근차근 분석하는 책을 구상하고 있어요. 단순히 정치·사회적인 충돌을 얘기하는 게 아니라 문화가 어떻게 흐르고 변해 왔는지를 풀어내고 싶습니다.

언론학을 전공했지만, 인문학적 토대를 갖추면 훨씬 풍부한 논의

폭정에서 민주정 구하기

가 가능하다고 봐요. 예를 들어, 왜 우리가 지금은 중국을 천 년 숙적이라고 부르는지, 일본을 백 년 숙적이라고 부르는지, 그 말이 얼마나 역사적 근거를 가지고 있는지, 또 일제강점기나 근대화 과정을 거치며 어떻게 인식이 달라졌는지 등을 살펴보고 싶습니다.

결국 이런 책을 쓰는 목적은, 과거를 성찰하되 단순한 비난이나 찬양이 아니라 역사와 문화의 흐름을 폭넓게 이해하는 데 있다고 생각해요. 언론학적 시각도 활용하겠지만, 그보다 인문학적이고 통합적인 연구로 접근해 보려 합니다. 그래서 앞으로는 이 분야 책을 구체적으로 집필해 보고 싶습니다.

마지막으로 독자분들이나 이웃들에게 한 말씀해 주신다면요?

민주주의 체제에서 주인은 사실 일반 국민입니다. 대통령, 총리, 장관, 국회의원은 우리가 권력을 위임한 대리인이죠. 근데 이들이 자기 이익을 위해 권력을 쓰면 안 되잖아요. 결국 이를 막으려면 국민이 늘 감시하고, 못하면 선거 때 바꾸면 됩니다.

그런데 많은 사람이 정치인을 대단한 존재처럼 여기거나 특정 정당에 무조건 표를 줍니다. 그러면 "여기선 내가 말뚝 박으면 되네" 하는 생각으로 안일해지죠. 사실 주인은 우리인데, 자신을 피지배자처럼 여기면 안 돼요. 그래서 '우리가 주인으로서 너희를 뽑았고, 못하면 바로 바꾼다'는 생각이 중요합니다.

요즘 시대정신을 보면 윤석열 계엄이든 내란 시도든 빨리 매듭짓고, 민주적 가치를 지킬 사람을 뽑아야겠다는 거잖아요. 그런데 일부 세력이 그걸 자꾸 지연시키려 해요. 헌법재판소 탄핵 심판이나 수사기관의 계엄 수사를 질질 끌게 하거나 누구는 절대 대통령 되면 안 된다는 식으로요. 그래도 국민이 깨어 있으면 그렇게 안 될 거예요.

직접 민주주의는 고대 그리스처럼 작은 도시국가가 아니면 어렵습니다. 그래서 대의제 민주주의를 하면서 국민을 대신해 나랏일을 처리할 대리인을 뽑죠. 근데 대리인이 잘못하면 우리가 곧바로 견제하고 책임을 묻는 게 당연해요. '저 사람은 대단한 정치인이니, 우린 가만 있자' 하면 안 됩니다. 주권자인 우리가 지켜보고 있어야 정치인들도 '함부로 못 하겠구나' 하죠.

이 책에서도 '왜 우리가 폭정을 막고 행동해야 하느냐'를 챕터마다 강조했어요. 누가 대신 민주주의를 지켜주지 않습니다. 한 사람 한 사람이 '우리 미래는 우리가 책임진다'는 자세를 가져야 해요. 책을 읽을 때도 '아, 이런 내용이 있네'로 끝내지 말고, 주변이랑 토론하세요. "우리는 어떻게 행동해야 할까. 선거 때나 중요한 정치적 사건 때 뭘 해야 하지?" 이런 고민을 꼭 하셨으면 좋겠습니다. 그런 의식과 실천이 민주주의를 계속 앞으로 나아가게 만드는 힘이라고 생각해요.

작가 홈페이지

폭정에서 민주정 구하기

친애하는 국민 여러분, 저는
북한 공산세력의 위협으로
자유대한민국을 수호하
국민의 자유와 행복을
있는 파렴치한 종북
세력들을 일거에 처   사유
헌정 질서를 지키

깨어보니

선진국!

저는 지금까기   을 일상을
망국의 원흉
반드시 척   니다. 이는
체제 전'   ,는
반국기   ┗동으로부터
국민   ┏ 안전, 그리고
국   ┝능성을 보장하며
┏   에게 제대로 된 나라를
                 ┃ 위한 불가피한
                ,니다.

1.

영국 귀족 가문 태생의 낭만파 시인 바이런 경(The Lord Byron, 1788-1824)은 1812년 쾌락과 환락의 삶에 환멸을 느껴 타국에서 위안을 찾으려는 젊은이의 여행과 감상을 그린 장편 시집 《차일드 해롤드의 유랑(Childe Harold's Pilgrimage)》을 발표하여 일약 유명해졌다. 바이런 자신의 표현을 빌면, "나는 어느 날 아침 깨어나 유명해진 나 자신을 발견했다(I awoke one morning and found myself famous)." 이 작품은 문학과 예술, 그리고 유럽의 낭만주의에 광범한 영향을 미쳤다. 그는 민주주의와 서구 문화의 원조인 그리스가 오스만 제국(오늘날의 튀르키예)의 지배를 벗어나려는 독립 전쟁을 돕기 위해 참전했다가 그리스 전선에서 36세의 나이에 열병으로 요절한 사실로도 유명하다. 그런 바이런으로부터 갑자기 유명해진 경우에 "깨어보니 유명해졌다" 또는 "깨어보니 무엇이 되었다"라는 말이 자주 쓰이게 되었다.

한국은 2021년 갑자기 국제 사회에서 선진국의 지위를 획득했다. 말하자면, "깨어보니 선진국"이 된 것이다. 물론 진실은 이와는 좀 다르다. 한국이 어느 날 갑자기 선진국 반열에 올라선 것이 아니라 조금씩 선진국의 조건을 갖추기 시작했으나 선진국으로 공식적인 인정을 받지 못하다가 어느 날 정식으로 선진국으로 명명되자 갑자기 선진국이 된 것같이 느끼게 된 것이다. 올챙이가 하루아침에 개구리로 비약하는 것이 아니라 조금씩 개구리의 모양을 갖추어가다

폭정에서 민주정 구하기

가 마침내 개구리가 되듯, 한국 또한 조금씩 선진국의 조건을 갖추어 오다가 드디어 선진국이 되었고 그렇게 인정을 받게 된 것이다. 이러한 형태의 비약을 변증법적 논리학에서는 '점차적 형태의 비약'이라고 말한다. 말하자면, 한국은 발전도상국에서 점차적 변화를 통해 선진국으로 비약하게 된 것이다.

선진국에 대한 명확한 규정은 없고, 있기도 어렵다. 다만 일인당 평균소득, 복지제도, 산업화, 무역량 등 몇몇 중요한 경제적 지표, 민주적 제도와 인권과 자유 등 정치적 요소, 교육 수준, 문화 수준 등을 종합적으로 고려하여 판정된다. 한국은 각종 경제적 지표, 교육수준, 민주화, 국제기구의 인정, 무엇보다 OECD의 가입(1996.12.12.)으로 판단하건데 이 무렵부터 선진국 반열에 올랐다고 할 수 있다. 그러나 곧바로 외환위기를 맞아 IMF(국제 통화 기금)의 구제 금융을 신청해야 했고 그 대가로 한국 경제는 IMF의 관리 체제(1997.12.3.-2001.8.23.)에 들어가면서 몇 년간 선진국 반열에서 밀려났다. 하지만 외환위기의 극복을 위해 김대중 정부가 적극적인 산업계 구조 조정을 과감히 단행했다. 그리고 우리의 착한 국민들은 그에 따른 어려움을 감수하고 한걸음 더 나아가 외채를 빨리 갚기 위해 눈물 나는 금모으기 운동까지 벌였다.

이렇게 해서 우리는 세계에 그 유례가 없이 빠른 시일 내에 외환위기를 극복해냄으로써 대체로 월드컵을 개최한 2002년경부터 다시 선진국 반열에 올랐다고 할 수 있다. 외환위기는 많은 이들의 삶을 피폐하게 만들기도 했지만, 그 때문에 행한 과감한 산업계 구조조정으로 우리 산업이 세계화 시대에 국제경쟁력을 갖게 되고 지속적인 경제 성장을 이어가는 전화위복의 계기가 되기도 했다. 그래서 2019년 3월에는 1인당 국민소득 3만 달러 이상, 인구 5천만 명 이상의 나라들을 일컫는 이른바 '30-50클럽'에 7번째로 진입했다. 이미 진입한 나라는 미국, 독일, 영국, 프랑스, 이탈리아, 일본의 6개국뿐이다. 그 의미와 한국의 선진성에 대해서는 홍상화 지음《30-50클럽》(2019)에 잘 나와 있다. 그러나 우리들 스스로는 한국을 중진국 정도로 인식하고 있는데다 샴페인을 너무 일찍 터뜨렸다가 된서리를 맞았다는, 즉 외환위기를 초래했다는, 죄의식까지 겹쳐 여러 객관적 지표에도 불구하고 선진국 인식이 거의 없었다.

그러던 차에 운크타드(UNCTAD)라는 유엔무역개발기구는 195개 회원국 만장일치로 2021년 7월 2일 대한민국을 개발도상국 그룹에서 선진국 그룹으로 변경함으로써 한국의 선진국 지위를 국제적으로 확인하게 되었다. 어느 날 갑자기 선진국으로 승격되었다는 사실에 우리들은 매우 놀라가 되었고 많은 이들이 "깨어보니 선진국!"임을, 또는 어떤 저서명처럼 "눈 떠보니 선진국!"[박태웅 (2021),《눈 떠보니 선진국》]임을, 인지하고 얼떨떨한 기분을 갖게도 되었다. 운크타드에 의해 개발도상국에서 선진국으로, 즉 원조를 받던 나라에서 원조를 주는 나라로, 그 지위가 변경된 나라는 1964년 이 기구가 설립된 이래 한국이 처음이라고 한다. 그러니 많은 한국인들이 선진국이라는 말에 반신반의하면서도 내심으로는 은근한 자부심을 갖게 되었다. 더구나 다른 선진국들은 대체로 식민지 착취를 통해 선진국에의 기반을 마련했으나 한국은 그런 경험이 전혀 없을 뿐만 아니라 오히려 식민 착취를 당하고서도 자신의 노력으로 선진국이 되었으니 그 자부심은 더 컸다.

2.

1945년 8월 15일 일제의 항복으로 한국은 일제에 의한 35년간의 식민착취에서 벗어났으나 그 동안의 수탈과 곧 이어진 한국 전쟁의 학살과 파괴, 그리고 남북의 분단 등에 의해, 한국은 세계 최빈국의 하나로서 매우 초라한 처지의 나라였다. 그때 대한민국은 산업이 매우 빈약했고 자연자원도 거의 없어 미국의 원조로 연명하는 절망적인 여건 속에 있었다. 그런 한국이 50-60여년 만에, 즉 두 세대 만에, 산업화에 의한 경제 발전 뿐만 아니라 민주화에 의한 정치 발전도 달성하여 입헌 민주주의, 법치주의, 시민사회, 인권, 언론자유 등의 정치 부문에서도 서구 선진국 수준에 이르렀다. 스웨덴의 '민주주의 다양성 연구소(V-Dem Institute)' 연례 보고서는 2020-2021년도 한국의 '자유민주주의 지수'를 세계 17위로 평가했다. 게다가 한국은 한류에서 보듯, 미국을 제외하고 그 어떤 선진국도 도달하지 못한 정도의 문화산업의 국제화까지도 이루었다. 그러니 "깨어보니 선진국"이란 말은 결코 허언이 아니었다. 한국은 후진국에서 두 세대

만에 선진국으로 화려하게 도약한 것이다.

　한국은 광복으로부터 치면 만 한 세대 만인, 그러나 한국 전쟁으로부터 치면 한 세대도 채 되기 전인, 1970년대 중반부터 이미 그 눈부신 경제 발전에 의해 세계 경제학자들 사이에서는 '한강의 기적(奇蹟)'으로 불리고 있었다. 이를 전세계 일반인들에게도 확인시켜 준 것은 미국의 국제 시사 주간지 《뉴스위크(Newsweek)》였다. 이 잡지는 1977년 6월 6일자 이슈의 표지에 "한국인들이 몰려온다(The Koreans Are Coming!)"는 특집 기사의 제목과 함께 한국의 다양한 산업 전사들이 태극기와 상품을 들고 떼 지어 몰려오는 그림을 게재했다. 그 특집은 한국의 눈부신 경제 성장과 그 이면을 다룬 내용으로 꾸며졌다. 그 당시 이미 미국을 비롯한 세계의 주요 상점들에는, 주로 저가의 상품들이기는 했지만, 한국의 제품들로 즐비했다.

　이러한 한국의 경제발전이 '기적'으로 불리는 데에는 그럴만한 이유가 있다. 1950년 발발한 한국 전쟁 초기에 유엔군을 지휘했던 맥아더(Douglas MacArthur) 사령관은 한국에는 미래가 없다며, "이 나라는 100년 후에도 회복하지 못할 것이다"라고 단언했다. 한국 독립 후 한국의 신탁통치 관련 문제를 다루기 위한 '유엔 한국 위원회(United Nations Commission on Korea, UNCOK)'(1948.12.12-1950.10.7)의 위원장이었던 인도 정치인 크리쉬나 메논(V. K. Krishna Menon) 또한 한국인들은 중세 시대에 살고 있다며, "어찌 쓰레기통에서 꽃이 자랄 수 있겠는가?"라고 한국의 부흥을 매우 비관적으로 보았다. 그러니 한국 전쟁 발발 후 채 한 세대도 되기 전에 한국이 폐허 위에서 경제적으로 부흥한 일은 '기적'으로 불릴만하다.

그러나 그 '기적'은 본래 이 말이 뜻하는 "상식을 벗어난 기이하고 놀라운 일"로서 어떤 불가사의한 힘의 작용을 함축하는 그런 기적이 아니다. 그 기적은 전적으로 우리 한국인들의 의지와 피와 땀으로 이룬 것이기 때문이다. 한국인들의 향상하려는 강렬한 열망과 그 열망을 뒷받침하는 높은 지적 수준, 피나는 노력, 그리고 근검절약의 정신에 의한 것이었다. 이와 함께 한국인들은 일찍부터 세계 최고의 교육열과 교육수준 그리고 과학적이고 배우기 쉬운 한글 덕택에 세계 최고의 문해율을 가지고 있다. 그럼에도 한 세대도 채 되기 전에 최하위의 빈곤국에서 경제적 부흥을 이룩한 사례는 한국이 거의 유일하였기에 한국의 경제적 부흥은 '기적'으로 불리게 된 것이다.

사실 한국은 단군 이래의 반만년의 유구한 역사와 함께 빛나는 문화유산들이 많다. 세계 최초의 목판 및 금속 인쇄 문화, 세계 최대의 불교 경전의 모음집인 8만 대장경, 세계 최대의 역사 기록물인 조선 왕조 실록, 세계에서 가장 우수한 음소 문자인 한글, 세계 최초의 철갑선인 거북선, 세계 최초의 다연장 로켓형 무기인 신기전 등의 찬란한 문화가 있다. 한국인들은, 근대 교육 제도가 도입되기 오래 전부터 마을마다 서당을 두어 아이들을 가르쳤고, 병인양요 때 강화도를 침략한 프랑스군의 한 장교가 부러워했을 정도로, 집집마다 상당량의 책들을 보유하고 독서를 해왔다.

무엇보다 한국인들에게는 홍익인간 제세이화(弘益人間 在世理化: 인간 사회를 널리 이롭게 하고, 이치로써 세상을 다스려라)라는 단군 이래의 인류애와 평화에 기초한 면면하고 고상한 정신문화가 있다. 여기에 모든 생명을 존중하는 생명 사상과 자연과의 공존과 상생을 중시하는 자연 사상 또한 한국인들에게는 뿌리가 깊다. 이 때문에 《대지》로 노벨 문학상을 수상한 펄 벅(Pearl S. Buck) 여사는 한국을 좋아하여 한국을 자주 방문하고 머물렀으며 《살아있는 갈대》라는 구한 말부터 해방까지 한 가족의 4대에 걸친 한국 근대사의 격랑을 애정 어린 마음으로 그린 소설의 첫 페이지에서 "한국은 고상한 사람들이 사는 보석 같은 나라다.(Korea is a gem of a country inhabited by a noble people.)"라는 헌사를 남겼다.

게다가 우리 민족은 고대로부터 가무를 좋아하는 민족으로 알려져 왔다. 그리고 고려의 생활 문화가 '고려양(高麗樣)'이란 말로 원나라와 명나라에서 유행했었고, 일본에서는 한때 백제문화가 지배적이었다. 이런 빛나는 문화적 전통을 가지고 있었기에 한국은 산업화, 민주화를 함께 달성하고 한류라는 세계적인 한국 문화의 붐도 일으킬 수 있었던 것이다. 미국의 정치학자 조셉 나이[Joseph S. Nye (2009, November 11). "South Korea's Growing Soft Power(한국의 성장하는 연성 권력)," *Foreign Affairs*]의 지적처럼, 한국은 경제력이나 군사력과 같은 경성 권력에서뿐만 아니라 민주주의, 문화 등의 연성 권력에서도 세계 선두 그룹에 속한다고 할 수 있다.

폭정에서 민주정 구하기

사실 한국은 경제력과 무역량에서 세계 10위권의 경제 강국이다. 한국은 철강, 반도체, 디스플레이, 텔레비전.냉장고.세탁기.에어컨 등 가전제품, 2차 전지, 자동차, 조선, 바이오 등의 고도화된 각종 제조업에서 세계 최고이거나 선두에 있다. 이와 함께 한국은 자주포, 장갑차, 전차, 훈련기, 전투기, 잠수함, 군함 등 우수한 각종 무기 생산력에서도 세계 일류에 속한다. 그래서 핵무기를 제외한 재래식 군사력에서도 한국은 세계 5-6위에 든다. 이에 더해 한류로 대표되는 한국의 대중음악, 영화, 드라마, 게임 등의 문화산업에서도 한국은 세계에서 두각을 나타내고 있다. 1988년의 서울 하계 올림픽 대회, 2002년의 월드컵 대회, 2018년의 평창 동계 올림픽 대회 등의 국제적 행사도 세계 어느 나라보다도 더 우수하고 매끄럽게 잘 치렀다. 이처럼 경성 및 연성 권력 모두에서 한국은 이미 세계 소수 강국의 하나다.

3.

오늘날 많은 나라들이 경제 발전에서 후퇴하거나 정체되어 있다. 경제발전을 해오고 있는 경우에는 대체로 '중진국 함정'에서 헤어나지 못하고 있다. 게다가 정치 발전이라는 측면에서는 대부분 전진보다는 퇴행을 하고 있다. 그러한 대표적인 나라의 하나가 중국이라고 할 수 있다. 중국은 개혁개방으로 세계의 공장이 되어 경제력이 커지자 우쭐하여 전랑외교를 펼치며 미국의 패권에 맞서다 미국의 견제를 받게 된 데다 국내 불안을 미연에 방지하기 위해 국민 감시와 전체주의적 통제를 강화하고 공동부유 정책을 시행하면서 경제도 정치도 후퇴하고 있다. 일본은 전후 냉전 덕택에 미국의 보호와 지원 아래 그리고 한국전쟁의 특수로 일찍 선진국 반열에 오르고 한때 미국 다음의 경제 대국으로 성장했다. 그러나 1980년대 말 버블이 꺼지면서 이어진 장기불황으로 "잃어버린 30년"을 겪게 되어 선진국 반열에서 탈락하는 것이 아닌가 하는 우려까지 나오고 있다.

그런데 여러모로 열악한 여건의 한국이 영토와 자연 자원과 지정학 등에서 훨씬 더 유리한 여건에 있는 나라들을 제치고, 산업화.민주화.문화화를 두루 달성하고, 30-50클럽의 일원이 되었고, 운크타드에 의해 정식으로 선진국으로 인정을 받았다. 그리고 한국은 G7 회의에 정식으로 초대를 받았었고, 일본의 반대로 성사되지는 못했지만 영국과 미국은 G7을 확대하여 한국을 정식 회원으로 하자는 제의를 하기도 했고, 코로나 팬데믹에도 그 어떤 선진국보다도 더 잘 대처했다는 평가를 받았다. 이처럼 명실 공히 선진국의 반열에 오른 것은 자부심을 가질만한 대단한 일이라고 할 수 있다.

그렇다고 한국의 선진국 지위가 안정되게 닻을 내린, 또는 반석 위에 올라선, 것은 결코 아니다. 한국의 선진국 위상이 흔들릴 수 없이 확고한 것은 아니라는 뜻이다. 그 지위는 자칫하면 한 순간에 무너질 수도 있는 아직은 불안정한 것이라고 해야 할 것이다. 한국은 후진적인 정치, 과도한 검찰 권력과 그 남용, 지나치게 당파적인 언론, 단단한 기득권의 카르텔, 지나친 빈부격차, 인색한 복지제도, 낮은 출산율 등의 적지 않은 문제를 가지고 있다. 우리가 반석 위의 안정된 선진국이 되려면 이들 문제를 하루 빨리 해결해야 한다. 그런데 불행히도 이들 문제들은 손쉽게 해결할 수 있는 것들이 아니다. 무엇보다 이들 문제의 해결을 선도해야 할 우리 정치권이 안타깝게도 우리 사회에서 가장 후진적인 모습을 보이고 있다. 그들이 국가의 미래를 위한 정책이나 공익으로 다투기보다 정파적 이익을 두고 다투고 있기 때문이다.

앞으로 우리의 가장 큰 우선적 사회적 과제는 정치와 민주정의 선진화다. 정치가 선진화하지 않는 한 우리가 이룩해온 그간의 성취를 한 순간에 무너뜨릴 수도 있기 때문이다. 지금까지는 다행히 깨어 있는 많은 국민들이 정치가 사회발전을 좀먹을 정도까지 타락하는 것을 막아왔다. 사실 우리에게는, 조선조의 유생이나 광대놀이에서 보듯, 최고 권력자인 임금과 지배계급인 사대부에 대해서도 비판하는 전통을 가지고 있다. 이 전통은 대한민국의 역대 독재정권에 맞서 민주화 운동을 줄기차게 벌여온 젊은 학생들과 지성들에 의해 이어져 왔고, 정치의 민주화를 달성하는 동력이 되었다.

그러나 선진국에 진입한 오늘날 오히려 젊은이를 포함한 많은 국민들이 사적 문제에 함몰되어 공적인 문제에 무관심한 모습을 보인다. 공급망의 세계화에 따른 경쟁의 국제화에다 취업문마저 좁아진 현실에 따른 안타까운 결과다. 그러나 이는 우리의 정치 발전과 민주정의 선진화를 위해서는 매우 우려스러운 모습이기도 하다. 우리 정치의 발전과 민주정의 선진화가 반석 위에 올라설 때까지는 우리가 전처럼 아니 그 이상으로 공적인 문제에 대해 관심을 갖고 발언을 하는 등 계속 깨어 있지 않으면 안 된다. 그렇지 않으면 우리의 밝은 앞날을 보장할 수 없기 때문이다. 선진국 지위에 올라섰다고 해서 그 지위가 자동적으로 유지되고 향상되는 것은 아니다. 그 지위를 유지하고 나아가 더 발전하기 위해서 우리는 더욱더 분발하고 깨어 있어야만 한다.

폭정에서 민주정 구하기

친애하는 국민 여러분, 저는
북한 공산세력의 위협으로
자유대한민국을 수호하
국민의 자유와 행복을
있는 파렴치한 종북
세력들을 일거에 ㅊ   자유
헌정 질서를 지키

깨어보니

후진국!

저는 지금까ᄀ
망국의 원흉
반드시 척   니다. 이는
체제 전'   는
반국가   동으로부터
국민   안전, 그리고
국   능성을 보장하며
          에게 제대로 된 나라를
          위한 불가피한
          니다.

1.

불행히도 최근 우리 정치와 국정이 크게 후퇴하고 있다. 그 결과 선진국이라고 인식하고 자부심을 갖게 된 지가 엊그젠데 어느새 "깨어보니 후진국!", 또는 "눈 떠보니 후진국"이라는 탄식들이 쏟아지고 있다. 유엔무역개발기구(UNCTAD)가 2021년 한국을 선진국 그룹으로 변경한 뒤 만 2년 정도밖에 지나지 않은 시점부터 그런 자조적인 말들이 나오기 시작했다. 그 사이 국내외적으로 큰 변화들이 있었다. 국제적으로는, 코로나 팬데믹이 끝났지만, 미국과 중국의 갈등은 더 격화하여 한중 무역에 장애가 커졌고, 우크라이나 전쟁이 발발하여 한러 무역이 중단되고 세계적으로 식품과 원자재 가격이 상승했다. 그러나 이런 국제적인 변화는 대부분의 나라들에게도 정도의 차이는 있지만 어느 정도 유사한 영향을 미치기에 한국에만 어려움을 준 것은 아니다.

한국의 위상 추락에 결정적인 영향을 미치고 있는 것은 주로 국내의 정세 변화다. 그 사이 국내적으로 일어난 가장 큰 정세 변화는 여야가 바뀌는 정권교체(2022.5.10) 그리고 그에 따른 정치, 경제, 외교, 군사, 이념 지형 등에서의 급격한 변화다. 촛불시위로 집권하고 절대다수 의석을 가졌던 전 정권은 많은 촛불시위 국민들이 바랐던 검찰개혁을 비롯한 주요 개혁을 제대로 해내지 못한 채 정권을 마쳤다. 게다가 부동산 정책의 잘못으로 부동산 가격이 폭등했고, 아파트 갭 투자를 허용하여 많은 서민 피해자들이 속출했고, 세수가 넘쳐

폭정에서 민주정 구하기

남에도 코로나로 휴직을 당하거나 봉급이 줄어든 피고용인들에게, 그리고 폐업하거나 문을 열지 못하는 소상공인들에게, 제대로 지원을 하지 않았다.

그러자 많은 국민들의 불만이 커져갔다. 그런 현실 속에서 집권 여당과 정권이 키우고 등용했던 검찰총장이 검찰 개혁을 약속했음에도 그 약속을 지키지 않고 일종의 반란을 일으켜 집권 세력과 대립하더니 결국 야당의 대권 후보로 나서서 대통령에 당선되는 어처구니 없는 일이 벌어졌다. 이를 이춘재[(2022).《검찰국가의 탄생》, 20쪽] 기자는 이렇게 표현했다. "현직 대통령이 (검찰)개혁의 책임자라며 발탁한 개혁의 수장은 정작 그 개혁에 온몸으로 저항했고, 이를 정치적 밑천으로 삼아 다음 대통령이 되었다." 그는 국가의 형사조직인 검찰의, 자신을 따르는 일부 조직을 활용해 지난 정권의 검찰 개혁 시도를 좌초시키고 검찰권을 장악한 데 이어 대통령이 되어 국가 요직에 자기 라인의 검찰들을 등용하는 등 검찰 정권을 수립하게 된 것이다.

이렇게 탄생한 검찰 정권인 새로운 정권은 국정 경험도 없고, 국가 운영 철학이나 비전이나 정책도 없고, 민생을 살피고 챙기려는 의지도 없고, 게다가 신중하지도 못하다. 더구나 여당이 소수당인데도 다수당인 야당과는 협력하려는 자세도 없다. 무엇보다 요직의 인사는 그 직에 어울리는 사람들이 아니라 권력자와 정권의 안전판이 될 수 있는 인물들로 채우고 있다. 국정을 운영하려는 인사가 아니라 자신들을 보호하려는 인사인 것이다. 그러다 보니 국가 기관들의 정치적 중립이 지켜지지 않고 있다. 게다가 대통령을 비롯하여 국가를 대표하는 주요 인사들의 비외교적인, 자극적이고 어리석은 언행으로 남북 관계, 외교. 안보, 무역에서 불필요한 마찰과 불리한 결과들을 초래하고 있다. 이에 반해, 과거사를 부정하고 독도를 자국 영토라고 주장하는 일본에게는 매우 비굴하고 굴종적인 자세로 일관하고 있다.

이런 탓들로 인하여 국정이 제대로 돌아가지 않고 대신 국가적으로 부끄럽고 심각한 사건과 사고가 속출한다. 예컨대, 159명의 젊은 목숨을 앗아간 어처구니없는 이태원 압사 사고, 국제 잼버리 대회의 엉망 운영, 양평 고속도로의 갑작스런 설계 변경, 김건희 여사의 명품백 수수, 해병대 채수근 상병의 죽음, 대낮에 야당 대표의 목숨을 노린 테러, 권익위 부패방지국장의 죽음, 용산 경찰서의 세관원 관련 의혹 마약 수사 중단, 대통령 참여 행사에서의 여러 차례의 '입틀막', 블랙 요원들의 정보 유출 사건, 응급환자들이 병원의 진료거부로 죽어나가는데도 아무런 대책도 없는 의료 대란 등등.

그런데도 윤 정권은 엉뚱하고 실망스런 일들은 계속 벌여 불필요한 논란을 자초하고 있다. 예컨대, 육사 교정의 홍범도 장군 동상 존속 문제로 철지난 이념 논쟁을 일으키더니, "3·1운동으로 건립된 대한민국 임시정부의 법통"을 계승한다고 명기한 헌법 정신에 반하는 시대착오적인 '뉴 라이트'의 극우적이고 친일적인 이념에 사로잡인 인사들을 독립기념관을 비롯한 중요 국책 역사 기관의 장들과 임원들로 임명했다. 이에 반발한 광복회를 비롯한 독립운동 관련 단체들이 광복 후 처음으로 광복절 기념행사를 별도로 열었다. 그 뿐만 아니라 심지어는 군의 지도에서 독도를 지우고, 군 장병들의 교육 자료에서 독도를 분쟁지역이라고 말하고, 지하철과 기념관에서 독도 모형들을 치우는 등의 일을 벌여 양식 있는 국민들은 윤 정권이 영토주권까지 포기하는 것이 아닌가 하고 염려하게 되었다. 정말 심각하고 위험하고 한심한 일들이 벌어지고 있다.

이와 함께 국민들의 삶은 피폐해지고, 따라서 국가 위상도 추락하고 있고, '깨어보니 후진국'이라는 한탄들이 쏟아지고 있는 것이다. 지난 50년 동안 우리 국민들이 힘겹게 일군 선진국 대한민국이 유엔에 의해 선진국으로 공식 인정된 뒤 채 2년도 안 된 시점부터, 그리고 윤석열 정권이 들어선 지 1년이 지난 조금 지난 시점부터, 다시 후진국으로 탈락할 위기에 처해 있다. 그래서 '건전한 민주주의 네트워크'를 이끌고 있는 최동석 인사 조직 연구소 소장은 윤석열 정권을 '국가적 재앙'이라고 평가한다.[(2024.8.10). 〈건전한 민주주의 네트워크 311. 윤석열 현상, 국가적 재앙. 어떻게 볼 것인가?〉]. 이런 재앙의 초래는 촛불 시위 국민들이 그토록 염원했던 검찰 개혁을 제대로 하지 않은 채 정치 검찰을 활용하기 위해 그들에게 지나친 힘을 실어준 전 정권의 업보이기도 하다.

2.

　새 정권인 윤석열 정부는 전 정권의 정책을 대체로 폐기하거나 죄악시하는 적대적 태도를 견지하면서 걸핏하면 전 정권 탓을 해왔다. 그러면서 대통령 시행령으로 법을 우회하고, 수시로 법이나 행정 절차를 무시하고, 대통령 거부권을 남발하고, 부적격자와 검찰출신 인사들을 다수 정부의 요직에 앉히고, 대통령과 장관들이 정치적 중립 의무를 제대로 지키지 않는다. 나아가 편파적이고 일방적인 검찰의 수사권과 기소권의 남용, 검찰이 보유한 주요 인사들과 사건에 관한 파일의 부적절한 활용, 그리고 피의자의 혐의 사실을 유포하는 등의 검찰청 출입 기자들을 이용한 언론 플레이 등으로 정국에 대처한다. 그런 수법으로, 이재명 더불어 민주당 대표의 수사에서 보듯, 전 정권이나 야당의 인사들 또는 자신들에 비판적인 인사들에 대해 가혹한 보복 수사와 기소로 괴롭히거나 구속하거나 악마화한다는 비판을 받고 있다. 그러면서 자기편에 속하는 사람들의 비리나 잘못은 모른 체하거나 무혐의 처리하여 내로남불 정권이라는 비아냥거림의 대상이 되고 있다.

　구체적인 예를 들어보자. 검찰은 이재명 야당 대표 부인인 김혜경 여사가 민주당 전.현직 의원의 배우자 3명과 자신의 운전기사, 수행원 등 3명에게 10만 4천 원 상당의 식사를 제공했다며 공직선거법 위반 혐의로 기소하여 벌금 300만 원을 구형했다. 이를 위해서 검찰은 무수한 무분별한 압수수색과 '유죄 추정'과 피의사실 공표로 김 여사에게 망신을 주고 무슨 대단한 죄라도 지은 양 하였다. 반면에 윤 대통령의 부인인 김건희 여사의 수십억 원대 주가 조작 혐의와 명품백 수수 혐의에 대해서는 수사를 미루고 미루다가 더 이상 미루기 어렵게 되자 비밀리에 검사들이 이례적으로 특별 장소로 김 여사를 방문하여 조사했다고 발표했다. 언론들은 검찰이 이 모두에 대해 무혐의 결정을 내릴 것으로 예상했다. 실제로 검찰은 먼저 명품백 혐의에 대해 "직무 관련성이 없다"며 무혐의 처분을 내렸다.

이런 검찰에 앞서 권익위원회에서는 별도로 김 여사의 명품백 수수 사건에 대해서 '위반 사항 없음'으로 사건을 종결했다. 그래서 이제는 공직자의 배우자에게는 얼마든지 선물을 할 수 있게 되어 버려 '김영란법'으로 알려진 '청탁금지법'의 정신이 크게 훼손됐다. 그러자 그 사건의 조사를 지휘하며 그 사건을 종결하지 말고 수사 기관에 보내야 한다는 입장을 피력해온 권익위원회 담당 (부패방지)국장이 그 과정에서의 상관의 압박과 양심의 가책으로 지인들에게 "양심에 반하는 일이어서 내가 도저히 견딜 수 없다"는 하소연 끝에 유서를 남기고 죽음을 선택하는 안타까운 일이 발생하기도 했다. 이는 폭정의 한 적나라한 결과다.

여기에 더해 새 정권은 민주주의의 가장 중요한 요건의 하나로 간주되는 언론자유의 원칙을 심히 훼손하고 있다. 대통령의 해외에서의 특정 발언의 언술 내용에 논란이 있음에도 잘못 보도했다는 이유로 MBC 기자를 대통령 전용기 탑승 기자단에서 제외하고, 수신료

징수 방식 변경과 무리한 이사 및 사장 교체로 국가 기간 방송 KBS를 장악하고, 공영적 성격의 뉴스 전문 채널 YTN을 석연치 않게 민영화하고, 정부여당에 불리한 기사는 수시로 심의하여 징계하고, 대통령이 참석하는 행사장에서 직언하거나 항의하는 사람들을 경호원들이 강제로 입을 틀어막고 끌어내는 등 자유민주주의 국가의 언론 자유 원칙을 무너뜨리고 있다.

이런 점들은 국제적으로 한국의 위상을 추락시키고 있다. 국제 언론 단체인 '국경 없는 기자회'가 매년 발표하는 각국의 언론 자유 지수에서 한국은 노무현 정권 때인 2006년 31위로 정점을 찍고 이명박 정권과 박근혜 정권 동안 계속 하향하다가 2016년 70위로 떨어졌었다. 그러다가 촛불 시위와 박근혜 탄핵이 있었던 2017년 63위로 올라섰고 문재인 정권 동안 40대 초로 더욱 상승했다. 그러나 윤석열 정권이 들어선 후 다시 추락하기 시작하여 2023년 47위, 2024년 62위가 되었다. 언론자유는 모든 자유를 자유롭게 하는 우선적 자유이기에 언론자유의 침해와 위축은 특히 더 우려스럽다.

언론자유의 위축과 함께 한국 민주정의 위상도 추락하고 있다. 한국 민주정에 독재화가 일어나고 있다는 국제 사회의 평가를 받고 있기 때문이다. 예컨대, 스웨덴 '민주주의 다양성 연구소'의 《민주주의 보고서 2024》는 한국을 그리스, 폴란드, 홍콩, 인도 등과 함께 독재화가 진행되는 42개국의 하나로 분류했다. 이 보고서는 선거, 결사의 자유, 표현의 자유 및 대안 정보원, 법치, 견제와 균형 등으로 구성된 '자유민주주의 지수(Liberal Democratic Index, LDI)'에서 2023년 한국은 세계 47위로 평가했다. 이는 2020-2021년 17위에서 30계단, 2022년 28위에서도 19계단이나 급전직하로 떨어지고 있음을 보여주고 있다.

이 보고서는 이처럼 이 지표의 하락세가 뚜렷한 국가를 '독재화(autocratization)'가 진행 중인 나라로 평가하며 한국도 그 가운데 하나로 포함시킨 것이다. 이 보고서는 한국의 경우 박근혜 정부의 부정부패에 분노한 시민들이 대규모 시위를 벌이며 대통령 탄핵을 이끌어내고 인권 변호사였던 문재인 대통령의 집권으로 자유민주주의 지수가 상승했으나 그 다음 대선에서의 대통령의 교체가 한국의 지수를 그 전 수준으로 다시 떨어뜨렸다고 지적했다. 윤석열 정권이 들어선 후 한국의 독재화가 진행되고 있다는 뜻이다.

이런 국제적 여건의 변화와 국내 정치의 혼란 속에서 남북관계는 최악으로 치달아 코리아 디스카운트가 대폭 커져 주가가 곤두박질치기도 하는 등 경제 및 사회 지표들이 매우 나빠지고 있다. 예컨대, 한국의 경제성장률은 더 둔화하고, 최근에 호전되고 있기는 하지만 수출이 급격히 줄어들고, 따라서 외환보유고도 큰 폭으로 감소하고, 제조업 생산이 IMF사태 후 최대로 감소했고, 설비투자도 근래 큰 폭으로 줄어들고, 수많은 대형 건설업체들이 얽히고설킨 과도한 은행 빚으로 연쇄도산의 위험에 처해 있고, 자영업자들의 도산이 속출하고, 가계부채는 더욱더 늘어나고, 소비도 20년래 최대로 감소하고, 청년

취업은 점점 더 어려워지고 그에 따라 젊은이들의 빚이 크게 늘어나고, 출산율은 더욱더 떨어지고, 자살률과 산업 재해 사망률은 더 오르고 있다.

이런 지경이니 국민들의 정신건강이 악화할 것이란 점은 불을 보듯 뻔하다. 실제로 국민들의 정신건강이 큰 폭으로 나빠지고 있음이 정부 조사로 드러났다. 보건복지부의 '2024년 국민 정신건강 지식 및 태도 조사 발표'(2024.7.5)에 의하면, 지난 1년간 우리 국민들의 정신건강 문제의 경험률은 73.6%로 2022년 조사결과(63.9%)에 비해 10% 가까이 증가했다. 그 중에서도 특히 ●심각한 스트레스('22년 36.0% → '24년 46.3%), ●수일간 지속되는 우울감('22년 30.0% → '24년 40.2%), ●인터넷, 스마트폰 등의 중독('22년 6.4% → '24년 18.4%) 등은 모두 2022년도 조사 결과 대비 10% 이상 증가했다.

3.

그럼에도 국정 운영에 책임이 있는 대통령과 집권세력은, 집권한 지 2년이 훨씬 지난 시점에서도, 국정을 위한 뚜렷한 비전이나 정책은 거의 아무것도 제시하지 못한 채 여전히 전 정부 탓을 한다. 그러면서 민생을 위한 야당의 제안은 무조건 거부하고 야당과의 국정을 위한 진지한 대화에는 아예 나서지도 않는다. 그래서 물가는 계속 오르고, 서민들의 삶은 점점 더 어려워지고 있지만 정부는 속수무책이다. 그런 속수무책의 끝판 왕이 느닷없이 발표한 터무니없는 의료 개혁안을 밀어붙여 일어난 의료 대란이다.

윤 정부는 2024년 2월 뜬금없이 2025년부터 5년 동안 의대 입학 정원을 매년 2,000명씩 늘린다는 계획을 발표하여 의료 분쟁을 일으키더니 그 분쟁을 방치하여 긴급한 환자가 응급치료를 받을 수 없는 의료 대란이 일어나 국민의 안전도 위험에 처하게 되었다. 그래서 일상의 대면에서 사람들의 의례적인 인사는 "절대 아프지 맙시다"가 되었다. 코로나 팬데믹을 세계에서 가장 잘 대처했던 의료 선진국 대한민국이 윤 정권 2년 만에 이처럼 의료 후진국이 되어버린 것이다. 이에 대해 보수 논객 조갑제 씨는 "병마와 싸우는 의사들과 싸워가지고 의료 시스템을 붕괴시키는 자는 그건 반역자입니다. 이적자입니다"[《이카》. 〈조갑제 "윤석열 지지층 총 붕괴, 윤석열이 반역자다"〉]라고 신랄하게 평했다.

윤 대통령과 집권세력은 가진 자 중심의 편향적인 정책을 펴면서 민생은 깡그리 무시하고 있다. 더구나 대통령은 야당 대표가 수사 대상이라는 황당한 핑계를 대며 취임 2년 가까이 되도록 그를 한 번도 만나지 않았다. 그러다가 2024년 4월 22대 총선에서 대패한 이후에야 여론에 밀려 마지못해 "이제는 정치를 하겠다"며 지금까지 정치를 하지 않았다는 것을 자인하고 처음으로 야당 대표를 만났으나 총선 민심을 반영하는 조처나 약속은 아무것도 없었다. 그 이후로도 윤 대통령과 집권세력은 여전히 검찰 수사와 사법 절차로 야당 대표를 괴롭히며 정치를 실종시키고 있다. 윤 대통령은 "검사가 수사권 가지고 보복하면 그게 깡패지, 검사입니까"라는 자신의 말에 부끄러움을 느끼지도 않는 듯하다. 윤 대통령은 총선에서 대패했음에도, 그래서 정치하겠다고 했음에도, 정치에서 개선은 전혀 없고 오히려 정치를 더욱더 실종시키고 있는 것이다.

윤 대통령과 그의 정권 하에서는 국가 경영을 위한 좋은 의미의 정치는 흔적도 없고, 자신들의 사적 이익을 위한 나쁜 의미의 정치 즉 권력의 오용과 남용만이 판을 치고 있다. 게다가 계엄령과 관련된 군 요직들의 수장에 윤 대통령의 고등학교 모교 출신들로 임명해 오다 2024년 8월 12일에는 역시 모교 출신인 김용현 대통령 경호처장을 국방부 장관에 지명했다. 그러더니 8월 19일의 국무회의에서는 느닷없이 "우리 사회 내부에는 자유주의 체제를 위협하는 반국가 세력들이 곳곳에서 암약하고 있다"고 발언했다. 그러자 그 발언에 대해 8월 21일 더불어민주당 수석 최고위원인 김민석 의원이 '탄핵 대비 계엄령 준비 작전'이라며 다음과 같이 경고했다.

윤석열 대통령에게 묻습니다. 반국가세력은 어디 있는 누구입니까? 왜 안 잡습니까?…집권 경험이 있는 수권정당 민주당의 정보력을 무시하지 마십시오. 차지철 스타일의 야당 입틀막 국방부장관의 갑작스러운 교체와 대통령의 뜬금없는 반국가세력 발언으로 이어지는 최근 정권흐름의 핵심은 국지전과 북풍조성을 염두에 둔 계엄령 준비 작전이라는 것이 저의 근거 있는 확신

폭정에서 민주정 구하기

입니다. 뉴 라이트라는 영어이름으로 포장한 친일매국병자들을 옹호하는 윤석열 정권이야말로 반국가세력 아닙니까? 독립기념관장이 일제강점의 불법성을 부정하고, 군이 독도를 지도에서 지우는 것이야 말로 최고의 반헌법, 반국가행위입니다…유신독재와 부마항쟁, 5.18을 딛고 일어난 21세기 최고 민주국가 대한민국에서 조잡하게 계엄령 따위는 꿈도 꾸지 마십시오.[더불어민주당 공보국 (2024.8.21)].

윤 대통령은 배우자 동반의 성과 없는 외유성 방문 외교로 국고를 낭비한다는 의심과 비판을 사왔다. 더구나 22대 국회의원 선거철이 되자 민생토론이라는 이름으로 각지를 돌며 감당할 수 없는 어마어마한 재정이 필요한 주민 환심성 또는 대중영합적 발언으로 사전선거 운동을 한다는 비난을 받기도 했다. 영부인은 무속적 행태, 지나친 성형수술, 국정 개입, 뇌물 수수 및 각종 스캔들로 국내외에서 망신을 사고 있다. 야당은 다수 의석을 가지고 있음에도 21대 국회가 끝날 때까지는 소극적인 대처로 정권의 횡포를 제대로 견제하지 못하고 무기력한 모습을 보였다. 이러한 상황의 전개에 따라 많은 이들의 입에 "깨어보니 후진국!"이라는 말이 회자하게 된 것이다. 그나마 다행인 것은 22대 국회에서 야당의 다수 의원들이 물갈이 되었고 다시 다수당이 된 야당이 윤 정권의 폭정에 보다 더 적극적인 견제에 나서고 있다는 점이다.

지금 대한민국은 절체절명의 기로에 서 있다. 선진국 반열에 올라서자마자 추락하여 다시 중진국이나 후진국으로 퇴행하느냐 아니면 선진화를 계속 이어가서 모든 면에서 단단한 반석 위에 안정적인 선진국으로 확고하게 자리 잡느냐의 갈림길이다. 대한민국이 후진이 아니라 계속 전진하려면 그리하여 닻으로 단단히 고정된 선진국이 되려면, 우리 모두 정신을 바짝 차리고 유권자로서 구실을 제대로 수행해야 한다. 즉, 정치권을 감시하여 정당들과 정치인들이 민생과 미래를 위한 정책으로 경쟁하면서 국익을 위해 협력하게 하고, 무엇보다 그렇게 할 수 있는 인물들을 선출직으로 뽑아야 한다. 21세기의 대명천지에 인물이나 정책이나 시대정신을 보지 않는 당파적 투표나 고루한 이념적 투표는 우리의 정치, 나아가 우리의 국가발전을 해치고 어렵게 일구어낸 성취마저 잃어버리게 하는 일이 될 것이다.

우리 자신뿐만 아니라 많은 다른 나라 사람들도 불과 몇 년 전에 보았던 한국과는 너무 달라진 지금의 한국의 모습에 어리둥절해 할 것이다. 세계의 많은 나라들이 후진국에 계속 머무르거나, 중진국 함정에서 벗어나지 못하거나, 베네수엘라, 아르헨티나, 브라질처럼 선진국에서 중진국이나 후진국으로 퇴보한 까닭은 대체로 정치의 후진성 때문이다. 경제적으로는 선진국이지만 다수 의원들이 의원직을 세습하는 극우 자민당이 장기 집권하는 정치적 후진국 일본이 30년의 장기불황을 타개하지 못하고 후진국화를 염려하고 있는 점이 시사하는 바를 성찰해야 한다.

폭정에서 민주정 구하기

전세계가 인정한 대한민국의 선진화는 우리가 아등바등 일구어 낸 찬란히 빛나는 값진 성취다. 하지만 우리가 방심하여 후진적인 정치를 허용하면 그 값진 성취가 순식간에 허물어질 수도 있다. 불행히도, 지금 대한민국은 그런 과정에 들어서 있음을 우리 모두 인식해야 한다. 우리가 방심한 사이에 대한민국의 선진 민주정이 퇴행의 길로 빠져든 것이다. 이 퇴행이 매우 조악하고 난폭하게 일어나고 있기에 그것을 많은 이들이 매일 몸소 체험하거나 듣고 있기도 하다. 그러나 다행히 아직은 퇴행의 초기여서 비교적 쉽게 되돌릴 수도 있을 때다. 그러려면 많은 깨어있는 시민들의 목소리와 참여가 필요하다. 따라서 이 퇴행을 막고 계속 전진하기 위한 실천적 행동에 우리 모두 적극적으로 나서지 않으면 안 된다.

친애하는 국민 여러분, 저는
북한 공산세력의 위협으로
자유대한민국을 수호하
국민의 자유와 행복을
있는 파렴치한 종북
세력들을 일거에 ᄎ   자유
헌정 질서를 지ᄏ

민주정에

저는 지금까ᄀ   ᄋ 이상을
망국의 원흉
반드시 척   니다. 이는
체제 전'   ᄀ는
반국기   ᄃ동으로부터
국민   ᅡ 안전, 그리고
국   ᅡ능성을 보장하며
ᄃ   ᅦ게 제대로 된 나라를
          ᅵ 위한 불가피한
          니다.

대하여

1.

민주정(民主政)은 민주주의 정치 체제의 줄임말이다. 말하자면, 민주정은 민주주의를 정부의 기본 원리로 하는 정치 체제라는 뜻이다. 문자 그대로 해석하면, '민주주의'는 1인의 군주나 소수의 귀족들이 아니라 국민이 나라를 다스리고 따라서 나라의 주인이라는 통치 방식의 한 원칙을 뜻하고, '민주정'은 그 원칙을 정부의 기본 원리로 채택한 정부 형태를 뜻한다. 그래서 '민주정'과 '민주주의'는 엄격한 의미에서는 구분할 수 있다. 하지만 현실에서 '민주주의'라는 말은 흔히 '민주정'과 같은 뜻으로도 많이 쓰이기에 이 두 말은 엄격히 구분되지는 않는다고 할 수 있다. 이 책에서는 가급적 이 두 용어를 구별하여 쓰려 하지만 그러나 특별한 경우가 아니면 굳이 이 두 단어를 엄격히 구분하려고 하지는 않을 것이다.

'민주정'이라는 말과 함께 '공화정(共和政)' 혹은 '민주 공화정'이라는 말이 비슷한 말로도 또는 좀 다른 듯한 뜻으로도 쓰여 혼선을 빚기도 한다. 우리 헌법은 대한민국의 국체를 '민주 공화국'으로 칭하고 있다. 그러나 어원상 민주정이나 공화정은 거의 같은 뜻이다. 민주정은 고대 그리스인들이 자신들의 정부를 지칭하여 사람들을 뜻하는 데모스(demos)와 통치를 뜻하는 크라토스(kratos)를 합성하여 데모크라티아(demokratia, 영어 democracy)라고 불렀다. 로마인들은 자신들의 정치 체제를 라틴어로 업무를 뜻하는 레스(res)와 시민 또는 대중을 뜻하는 푸블리쿠스(publicus)를 조합하여 만든 레스

푸블리카(res publica, 영어 republic)로 지칭했다. 로마의 레스 푸블리카는 공화정 또는 공화국으로 번역되고 그리스의 데모크라티아는 민주정 또는 민주주의로 번역되지만 이 양자는 모두 시민들에 의한 통치 체제 즉 민중 정부를 뜻한다는 점에서는 차이가 없다. 다만 공화정은 고전적으로는 민주정과 귀족정을 포괄했고, 근대적 의미로는 군주가 없는 정부 형태를 뜻하기도 한다.

그런데 미국 건국의 아버지의 한 사람으로서 후에 미국 4대 대통령이 된 제임스 매디슨(James Madison)이 "직접 정책을 결정하고 집행하는 소수의 시민들로 구성되는 사회를 의미하는 순수 민주주의"와 "대의제라는 제도를 갖춘 정부를 의미하는 공화국"을 구분했다. 그러나 이런 구분은, 민주주의 연구가 달[Robert Dahl (1999), 《민주주의(On democracy)》, 34쪽]의 지적처럼, 아무런 역사적 근거가 없는 것으로 이 양자는 다른 종류의 민중 정부를 의미하는 것이 아니며 두 용어는 다만 자신들이 낳은 언어들의 차이를 반영할 뿐이다.

한국에서 데모크라시는 '민주정' 또는 '민주주의'로 리퍼블릭은 '공화정' 또는 '공화국'으로 번역되기에 이 양자 간에는 차이가 있는 것처럼 보이게 한다. 그러나 달의 지적처럼, 양자는 그 본질적인 의미에는 아무 차이가 없기에 이 책에서도 이 두 말을 같이 민주정을 의미하는 것으로 쓰기로 한다. '민주 공화정(국)'은 동어반복이거나 '공화정(국)'에 민주라는 말이 없기에 그것이 군주정이 아닌 민주정임을 강조하기 위해 '민주'라는 말을 덧붙인 것이라고 볼 수 있을 것이다.

2.

민주주의 연구자 다이아몬드(Larry Diamond)는 2009년에 우리 말로 번역된 2008년의 저서에서 "이제 민주주의는 전세계에서 진정한 의미에서 유일무이한 폭넓은 적법한 정부 형태이다"고 선언했다.[《민주주의 선진화의 길(*The sprit of democracy*)》, 14쪽]. 하지만 세계는 부분적으로만 민주화되어 있으며 그나마 최근 세계의 민주화는 후퇴하고 있다. 스웨덴 '민주주의 다양성 연구소'가 2024년 3월에 발표한《민주주의 보고서 2024》에 따르면, 조사 대상 국가 179개국 가운데 91개 국가가 민주주의, 88개 국가가 독재정치 진영으로 분류됐다. 나라 수로는 서로 비슷하지만, 인구수로는 독재 국가가 훨씬 더 많다. 민주주의 진영 인구는 29%(약 23억 명)에 불과했고, 독재(권위주의) 진영은 71%(약 57억 명)로 10년 전과 비교해 48% 늘었다. 팔레스타인 무장 정파 하마스와 전쟁 중인 이스라엘은 반세기만에 처음으로 자유민주주의 국가 범주에서 벗어났다. 연구소는 "2023년 말 현재 일반 사람들이 경험하는 민주주의가 (냉전시대 말기인) 1985년 수준까지 떨어졌다"고 지적했다.

민주정은 군주가 통치하는 군주정이나 귀족들이 통치하는 귀족정과는 달리 국민들이 통치하는 따라서 국민들이 나라의 주인인 정치 체제라고 했다. 국민들에 의한 통치라는 말은 단순하고 분명해 보이지만 그러나 영국의 정치학자 데이비드 헬드[David Held (1987). *Models of democracy*(민주주의의 모델들), 2-3쪽]의 지적처럼, '국민

폭정에서 민주정 구하기

들'이 구체적으로 누구이고 어떤 조건을 갖추어야 하는지, 국민의 '통치' 행위에는 어떤 것들이 포함되는지, '국민에 의한 통치'는 그 참여와 복종 그리고 강제 등과 관련하여 많은 논란을 야기한다. 더구나 민주주의 역사는 활성적이고 그 논점들은 매우 복잡하다. 이에 관한 논란은 민주주의에 관한 역사적, 철학적 논의를 요구하는 것으로 본서의 범위를 넘는 것이므로 다루지 않기로 한다. 그런 논의를 원하는 분들은 헬드의 위의 저서를 참고하기 바란다.

본서에서 민주주의라는 말은 '제한적 다수의 지배' 이론에 입각한 대의제 민주주의를 의미하는 것으로 한정한다. 오늘날 민주주의는 대체로 1918년 이후에 도입되기 시작한 보통선거에 의해 선출된 대표자들이 국정을 논하는 대의제 민주주의를 뜻한다. 대의제 민주주의에서 '국민에 의한 지배'는 '국민의 뜻에 따른 지배'가 된다. 국민의 뜻 또는 민심은 투표로 표출된 다수의 뜻이다. 이처럼 투표로 표출된 다수의 지배를 기본으로 하되 소수의 권리도 보장해주기 위해 다수의 지배권을 제약해야 한다는 것이 '제한적 다수의 지배' 이론이다.[임혁백 (2021). 《민주주의 발전과 위기》, 28쪽]. 제한적 다수의 지배의 특징은 경쟁을 통한 역전의 가능성이 보장된다는 점이다. 경쟁에 의해 다음 선거에서 다수와 소수가 뒤바뀔 수 있다. 그래서 민주주의에서는, 링컨(Abraham Lincoln)의 말처럼, "투표는 총알보다 강하다(The ballot is stronger than the bullet)."

대의제 민주주의는 집권세력의 독주를 막기 위해 행정권, 입법권,

사법권의 3권 분립을 통한 견제와 균형의 원리 그리고 언론과 결사의 자유를 포함한 국민의 자유와 권리를 최대한으로 보장하기 위한 법의 지배의 원리라는 두 기둥을 그 기초로 한다. 그런데 대의제 민주주의는 그리스나 로마의 자유인들이 주요 정치적 결정에 참여하던 직접 민주주의나 대의제 민주주의이면서도 유산 계급의 남자들만 참석하던 1917년 이전의 대부분의 민주주의와도 다르다. 오늘날은 성별, 재산, 종교, 인종, 종족 등의 구별 없이 헌법이 규정한 국적을 가진 성인 모두가 참정권을 행사할 수 있다.

3.

오늘날의 민주주의는 최저한의 수준에서 국민이 정기적으로 자유롭고 공정한 보통선거를 통해 민선지도자들을 선출하고 또 바꿀 수 있다면 선거 민주주의 체제를 말할 수는 있다. 그러나 그것만으로 높은 수준의 자유, 평등, 사회 정의 및 기타 자유주의적 가치들을 보장하지는 않는다. 선거 민주주의는 그 질적인 면에서 다양한 수준으로 존재한다. 예컨대, 인권의 중대한 위배, 자유에 대한 중대한 억제, 소수 민족 차별, 취약한 법치, 불공정한 사법부, 선거의 조작, 심각한 부패, 국가의 언론 장악, 범죄와 폭력의 창궐 등이 존재한다면 진정한 의미의 민주정은 아니다. 같은 나라에서도 민주주의의 수준에는 기복이 있다. 한국의 민주주의도 2년여 전과 지금의 수준에는 큰 차이가 있다.

임혁백 교수[(2021).《민주주의 발전과 위기》, 28-31쪽]가 소개한 바에 따르면, 미국의 정치학자 필립 슈미터(Philippe Schmitter)는 민주주의를 실현하기 위해서 요구되는 다섯 가지의 자질을 제시했다. 첫째, 참여: 개별 시민들이 집단적 의사결정에 평등하게 참여할 수 있어야 한다. 둘째, 접근성: 정부의 정책 과정은 모든 시민들이 접근할 수 있도록 개방되어야 한다. 셋째, 책임성: 대표자가 '국민을 위한 지배'를 실현하기 위해서는 협의와 심의, 그리고 선거를 통해 주권자인 시민들에게 책임을 지도록 강제되어야 한다. 넷째, 응답성: 대표자들은 시민의 요구에 응해서 이를 충족시켜줄 의무가 있다. 다섯째, 경쟁: 이 네 가지 자질들이 원활하게 작동하기 위해서는 여러 정당, 혹은 대표가 되고자 하는 이들은 공정한 경쟁을 통해 시민의 선택을 받을 수 있어야 한다. 여기에 임 교수는 후보와 정책 대안이 복수일 수 있도록 '결사의 자유'와 경쟁하는 대안들의 차이를 알 수 있게 해주는 '언론의 자유'를 추가했다.

　　한편, 민주주의 연구자인 미국 정치학자 로버트 달은 개인들의 선호가 정부의 행위에서 평등하게 취급되게 할 기회, 즉 선호의 내용이나 주장자 때문에 차별받지 않을 기회를 보장하기 위해서 필요한 요건, 즉 민주주의의 요건으로 다음 8가지를 제시했다. ①단체를 결성하고 참여할 자유, ②표현의 자유, ③투표의 권리, ④공무담임권, ⑤정치 지도자들이 지지를 얻기 위해 경쟁할 권리, ⑥대안적 정보원, ⑦자유롭고 공정한 선거, ⑧정부 정책이 투표나 다른 선호의 표시에 따르게 할 제도[Robert Dahl (1971). *Polyarchy*, 1-3쪽]. 그는 후에 다른 저술에서는 민주주의의 요건으로서 다음 여섯 가지 제도로 압축했다. ①선출직 공직자, ②자유롭고 공정하며 빈번한 선거, ③표현의 자유, ④선택의 여지가 있는 정보원에의 접근, ⑤결사의 자율성, ⑥융합적 시민권(그 국가에 영구 거주하며 그 국가의 법 적용을 받는 성인 모두).[Robert Dahl (1999). 《민주주의(*On democracy*)》, 120-121쪽]. 이 요건들은 높은 수준의 민주주의의 최소한의 요건이라 할 수 있다.

한편 '미주 국가들의 기구(the Organization of American States)'은 2001년 '미주간 민주 헌장(Inter-America Democratic Charter)을 채택했다. 이 헌장은 "민주주의는 미주 국민들의 사회적, 정치적 및 경제적 발전을 위하여 긴요하다"며 "미주 국민들은 민주주의에 대한 권리를 가지며 그들의 정부는 민주주의를 증진시키고 방어할 의무를 진다."고 진술했다. 이 헌장은 대의제 민주주의의 기본 요소로 다음의 항목들을 제시했다. ①시민의 책임 있는 참여, ②인권 및 기본적 자유의 존중, ③법치에 따른 권력에의 접근과 그 행사, ④정기적이고 자유롭고 공정한 선거의 유지, ⑤정당 및 정치 조직의 다원적 체제, ⑥권력의 분산과 정부 부처들의 독립, ⑦정부 활동의 투명성, ⑧표현 및 언론의 자유, ⑨합법적으로 구성된 민간 정부에 대한 모든 국가 제도의 헌법적 복속 등.

미국의 민주주의 연구자 래리 다이아몬드[Larry Diamond

(2009). 《민주주의 선진화의 길(*The spirit of democracy*)》, 3쪽]는 민주정을 확실히 담보하기 위해서 필요한 조건을 다음 열 가지로 보다 세밀히 제시했다. ①신념, 의견, 논의, 언론, 출판, 방송, 집회, 시위, 청원, 인터넷 자유, ②민족, 종교, 인종 및 기타 소수파의 다수파와 대등한 자유, ③모든 성년들의 투표권 및 피선거권, ④합헌 원칙을 따르는 어떤 집단도 정당을 창당하고 민선 관직을 다툴 수 있는 개방성과 경쟁, ⑤법치에 따른 모든 시민들의 법적인 평등, ⑥불편부당한 독립적인 사법부, ⑦고문, 테러, 부당한 구금, 추방, 또는 개개인 생활에 대한 간섭으로부터 자유, ⑧독립적인 입법부, 법 시스템, 기타 자율적인 기관들이 민선 공직자들의 권력을 제도적으로 견제, ⑨국가에서 독립한 정보원과 조직체들의 실질적인 다원주의, 이로 인한 활력 있는 시민 사회, ⑩선거를 통해 국민에게 책무를 지는 민간인들에 의한 대 군부 및 국가안보기구의 통제. 다이아몬드는 이 열 가지 요건들이 상당히 위축해 들어간 정도에 따라 민주주의는 '사이비 민주주의(pseudo-democracy)'에 불과하다고 말한다.

근년에는 한 조직이나 사회에서 결정을 하고 그 결정을 시행하는 과정을 지칭하는 말로 '거버넌스(governance: 통치 또는 관리의 뜻)'라는 포괄적인 용어를 많이 사용한다. 거버넌스를 행하는 조직들에는 다양한 형태의 것들이 존재하나 그 가운데 가장 형식적 것이 정부다. 정부는 그 유일한 책임과 권위가 특정한 정체 내에서 규칙과 지침을 확립함으로써 구속력 있는 결정을 하는 기구라고 할 수 있다.

UN의 '아시아 태평양 경제 사회 위원회(Economic and Social Commission for Asia and the Pacific)'는 2009년 〈무엇이 좋은 거버넌스인가?(What is good governance?)〉라는 게시문에서 "우리의 사회들 속에서 나쁜 거버넌스가 점점 만악의 근원의 하나로 간주되고 있다"며 좋은 거버넌스로 다음 8가지 항목을 제시했다. ①(구성원의) 참여, ②법의 지배, ③(결정과 그 시행의) 투명성, ④(제도와 과정의 이해관계자에 대한) 반응성, ⑤합의 지향성, ⑥평등성과 포괄성, ⑦효과성과 효율성, ⑧(결정권자들의)책임성.

이 항목들을 참조.보강하여 EU는 2023년 〈좋은 민주적 거버넌스의 12가지 원칙들(12 Principles of Good Democratic Governance)〉을 발표했다. ①참여, 대표성, 선거의 공정 관리, ②반응성, ③효율성과 효과성, ④공개성과 투명성, ⑤법의 지배, ⑥윤리적 행위, ⑦경쟁력과 능력, ⑧개혁성과 변화에 대한 개방성, ⑨지속가능성과 장기적 정향, ⑩건전한 재정관리, ⑪인권, 문화적 다양성, 및 사회적 유대, ⑫ 책임성. 이는 모두 오늘날의 민주정이 갖추고 행해야 할 민주적 요소들이라고 할 수 있다. 오늘날 민주주의 조건으로, 특히 거버넌스 개념에서는 그 조건으로, 구성원의 참여, 결정과 그 시행의 투명성, 결정권자의 책임성, 제도의 반응성이 등이 중요시되는 점을 주목해야 한다.

폭정에서 민주정 구하기

4.

구미의 선진 민주주의의 국가들은 이런 요건들을 대체로 갖추었다고 할 수 있다. 하지만 그런 나라들도 이 요건들을 모두 다 완벽한 정도로 갖추었다고는 할 수는 없다. 그런 나라들도 민주주의를 보다 더 완전한 것으로 심화시켜야 한다. 그러니 새로 민주화된 나라들은 민주적인 제도와 실천들을 공고히 하면서 더 발전시켜야 하는 커다란 과제를 안게 된다. 민주정을 채택하고 희망차게 출발했다고 해서 민주주의가 저절로 정착되고 발전해 가는 것은 아니다. 민주주의는 자연적인 대재앙, 저항, 반란, 내전, 혁명 등으로 얼마든지 폐지되고 일거에 전제정으로 역행할 수 있다. 그런 사례들은 세계 역사에서 적지 않다. 먼 과거에 출현했던 민주적 형태의 정체들은 예외 없이 모두 계급과 위계질서에 의존하는 군주정, 전제정, 귀족정, 혹은 과두정으로 대체되었다.

그러나 민주주의의 이런 외적 원인에 의한 파괴나 퇴행보다 더 난처한 일은 민주주의 제도 자체의 취약성에 의해, 또는 민주주의의 특성에 의해, 심지어는 그 장점에 의해 무너지거나 껍데기만 남거나 전제정으로 타락할 수 있다는 점이다. 실제로 많은 민주정의 국가들이 민주적인 제도와 실천을 공고히 하기는커녕 거꾸로 약화시키는 방향으로 역행하거나 퇴행한다는 점이다. 특히 선거로 권좌에 오른 사람이나 집단이 교활하게 민주적인 제도를 악용하여 민주정을 타락시키는 경우가 적지 않다. 민주적인 선거로 권력의 자리에 오른 이들이 효율성, 정의, 법, 심지어는 민주주의의 발전을 내세워 자신의 권력을 강화하고 사악한 독재정으로 가는 일이 비일비재한 것이다. 삼권분립 이론을 주창하여 미국 헌법 제정에 큰 영향을 미친 몽테스큐도 "법의 방패 아래 그리고 정의의 이름으로 범해지는 폭정보다 더 고약한 폭정은 없다"고 말했다. 이에 관한 많은 사례들이 레비츠키와 지블랫 (Levitsky & Ziblatt)의 《어떻게 민주주의는 무너지는가(*How democracies die*)》라는 저술에 잘 나와 있다.

그러나 이 때문에 우리는 민주주의의 가치를 부정하거나 폄훼해서는 안 된다. 오히려 그렇기 때문에 민주주의는 더욱더 소중히 다뤄지고 더 큰 애정으로 보호받아야 한다. 그러려면, 우리 모두가 민주주의의 감시자이자 보호자가 되어야 마땅하다. 달은 민주주의는 기회에 민감한 것으로 생각된다는 말로 민주주의는 유리한 여건이 주어지면 나타나곤 했다고 지적했다. 하지만 그는 민주주의의 부침을 되돌아 보건데 민주주의가 꾸준히 발전하거나 단순히 지속하기 위해서라도 시간의 흐름에만 의존할 수 없다며 민주주의를 보존하고 발전시키기 위해서는 그 구성원들의 적극적인 자세와 행동이 요구된다며 이렇게 말한다.

민주주의는 기회에 민감한 것으로 생각된다. 그러나 그 기회란 또한 우리가 무엇을 하는가에 달려 있다. 비록 역사적 조건이 민주주의에 우호적이 아니라고 할지라도 우리는 외부 조건들을 통제하지 못하고 단순히 희생당하는 그러한 존재들은 아니다.

우리는 민주주의가 필요한 조건들에 대한 적절한 이해와 그 조건들을 충족시키고자 하는 의지를 가지고, 민주주의적 사상과 관습들을 보존하고 나아가 발전시키기 위한 행동을 취할 수 있다.[로버트 달 (1999).《민주주의(*On democracy*)》, 43쪽].

민주정은 인류가 발견한 최고의 정치 체제다. 민주정이 아닌 다른 정치 체제에서 일어났던 가혹한 수탈, 악랄한 탄압, 대량의 학살, 야만적인 전쟁 등을 상기해보라. 진정한 민주정에서는 그런 일이 거의 일어나지 않는다. 그러나 안타깝게도 민주정은 동시에 매우 취약한 제도여서 내외의 공격에 쉽게 무너지기도 한다. 그래서 민주정의 국민들은 언제나 깨어 있어야 하고 민주주의가 위험에 처하면 그것을 지키려는 실천력을 보여야 한다. 그렇지 않고 조금만 방심하고 방관해도 민주정은 내외에서의 공격으로 허무하게 무너지고 대신 폭정이 들어설 수 있다. 최근 우리가 이를 몸소 체험하고 있다.

민주정이라는 제도는 아무런 대가 없이 저절로 얻어지고 유지되는 것이 아니라 그것을 획득하고 유지하려는 국민들의 선진적 의식과 적극적인 실천이라는 커다란 대가를 치러야 한다. 민주정을 상품에 비유한다면 매우 비싼 명품과 같은 것이라고 해야 할 것이다. 민주정은 결코 싼 값으로 구입하고 그래서 아무렇게나 다루어도 되는 싸구려 상품이 아니다. 민주정은 그 취득과 유지를 위해 많은 비용과 품과 정성을 들여야 하는 값비싼 명품이라 할 수 있다.

친애하는 국민 여러분, 저는
북한 공산세력의 위협으로
자유대한민국을 수호하
국민의 자유와 행복을
있는 파렴치한 종북
세력들을 일거에 ᄎ   사유
헌정 질서를 지키

왜
민주정이어야 하나?

계엄을 선
 는 지금까
반드시 척   니다. 이는
체제 전'   는
반국가   동으로부터
국민   안전, 그리고
국   능성을 보장하며
         에게 제대로 된 나라를
         위한 불가피한
         니다.

1.

오늘날 세계적으로 대부분의 나라들은 자신들의 정체를 '민주정'이나 '민주주의' 또는 '공화정'으로 지칭한다. 이는 그런 말들로 자신들의 정체와 정부를 정당화한다는 뜻이다. 그래서 데이비드 헬드[David Held (1987). *Models of democracy*(민주주의 모델들), 1쪽]는 "현대의 정치 생활에서 민주주의는 '정당성의 아우라'를 부여하는 것으로 보인다. 규정들, 법들, 정책들 및 결정들이 '민주적'일 때 정당화하고 적절한 것처럼 보인다."고 지적했다. 그만큼 민주주의를 내세우는 정권은 사람들에게 좋은 정치체제와 정권으로 받아들여지는 소구력을 지니게 된다. 이런 소구력을 이용하기 위해 민주주의 또는 민주정이라는 정치 체제가 선호되고 있는 것이다.

그러나 이들 정권들이 말하고 행하는 민주주의는 천차만별이다. 민주주의 또는 민주정 또는 공화정이라는 이름으로 존재하고 운영되는 나라들의 정치적 삶은 나라에 따라 너무나 판이하게 다르다는 뜻이다. 민주정에는 스웨덴, 노르웨이, 핀란드, 덴마크, 스위스 등의 나라들처럼 서구 민주정의 국가 중에서도 가장 앞서가는 참된 민주정의 국가도 있다. 이들 나라에서는 삼권분립, 법치, 복수 정당, 인권, 언론자유 등 민주정의 기본 원칙과 제도와 가치들이 세계 최고의 수준이다. 이들만큼은 아니라 하더라도 구미의 민주주의 국가들은 대체로 선진적인 민주국가들이라 할 수 있을 것이다.

그런가 하면 공식 국명이 '조선 민주주의 인민 공화국'인 북한처럼 민주주의와 공화국을 표방하고도 민주주의와는 아무런 관련도 없는 나라도 있다. 북한의 국명은 '민주주의'와 '공화국'이라는 말의 본래 의미인 '국민이 주인인' 또는 '국민의 뜻에 따르는' 정치 체제와는 아무 상관이 없이 '백두혈통'이라는 상징 조작을 내세워 김일성 일가가 3대째 세습하며 '존엄'으로 군림하고 있기에 실제적으로는 군주정이라 할 수 있다. 북한의 정치 체제는 유명무실하고 심지어는 괴기하기까지 한 사이비 '민주주의'이고 가짜 '공화정'이다. 북한은 공산주의라는 전체주의적 이데올로기를 내세워 노동자를 대표한다는 노동당이라는 단일 대중정당이 국가를 지배하고, 중앙집권적인 지시경제를 시행하며, 국가가 무력과 대중매체를 모두 장악하고 국민을 공포와 테러로 통제하는 전체주의 국가다.

사실 북한은 겉으로는 민주정을 표방하고 있지만 속으로는 전형적인 폭정을 행하고 있는 나라다. 민주정의 기본 가치인 국민의 자유와 권리 그리고 민주정의 기본 원리인 '견제와 균형의 원리'와 '법의 지배의 원리'는 안중에도 없이, 김일성 일가와 그 호위세력의 안위와 이익만을 위해 잔인무도하기 그지없는 독재와 폭정을 행하는 공산 전체주의 국가일 뿐이다. 정도의 차이가 있지만, 이처럼 민주정의 허울을 쓰고도 민주정의 기본 원리조차 무시되는 나라는 부지기수다. 민주정을 표방했다고 해서 모두가 같은 민주정의 나라는 아니다. 세상에는 민주주의가 양두구육의 허울뿐인 나라들도 적지 않다.

중국도 그런 나라들의 하나다. 중국은 그 국명이 '중국 인민 공화국(People's Republic of China)'임에도 제도와 정치에서 인민은 온 데 간 데 없이 공산당이 일당독재를 행하는 전체주의 체제다. 게다가 중국 당국은 ①입헌 민주주의, ②인권, ③시민사회, ④자유 시장, ⑤언론자유, ⑥역사, 그리고 ⑦중국 공산당 이데올로기의 비판을 공산당원들이 결연히 반대하고 배척해야 할 7대 정치적 위험으로 규정하고 있다.[Steven Mosher (2017). *Bully of Asia*, xiii쪽]. 중국의 '인민 공화국'은 겉으로 내세우는 허울에 불과하고 실체는 철두철미 민주주의적 가치를 배제하는 공산당 지배의 전체주의적 독재국가에 불과한 것이다.

2.

그렇다면 민주주의는 단순히 수사적인 명칭일 뿐인가? 물론, 그렇지 않다. 진정한 민주주의는 사람들이 바라는 많은 실질적인 장점을 가지고 있다. 민주정은 구미의 부강한 나라들이 채택하고 있어서 또는 많은 나라들이 채택하고 있어서 좋은 것이 아니라 그 자체의 장점이 있어서 좋은 것이고 그래서 채택된 것이다. 민주정은 그 어느 정치 체제보다 더 큰 폭으로 개인들의 행동이나 상상을 허용한다. 데이비드 헬드[David Held (1987). *Models of democracy*, 3쪽]가 지적했듯, 민주주의는 다음과 같은 기본적인 가치들이나 선(善)들의 하나 이상을 달성한다는 근거에서 방어되어 왔다고 한다. 그것들은 "평등, 자유, 도덕적 자기발전, 공익, 사익들, 사회적 유용성, 욕구의 만족,

효율적 결정들"이다.

실제로 민주정의 나라들은 적어도 자유, 자율, 평등, 정의, 공익, 행복, 건강, 번영, 평화 등의 가치나 선을 존중하고 최대한 보장하려 한다. 이들 가치나 선에 대해서 다른 정체의 국가들보다 민주정의 국가들이 더 민감하고 더 부응한다. 이들 가치나 선이 사람들에게 호소력을 갖기에 그 호소력을 이용하기 위해 많은 비민주적 정권들조차도 민주정이라는 말을 허울로 이용하는 것이다. 물론, 이들의 민주정은 그저 구호에 그칠 뿐이고 그 실제적인 내용은 아예 거론조차 되지 않거나 오히려 금기시되는 유명무실한 가짜 민주정인 것이다. 하지만 진정한 의미의 민주정을 택한 나라에서는 이들 가치나 선이 존중받고 그것들을 보장하고 실현하기 위해 노력하는 것 또한 사실이다. 그리고 그 점은 민주정이 비민주정에 대해 갖는 실로 어마어마한 차이라고 할 수 있다.

말할 것도 없이, 서구 민주주의 국가들에서도 이런 가치들이나 선들을 완벽하게 제공할 수 없다. 그것은 현실의 어느 정치체제에서도 불가하다. 그래도 민주정이 상대적으로 이들 가치들이나 선들을 더 많이 더 널리 보장한다. 그 정도가 완벽하지 않고 이상에 미치지 못하는 것도 사실이지만 그래도 이점이 민주정을 택해야 하는 명백하고 현존하는 이유이기도 하다. 로버트 달[Robert Dahl (1999). 《민주주의(On democracy), 67-88쪽]은 민주주의의 가능한 대안과 비교하여 민주주의는 다음과 같은 열 가지의 이점들을 가지고 있다고 지적한다. 그가 요약한 내용을 살펴보자.

1. **전제정치의 방지:** 민주주의는 잔인하고 포악한 독재자에 의한 통치를 예방하는 데 도움이 된다.

2. **본질적 권리들:** 민주주의는 그 체제에 속한 시민들에게 비민주적 체제가 허용하지 않고 또 허용할 수 없는 일련의 기본권들을 보장해 준다.

3. **일반적 자유:** 민주주의는 가능한 어떤 대안적 체제보다도 그 시민들에게 보다 광범위한 개인적 자유의 영역을 보장해 준다.

4. **자기결정:** 민주주의는 사람들에게 자신의 기본적 이익을 보호할 수 있게 해준다.

5. **도덕적 자율성:** 민주적 정부만이 사람들에게 자기결정의 자유를 행사할 수 있도록 하는—자기 자신이 선택한 법 하에서 살아가도록 하는—최대한의 기회를 제공해 줄 수 있다.

6. **인간 계발:** 민주적 정부만이 도덕적 책임감을 행사할 수 있는 최대한의 기회를 제공해 줄 수 있다.

7. **본질적인 개인적 이익들의 보호:** 민주주의는 다른 어떤 대안보다 인간의 발달을 보다 완전하게 할 수 있도록 해준다.

8. **정치적 평등:** 민주적 정부만이 상대적으로 보다 높은 정도의 정치적 평등을 도모해줄 수 있다.

9. **평화의 추구:** 현대 대의제 민주정체들은 상호간 전쟁을 하지 않

폭정에서 민주정 구하기

는다.

10. **번영:** 민주적 정부를 지닌 국가들은 비민주적 정부를 지닌 국가들보다 더 번영하는 경향이 있다.

오늘날 민주주의는 많은 결함 때문에 고초를 겪고 있지만, 그럼에도 위의 이점들 때문에 "민주주의는 대부분의 우리들에게 다른 어떤 가능한 대안보다도 훨씬 더 나은 도박이 될 수 있는 것"이라고 달은 단정한다.

3.

달이 명시적으로 지적하지 않았지만, 그가 지적한 민주주의 이점들, 특히 본질적 권리들, 일반적 자유, 자기결정, 개인적 이익들의 보호, 정치적 평등 등에서 충분히 유추할 수 있는 민주정의 또 하나의 이점으로 민주정은 사회적 갈등을 받아들이고 이를 효율적으로 처리한다는 점이다. 그래서 '민주화 이행 모델'을 제시한 정치학자 로스토우(Walt Rostow)는 "민주주의는 갈등을 처리하는 데 있어서 가장 세련된 정치 제도"라고 했고, 미국 정치학자 쉐보르스키(Adam Przeworski)는 현대 민주주의는 더 이상 '모든 시민들이 합의할 수 있는 국민의 의사'를 발견하기 위한 장치가 아니라 이질적 시민들 간의 '갈등을 처리하는' 제도적 장치로 기능한다고 주장한다.[임혁백(2021).《민주주의의 발전과 위기》, 31-32쪽에서 재인용].

민주정은 갈등을 당연시하며 이를 탄압하거나 적대하지 않고 관리의 대상으로 삼는다. 《민주주의는 만능인가》의 18장 〈민주주의 국가는 왜 갈등을 당연시하며 관리대상으로 보는가?〉에 따르면, 민주주의 국가는 두 가지 이유에서 사회 갈등을 부정적으로 보지 않는다. 하나의 이유는 민주주의가 추구하는 최고의 가치가 국민의 자유와 권리의 보호이기 때문이다. 제대로 된 민주 국가는 타인의 자유와 권리를 침해하지 않는 한 개인의 자유와 권리를 최대한 보장한다. 그런데 국민 개개인이 각자의 자유와 권리를 누리고 행사하는 과정에서 대립하는 주장과 세력이 생겨나는 것은 불가피하다. 각자 생각, 이해관계, 가치관, 인생관, 세계관이 다르기 때문이다. 따라서 민주 사회에서 다소의 마찰과 갈등은 일상적인 일이다.

민주 국가가 사회 갈등을 부정적으로 보지 않는 또 다른 이유는 갈등을 국가와 사회 발전의 중요한 원천으로 보기 때문이다. 국민이 한껏 자유를 누리고 각자의 목적을 위해 자신의 권리를 행사할 때 개인의 창의가 꽃피고 개개인의 능력과 잠재력이 빛을 발할 수 있다. 국가와 사회가 발전하려면 국민이 새로운 일에 도전하고, 새로운 아이디어를 실험에 옮기며, 혁신을 지속해야 한다. 이런 과정에서 생기는 새로운 이해관계가 기득권과 마찰을 빚기에 사회 갈등이 야기되는 것은 당연하다.

그렇다고 갈등을 방치하면 폭력이나 파괴로 변질될 수 있기에 그렇게까지 되지 않도록 적절한 수준에서 관리하는 것이다. 민주 국가의 갈등 해결의 수단으로는 보통선거를 통한 평화로운 정권 교체, 3권 분립에 의한 견제와 균형, 복수 정당 제도, 행정부처간의 협의 제도, 언론을 통한 대화와 토론, 최종적 갈등 해결 기구로서 독립적이고 중립적인 사법 절차 등이 있다. 이처럼 민주정은 갈등의 존재를 당연시하고, 갈등 해결을 위한 다양한 수단들을 갖추고 있다. 이런 수단들에 의해 갈등을 억압하지 않고 관리하는 것이 민주정의 우월성이며 민주정의 중요한 이점기도 하다.

4.

위에서 민주정을 택해야 하는 이유 즉 민주정의 장점에 대해 살펴보았다. 그렇다고 민주정이 문제가 없는 것은 아니다. 문제가 있기에 우리가 정치에 적극적으로 나서지 않으면 안 된다. 즉, 민주정이 타락하지 않도록 국민들이 감시하고 개입해야 한다. 이와 관련하여 헬드[David Held (1987). *Models of democracy,* 267쪽]는 이렇게 지적한다.

오늘날 정치는 흔히 사적 이익의 추구 행위, 위선 그리고 일련의 정책들을 팔기 위한 '홍보 활동'과 연상된다. 이런 견해는 이해할 수 있지만 그러나 현대 세계의 어려움들은 정치를 포기함으로써가 아니라 인간의 삶을 우리 자신이 보다 더 효과적으로 형성하고 조직할 수 있도록 정치를 발전시키고 변화시킴으로써

만이 해결할 수 있다. 우리에게는 무정치의 선택지가 없다.

그렇다. 우리가 정치를 회피하거나 포기하여 정치가 타락하고 민주
정이 형해화하거나 폭정으로 퇴행하면 그 피해는 고스란히 우리에
게 돌아온다. 그러니 정치를 기피하거나 타매하는 이들이나 정치에
무관심한 이들은 "정치에 참여하기를 거부한 대가의 하나는 당신보
다 열등한 자들에게 지배받게 된다는 점"이라는 고대 그리스 철학자
플라톤(Plato)의 저 유명한 경고를 항시 상기해야 한다. 열등하거나
비열하거나 악랄하거나 또는 그 모두인 자들에게 지배받지 않으려
면, 싫든 좋든 우리는 정치에 적극적으로 참여해야 하고 필요한 경우
에는 적극적인 행동에도 나서야 한다.

사실은 정치를 피하는 것도 일종의 정치 행위라 할 수 있다. 정치
학자 롱[Dennis Wrong (1979). *Power: Its forms, bases, and uses*(권
력: 그 형태들, 기초들 및 활용들), 13쪽]의 지적처럼, "정치는 권력을
위한 투쟁과 함께 권력을 제한하고 권력에 저항하고 권력으로부터
도피하는 투쟁도 포함"하기 때문이다. 우리는 결코 정치에서 벗어날
수 없기에 소극적으로 정치를 피하거나 정치에 무관심하기보다는 적
극적으로 참여하여 정치에 우리 자신의 바람과 의지와 힘을 보태야
한다. 말할 것도 없이, 개인의 참여는 개별적으로는 작은 힘이지만 "티
끌 모아 태산"이라고 그 작은 힘들이 합쳐지면 큰 힘이 된다. 힘없는
자들의 힘은 단결에 있다. 개인들의 작은 힘들이 합쳐져서 큰 힘이

폭정에서 민주정 구하기

되면 거대한 역사의 물줄기도 바꿀 수 있다.

민주정은 다른 어떤 정체보다 독재와 폭정을 방지하고, 개인의 자유와 권리 그리고 자율성과 정치적 평등을 보장하고, 번영과 평화를 증진시키고, 사회 갈등을 허용하면서도 여러 절차를 통해 적절히 해결할 수 있게 관리하는 장점을 가지고 있다. 독재 또는 폭정에서는 이런 장점들이 사라져버린다. 독재는 정책의 입안과 시행에서의 효율성을 내세우나 그것은 개인의 자유와 권리, 자율성과 평등성, 개인들의 이익과 행복을 희생시킨 것이다. 독재는 또 사회 혼란의 방지를 내세우나 그것은 독재자와 그 일당의 이익에 반하는 주장이나 이익을 무참히 짓밟은 결과이며 그로 인해 많은 이들이 불만과 원망이 가득해도 신음소리도 낼 수 없게 억압한다.

진정한 민주정은 그 어떤 대안적 정체보다 자유롭고 행복하고 주체적인 삶을 허용하고 사회 정의와 평화와 번영이 꽃필 수 있는 체제다. 그 어떤 다른 정체보다 민주정에서 우리의 행위와 상상이 더 많은 자유를 누릴 수 있다. 우리는 우리 자신과 우리 후예들의 자유롭고 행복한 삶을 위해서 민주정을 유지하고 더욱 선진화해야 한다. 다만 민주정은 성격상 내외의 공격에 취약한 측면이 있기에 민주정을 유지하고 선진화하려면 나라의 주인인 국민들이 항상 깨어 있어야 하고 민주정이 공격을 당하면 즉각 민주정을 보호하기 위한 실천적 행동에 나서서 주인의 힘을 유감없이 발휘하여 민주정의 참 정치를 구현해야 한다.

친애하는 국민 여러분, 저는
북한 공산세력의 위협으로
자유대한민국을 수호하
국민의 자유와 행복을
있는 파렴치한 종북
세력들을 일거에 ㅊ   사유
헌정 질서를 지키

폭정에

선

저는 지금까ㄱ

망국의 원흉

대하여

반드시 척   니다. 이는
체제 전   는
반국가   동으로부터
국민   안전, 그리고
국   능성을 보장하며
        에게 제대로 된 나라를
        위한 불가피한
        니다.

1.

폭정(暴政, tyranny)은 민주정의 대척점에 있는 정치 체제로서 포악하고 억압적이고 자의적인 정치 체제 또는 그런 권력 행사를 뜻한다. 몇몇 유명 사전들의 폭정에 대한 정의를 참고해보자. 메리엄-웹스터 사전은 "정부에 의해 행사되는 억압적 권력, 또는 한 사람의 통치자에게 절대 권력이 소유된 정부"로, 브리태니커 사전은 "권력을 가진 사람들의 다른 이들에 대한 포악하고 불공정한 취급"으로, 옥스퍼드 사전은 "포악하고 억압적인 정부나 통치" 또는 "포악하고, 비이성적이고, 또는 자의적인 권력이나 통제의 사용"으로, 캠브리지 사전은 "자기 나라에서 국민들에 대해 무제한의 권력을 갖고 그 권력을 불공정하고 포악하게 사용하는 1인 통치자 또는 소수 집단에 의한 정부"로 정의하고 있다.

폭정의 뜻을 지닌 영어의 티러니(tyranny)는 본래 절대적 통치자라는 뜻의 타이런트(tyrant)라는 말의 어원인 고대 그리스어의 투라노스(τύραννος, tyrannos)에서 파생되었다고 한다.[Britannica. "tyranny"]. '참주(僭主)'로 번역되는 고대의 투라노스는 통치할 권리 즉 정통성이 없이 권력을 차지한 절대적인 통치자를 의미했다. 그들은 자기들의 노력으로 권력을 차지하거나, 통치하도록 선출되거나, 외부로부터 개입에 의해 통치의 자리에 앉혀지거나 하였다. 그들은 통치에서 법의 제한을 받는 군주와는 달리 법의 제한이 없는 절대적 통치자였다. 그들은 국가에 대해 직접적이고 개인적인 권력을 가진 유일한 통치자로서 그들의 권력은 통치할 권리가 아니라 명령하고 통제할 수 있는 자신들의 능력에 의존했다. 이러한 타이런트의 통치 즉 한 사람이 법적 제한 없이 권력을 행사하는 독재가 참주정(僭主政, 티러니)이었다.

투라노스는 억압적인 수단에 호소하여 자신의 입장을 옹호할 수 있었기에 포악하고 방종한 자도 있었지만 나라에 번영과 평화를 가져온 현명하고 온건한 이도 있었다. 그래서 본래 투라노스라는 말에 부정적인 함의는 없었다. 그러나 투라노스를 부정적인 통치자로 묘사한 플라톤(Plato)과 아리스토텔레스(Aristotle)의 영향으로 시간이 흐르면서 그 말은 그의 유일한 동기가 권력과 개인적 이득인 통치자를 의미하게 되면서 점점 근대적인 부정적 함의를 갖게 되었다. 그 결과 공적 생활에서 티러니라는 말의 사용은 논란을 일으켰다. 즉, 티러니라는 말은 통치자의 자격에 있어서 정통성의 문제, 치자와 피치자 간의 권력의 균형, 폭군을 제거할 시민의 권리, 군주정이 어느 시점에서 폭정으로 변질되는가 등에 관한 논란의 중심을 차지하게 된 것이다.[Britannica. "tyranny"].

타이런트가 폭군으로 그리고 티러니가 폭정의 의미로 고착된 된 데에는 계몽주의 사상가들에 의한 영향이 크다. 그들은 귀족정과 군주정의 통치 체제에 티러니라는 단어를 적용했다. 특히 존 로크(John Locke)는 그의 한 저서에서 이렇게 말했다. "티러니는 권리를 넘어선 권력의 행사로, 누구도 그러한 권리를 갖고 있지 않다. 그리고 이것은 자신의 손안의 권력을 그 권력의 아래에 있는 사람들의 이익을 위해서가 아니라 그 자신의 사적인 별개의 이익을 위해서 이용하는 것이다." 그래서 그는 "법이 끝나는 곳에 티러니가 시작된다"고 지적했다.[*Wikipedia*. "tyrant"]. 볼테르도 "법은 알지 못하고 자신의 변덕만을 아는 최고 통치자는 타이런트다"고 규정했다. 이처럼 계몽주의자들에 의해 타이런트는 공익을 위한 법치가 아니라 사익을 위해 독재 권력을 행사하는 폭군으로, 그리고 그러한 폭군이 지배하는 정치 체제는 폭정으로 개념화된 것이다.

2.

영국의 지배에서 벗어나 식민지 미국을 인권과 법치에 기초한 민주주의 체제로 설계하고 그러한 취지를 반영한 헌법을 제정하는 등의 미국 건국 과정에서 '건국의 아버지들'은 이러한 계몽주의의 영향을 크게 받았다. 그래서 그들은 미국의 민주정이 폭정으로 전락할 가능성을 가장 염려하고 경계하며 방지하려고 했다. 그래서 건국의 아버지의 한 사람으로서 '미국 독립 선언서'에 당시 영국 왕(George 3세)을 폭군으로 기술했던 토마스 제퍼슨(Thomas Jefferson)은 "민주주의라는 나무는 때때로 애국자와 폭군의 피로 신선해져야 한다"고까지 말했다. 민주정이 폭정으로 타락하면 민주주의를 지키려는 깨어있는 시민들이 목숨 걸고 싸워 지켜야 한다는 뜻이다.

이러한 정신에 따라 미국의 수정헌법이 제1조에서는 종교, 언론, 집회, 청원의 자유를 중시하여 다른 법으로 이를 제한할 수 없도록 하였고, 제2조에서는 미국 시민들에게 무기를 들 수 있는 권리를 부여하였다. 오늘날 시민이 무기를 소지할 수 있는 권리를 헌법에 명시한 국가는 미국이 유일하다. 그 때문에 오늘날 미국에서 총기 사고로 무고한 인명 피해가 많이 발생하여 총기 규제의 목소리가 매우 높고 민주당은 총기 규제를 시도한다. 그럼에도 총기 규제 시도가 번번이 막히는 이유는, '미국 총기 협회(National Rifle Association, NRA)'의 막강한 로비 때문이기도 하지만, 다른 한편으로는 미국의 민주정이 폭정으로 타락할 경우 국민이 나서서 싸워야 한다는 미국 건국자들의 정신이 면면히 이어져오기 때문이기도 하다.

계몽주의자들이 폭정에서 문제로 여긴 것은 그것의 포악성만이 아니었다. 그들에게 폭정은 법에 따라 공익을 추구하는 것이 아니라 법에 반하여 또는 법도 없이 권력자나 권력 집단의 사익을 추구한다는 점이 더 큰 문제였다. 말하자면, 폭정은 자신의 이익을 위해 법도 그 무엇도 아랑곳하지 않고 멋대로 행동한다는 것이다. 그래서 현대의 한 시인은 폭정을 이렇게 묘사했다. "폭정은, 내가 말해야 한다면,/엉망이 된 일종의 민주주의다/그 속에서 한 줌의 사람들이/모든 면의 자유를 갖는다/그 외의 사람들이 고통을 받는 동안/그 한 줌의 야수들은 번영한다/그래서 내가 아는 폭정은/민중의 적을 위한 민주주의다"[Han Min Ohn (2011, April 25). 'Tyranny']. 어쩌면 공익이 아니라 사익을 추구하기에 폭정에서는 더 포악하고 억압적으로 권력이 행사된다고 해야 할 것이다.

이처럼 폭정은 국가 권력의 남용이거나 오용이거나 아니면 그것이 불법이나 무법의 상태에서 행사되는 것을 특징으로 한다. 이런 통치는 삼권분립과 함께 민주주의의 근간의 하나인 법치주의에 반하는 것이다. 이처럼 폭정은 그 권력 행사의 포악성, 불법이나 무법의 반법치주의, 법 집행의 불공정성, 그리고 사익 추구성을 특성으로 한다. 한마디로 말하면, 폭정은 사익을 위한 국가 권력의 자의적 행사라고 할 수 있다. 국가 권력을 사익을 위해 남용하거나 오용한, 또는 자의적으로 행사한 폭정의 역사에서 다양한 종류의 정체들이 명멸했으며 상당수는 지금도 남아 있다. 예컨대, 전제정, 독재정, 절대군주정, 권위주의정, 전체주의정 등이다.

그런 예는 오늘날의 개명 천지의 시대에도, 그리고 적지 않은 민주주의 체제의 국가들에서도, 일어나고 있다. 심지어는 세계 최초로 국가 지도자를 선거로 뽑고 견제와 균형의 원리에 의거한 삼권분립을 제도화한, 현대적 민주주의 체제의 본산지이며 모범적인 민주정의 나라인, 미국에서도 일어나고 있다. 특히, 트럼프 대통령은 미국 민주주의 체제에 말과 행동으로 많은 이들이 우려하는 공격을 가했다. 트럼프는 심판에 해당되는 국가 기관들을 장악하거나 하려 했고, 경쟁자나 반대자를 처벌하거나 처벌하려 했고, 소수자들의 투표를 억제하여 상대편에 불리하게 운동장을 기울이려 했다. 그는, 레비츠키와 지블랫[(2018), 《어떻게 민주주의는 무너지는가》, 223-255쪽]의 지적처럼, 선출된 독재자가 권력을 강화하기 위해 선택하는 심판 매수, 경쟁자 탄압, 운동장 기울이기의 세 가지 전략 모두를 사용했다.

3.

폭정은 먼 과거의 군주정이나 현대의 발전도상의 독재국가만의 이야기가 아니다. 현대의 민주주의 국가에서 민주적인 선거로 권좌에 오른 사람들이 민주주의를 공격하고 독재자가 되어 폭정을 하는 경우가 비일비재하다. 심지어, 트럼프 대통령이 보여주었듯이, 오늘날의 미국에서조차도 그런 시도가 일어나곤 한다. 민주정은 좋은 제도이지만, 안정적이지도 견고하지도 않다. 민주정을 실시하면 민주주의가 저절로 발전하고 견고해지는 것은 더더욱 아니다. 민주정은 폭정을 피하기 위한 것으로 폭정과 거의 반대의 정체이지만 역설적이게도 폭정으로 퇴행하거나 타락하기도 쉬운 제도인 것이다. 그래서 민주정은 지도자, 정치인, 언론, 지식인, 사회운동가 등에게만 맡겨도 되는 것도 아니다. 일반 국민들도 깨어 있지 않으면 민주정은 언제든지 폭정으로 퇴행할 수 있다.

민주정의 근간이 되는 삼권분립, 법치, 표현 및 언론의 자유, 집회 및 결사의 자유, 노동조합이나 시민단체를 비롯한 민간의 결사체들 등의 여러 제도들이 민주정을 민주정답게 해준다. 말하자면, 우리는 이들 제도에 의해 인간적 품위를 지킬 수 있다. 그러나 유감스럽게도 이들 제도는 언제나 공격을 받고 위험에 처할 수 있다. 이들 제도는 스스로를 지키지는 못하기에 처음부터 방어되지 않으면 공격으로 하나하나 무너질 수 있다. 그것을 지키는 것은 우리 자신이다. 우리가 이들 제도 하나하나를 소중히 하고 그것이 공격받거나 위험에 처하면 즉각 행동으로 나서서 방어해야 한다. 영국 정치학자 데이비드 헬드[David Held (1987). *Models of democracy*, 1쪽]는 "민주주의는 창조하고 유지하기에 두드러지게 어려운 정부 형태"라며 "민주주의는 강렬한 사회적 투쟁들을 통해서 발전해왔고 그 투쟁들에서 빈번히 희생을 당해왔다."고 지적한다.

민주적인 제도로 권력을 잡은 통치자들이 설마 그 제도를 바꾸거나 파괴하지 않을 것으로 생각하고 과거나 현재의 많은 이성적인 유권자들은 그들에게 투표까지 해왔다. 예컨대, 스나이더[Snyder (2017). *On tyranny*(폭정에 대하여), 23-24쪽]가 밝힌 바와 같이, 1933년 히틀러와 나치가 집권했을 때, 한 주요 유대인 신문은 나치가 집권하더라도 권력을 견제하는 다수의 요인들이 있기에 그들이 밝혀온 대로 유대인들의 헌법적 권리를 빼앗거나, 유대인들을 게토에 가두거나, 군중의 시기적(猜忌的)이고 살인적인 충동에 맞기지 않을 것이라고 매우 낙관적인 견해를 피력했다고 한다. 그러나 나치는 그런 일들을 하겠다고 천명해왔고 권력을 잡은 후에는 그런 일들을 모두 실행에 옮겼다.

미국의 저명한 민주주의 연구가 래리 다이아몬드(Larry Diamond)는 그의 한 저서에서 민주주의의 명운은 단순히 추상적인 역사적 및 구조적 힘에 의해서만 좌우되지 않는다며 이렇게 지적했다. "민주주의의 명운은 인간 행동 주역들의 투쟁, 전략, 재치, 비전, 용기, 확신, 타협, 그리고 선택의 결과, 가장 좋은 의미의 정치의 결과라는 것이다. 이것이 필자가 '민주주의 정신'이라 할 때 의미하는 그 일부다."[다이아몬드 (2009), 《민주주의 선진화의 길(The spirit of democracy)》, 3쪽]. 그렇다. 민주주의는 역사와 제도라는 추상적인 힘이 아니라 주역들의 적극적인 참여와 활동이라는 '민주주의 정신'에 의한 실천으로 얻어지고 유지되는 산물이다. 민주주의를 지키기 위한 실천적 행동이라는 '민주주의 정신'이 없으면 민주정은 한순간에 또는 천천히 그러나 부지불식간에 폭정으로 퇴행한다.

그러니 민주정이 폭정으로 퇴행하는 것을 막고 민주정을 오롯이 유지하려면 다수의 시민들이 늘 깨어있어야 하고 민주정이 폭정에로의 퇴행의 기미가 보이면 그 퇴행을 저지하기 위한 행동에 나서는 '민주주의 정신'이 국민들 사이에 팽배해야 한다. 민주주의는 한 번 자리 잡는 것으로 족한 제도가 아니라 그것을 지키기 위해 깨어있는 시민들의 '민주주의 정신'에 따른 참여와 활동이라는 부단한 실천이 요구되는 제도인 것이다.

4.

21세기인 오늘날에도 폭정이나 독재정인 나라가 많다. 그러나 이들 가운데 상당수는 처음에는 민주정으로 출발했으나 점차 폭정이나 독재정의 나라로 퇴행한 경우다. 다수의 국민들 사이에 '민주주의 정신'이 팽배하지 않으면, 또는 다수의 시민들이 깨어 있지 않으면, 민주정은 어느덧 폭정으로 퇴행하거나 타락하는 것이다. 집권자가 민주정에서 민주주의적 선거로 집권한 후 자기의 권력을 강화하기 위해 경쟁자를 탄압하고, 경쟁자에게는 불리하고 자기에게는 유리한 방식으로 운동장을 기울이고, 판사를 비롯하여 정치에서 심판의 역할을 하는 이들을 매수하는 전략을 통해서다.

그러나 이 모든 일을 집권자 또는 권력자 혼자서 할 수는 없다. 이런 일을 위해서는 많은 이들의 협조와 순응이 있어야 한다. 스나이더[Timothy Snyder (2017). *On tyranny*, 51쪽]는 "사람들을 따라 하는 것은 쉽고 그들과 다른 것을 말하는 일은 편안하지 않게 느껴지지만 그런 불안 없이는 자유도 없다"고 단언한다. 그는 순응의 위험성을 경고한 것이다. 폭정에 협조하고 순응하는 이들 가운데에는 권력자와 직접적인 이해관계로 얽힌 패거리도 있을 것이다. 또 자신의 출세나 이득을 위해 적극적으로 폭정의 앞잡이 노릇을 하는 자도 있을 것이다. 이들은 폭정의 적극적인 가담자이며 실행자라 할 수 있다. 이들은 민주정의 적이며 처벌의 대상이다. 그러나 그 숫자는 많지 않고 결코 다수라고 할 수 없다. 이들만으로는 결코 폭정이 제대로 시행될 수 없다.

문제는 폭정에 협조하고 순응하는 대다수는 이해관계를 같이하는 패거리나 출세를 위한 앞잡이가 아니라 극히 상식적이고 경우에 따라서는 모범적인 일반인들이라는 점이다. 폭정은 폭정에 순응하는 이들 평범한 정상인들이 있기 때문에 가능하다. 이들의 행위의 결과는 거대한 악이지만 그들 자신은 괴물도 본질적으로 악한 존재도 아니다. 그들은 정권의 명령이나 상관의 지시를 그것이 가져올 결과에 대한 비판적인 평가 없이 대중의 의견에 추수하며 그저 충실히 수행할 뿐이다. 그러나 그들의 생각 없는 명령에의 충실한 복종에 의해 민주정이 폭정으로 퇴행하고 폭정의 일상화가 가능하게 되는 것이다.

유대인 대량 학살을 비롯한 나치의 폭정 또한 이러한 생각 없는 이들이 위에서의 지시를 충실히 이행한 결과로 일어난 것이었다. 그런 대표적인 인물의 하나가 이스라엘 법정에서 재판(1961-1963)을 받았던 나치당의 독일계 오스트리아 공무원이자 나치 친위대의 장교로서 유대인 대량학살의 주요 조직자의 한 사람인 아이히만(Otto Adolf Eichmann)이었다. 아이히만의 재판을 참관한 독일 유대인 출신의 정치사상가 아렌트(Hannah Arendt)는 그 참관기를 1963년에 《예루살렘의 아이히만: 악의 평범성에 관한 보고서 (Eichmann in Jerusalem: A report on the banality of evil)》라는 제목으로 출판했다. 이 책에서 아렌트는 나치의 폭정이 아이히만과 같이 상관의 명령을 생각 없이 충실하게 수행한 자들에 의해서 이루어졌다고 보았다.

아렌트는 아이히만이 저지른 행위의 막대함과는 대조적으로 그 자신은 그저 매우 평범하고 놀랍도록 정상적인 사람이라고 보았다. 그는 근본적으로 악해서 그런 일을 저지른 것이 아니라 아무런 성찰이 없이 정권에 헌신하며 소속감을 갖기 위해 그 명령을 충실히 따른 때문이라고 결론지었다. 그녀는 인간의 사악함에 관한 이 재판의 교훈은 "무시무시한, 말과-사고를-거부하는 악의 평범성의 교훈(the lesson of the fearsome, word-and-thought-defying banality of evil)"이라고 결론지었다. 학살자 아이히만을 악마화하지 않은 아렌트의 평가는 이스라엘과 유태인들로부터 많은 비난을 받게 되었다.[*Wikipedia.* "Arendt, Hannah."].

아렌트는 자신의 그런 주장이 논란이 되자 점점 더 도덕 철학에 집중하면서 자신의 주장을 좀 더 천착할 기회를 갖게 되었다. 그녀의 "생각하지 않는다"는 말은 의식의 부족을 뜻하는 것이 아니라 반성적 또는 성찰적 이성의 부족을 뜻한다. 아이히만과 나치의 부역자들은 나치의 명령을 따르는 자신들의 행위가 어떤 유의 것이며 어떤 결과를 가져올 것인지를 성찰하지 않은 채 명령이기 때문에 복종한 것뿐이라고 변명했다. 심지어 아이히만은 칸트의 복종의 의무를 자신의 삶의 원칙으로 삼았다고 항변했다. 이와 관련하여 아렌트는 아이히만이 자신의 행위를 평가하는데 요구되는 판단이라는 요소를 고려하지 않아 칸트를 오용했다며, 칸트의 도덕 철학은 인간의 판단 능력과 밀접히 연관되어 있기에 맹목적인 복종은 배제한다고 결론지었다. 그리하여 그녀는 "어떤 사람도, 칸트에 의하면, 복종의 권리를 갖

　　　　　　　　　폭정에서 민주정 구하기

지 않는다(No man has, according to Kant, the right to obey)"
는 유명한 말을 남기기도 했다.[*Wikipedia.* "Arendt, Hannah."].

그래서 아렌트는 "Personal responsibility under dictatorship
(독재 하의 개인적 책임)"(1964)이라는 글에서 명령을 따르는 행위가
어린애의 경우에는 복종이라고 할 수 있지만, 성인의 경우에는 복종
이라기보다는 자신의 판단에 따른 동의이며 지지라는 것이다. 그러
므로 성인의 경우에는 독재에 왜 복종했느냐고 물어야 하는 것이 아
니라 왜 지지했느냐고 물어야 한다는 것이다. 이 말은 폭정이나 독재
에는 저항이 마땅한 도덕적 처신이기에 단순한 명령 수행이라는 변
명으로 책임을 피해갈 수 없다는 뜻이다. 말하자면, 독재에 순응한
행위가 명령에 따른 단순한 복종이었기에 면책되는 것은 아니며 그
순응은 독재를 지지한 것이기에 그에 대한 개인적 책임이 있다는 것
이다.

폭정이나 독재에의 저항은 민주정의 시민들에게는 마땅한 도덕적
의무다. 민주 시민이라면 폭정에 협조하지 않는 소극적인 저항이라
도 해야 마땅하다. 폭정에 적극적으로 가담하거나 앞잡이 노릇을 하
지 않고 단순히 명령을 수행하는 행위라 할지라도 그것은 폭정을 돕
고 지지하는 행위이기에 도덕적으로 폭정에 기여한 책임이 있게 된
다. 물론 단순한 명령 수행자를 엄중한 책임을 물어야 할 적극적인 가
담자나 앞잡이들과 똑같이 다룰 수는 없다. 그러나 그렇다 하더라도
그들 단순 명령 집행자 또는 순응자들의 존재로 인해 폭정이 가능하

기에 그 순응 행위는 결과적으로 폭정을 지지하는 행위라는 점에서
단순한 순응자도 폭정에 대한 책임에서 결코 자유롭지 않다는 사실
을 우리 모두 명심해야 한다.

폭정에서 민주정 구하기

친애하는 국민 여러분, 저는
북한 공산세력의 위협으로
자유대한민국을 수호하
국민의 자유와 행복을
있는 파렴치한 종북
세력들을 일거에 ㅊ   사유
헌정 질서를 지키

저는 지금까지   을 일삼은

반드시 척   니다. 이는
체제 전'   는
반국기   동으로부터
국민   안전, 그리고
국   능성을 보장하며
          에게 제대로 된 나라를
          위한 불가피한
          니다.

민주정은 어떻게
폭정으로 퇴행하는가?

1.

민주주의는 인간의 천부적인 자유와 권리를 보장하기 위해 인류가 고안해낸 최선의 정치 제도로 말해진다. 그래서 우리는 흔히 민주주의 제도 자체가 민주주의를 지켜줄 것으로 생각한다. 그러나 이는 큰 오산이다. 민주주의에는 선출된 지도자나 정부에 의한 전복을 막을 수 있는 제도적 장치가 없다. 이는 독일 바이마르 공화국의 종말이 주는 대표적 교훈이다. 불행히도, 민주주의는 스스로를 지키지 못한다는 점이 민주주의의 최대의 약점이기도 하다. "민주주의는 그 제도의 장점과 유익함에도 불구하고, 질그릇처럼 연약해 깨어지기 쉽다. 민주주의는 민주주의 헌법만으로 실패를 막지 못한다. 민주주의의 치명적 약점이 이것이다."[김영평·최병선 등 (2019). 《민주주의는 만능인가?》, 217쪽].

이점은 민주주의 연구자들 사이에서는 하나의 상식처럼 되어 있다. 예컨대, 미국의 역사가인 스나이더[Timothy Snyder (2017). *On Tyranny*(폭정에 대하여), 23쪽], 미국의 정치학자들인 레비츠키와 지블랫[Steven Levitsky & Daniel Ziblatt (2018). 《어떻게 민주주의는 무너지는가》, 13-14쪽], 미국의 정치학자 쉐보르스키[Adam Przeworski (2019). *Crises of democracy*(민주주의의 위기들), 14-15쪽], 영국의 정치학자 런시먼[David Runciman (2020), 《쿠데타, 대재앙, 정보권력: 민주주의를 위협하는 새로운 신호들》, 5-14쪽], 한국 사회학자 임혁백[(2021). 《민주주의 발전과 위기》, 117-131쪽]

폭정에서 민주정 구하기

등 대부분의 민주주의 연구자들은 거의 모두 이점을 인정하고 있다.

민주주의라는 제도는 그 자체를 보호하는 보호 장치를 가지고 있지 않다. 헌법이 규정하는 삼권분립과 법치주의라는 두 가지 기본 원리만으로는 민주주의를 지킬 수 없다. 오히려 민주주의는 언론자유를 보장하고 다른 이들의 언행에 관용을 장려하기에 선동이나 기만이나 조작에 취약하다. 또 통신의 비밀을 비롯하여 사적 영역에서의 활동과 그 비밀을 철저히 보호하기에 사인들이 모여서 민주주의를 파괴할 수 있는 온갖 흉계를 꾸며도 그런 흉계를 막기도 색출하기도 어렵다. 게다가 유권자들이 이성적이고 비판적인 안목을 가진 사람들만 있는 것은 아니다. 많은 이들은 선동이나 거짓에 쉽게 현혹된다. 또 많은 이들이 정치에 아예 관심이 없거나 정치 현실이 어떻게 돌아가는지도 모르고 설령 안다 해도 방관하거나 아무 것도 하지 않는 소극적인 태도로 일관한다. 그런 이들은 심지어 자신들의 자유로운 삶을 보장해준 민주정이 파괴되어가는 것을 알아도 대부분 수수 방관한다.

그래서 김영평·최병선 등[《민주주의는 만능인가?》(2019), 219-225쪽]은 민주주의 위기의 원천은 민주주의 운행 원리에 내재하고 있다고 말한다. 그들에 의하면, 민주주의에 내재하는 위기의 요인은 다음 두 가지다. 첫째, 민주주의가 허용하는 자유를 오용하거나 남용해 민주주의를 파괴할 수 있다. 그렇다고 자유의 오용과 남용을 막으려는 시도는 선의라 해도 정당한 자유를 제한하는 수단으로 오용되고 남용될 수 있다. 둘째, 민주주의가 실패할 가능성은 국민의 보통 선거를 통해 집권 세력을 결정하는 방법에 도사리고 있다. 선거에 이기려면 대중의 인기에 영합해야 하기에 대중영합적인 공약의 유혹을 떨치기 어렵다. 대중영합주의(populism)는 흔히 과도한 복지 정책으로 나타나는데 이는 국가의 재정 파탄으로 이어져 나라가 정상적인 민주주의 국가로 존속하기 어렵게 된다.

이처럼 민주정은 그 자체의 원리에 의해 매우 취약하다. 그래서 오늘날은 정변이나 혁명이 아니라 민주주의 제도로 선출된 지도자와 결정권자가 민주주의를 파괴하고 독재, 즉 폭정으로 가는 경우도 허다하다. 이처럼 노골적인 국가 전복 형태가 아니라 공약성 쿠데타, 행정권 과용, 전략적 선거 조작처럼 외견상 민주주의 형태를 유지하지만 실제로는 민주주의를 파괴하는 현상을 영국의 정치학 교수인 데이비드 런시먼(David Runciman)은 '은밀한 구테타'라고 말한다. 이러한 은밀한 쿠데타는 사람들이 권력을 지닌 이들의 정당성을 인정하고 있을 때에만 쿠데타가 성공할 수 있기에 쿠데타 공모자들은 민주주의 파괴를 은폐하고 민주주의를 자신들의 친구로 만든다는 것이다.

미국 건국의 아버지들의 한 사람이자 3대 대통령인 토마스 제퍼슨도 이점을 염려하여 이런 지적을 남겼다. 즉, "최선의 정부 형태 아래에서도 권력의 신탁자들은 시간이 흐르면서 천천히 그것을 폭정으로 전락시킨다." 역시 미국 건국의 아버지의 한 사람이며 2대 대통령이었던 존 애덤스(John Adams)는 더 직설적으로 표현했다. "민주주의는 오래 가지 못함을 기억하라. 그것은 곧 쇠퇴하고 탈진하고 자멸한다. 아직까지 자살하지 않은 민주주의는 없다." 현대에도 그런 예는 무수하다. 독일의 히틀러, 필리핀의 마르코스, 페루의 후지모리, 베네수엘라의 차베스, 튀르키예의 에르도안, 러시아의 푸틴, 헝가리의 오르반 등이 민주주의 제도로 권력을 차지한 후 민주정을 파괴하고 전체주의 또는 독재의 폭정으로 변질시켰다. 물론 정변이나 혁명으로 민주주의가 폭정으로 이어지기도 하지만 선거에 의해 민주적으로 권력의 자리에 오른 경우에도 민주정의 원칙과 규범을 지키지 않음으로써 민주정을 폭정으로 전락시킬 수 있는 것이다.

2.

그렇다면 민주정이 정변이나 혁명이 일어나지 않았음에도 어떻게 폭정으로 타락하는가? 또는 민주정이 자체적으로 폭정으로 전락하는 과정에서 어떤 일들이 일어나는가? 민주정이 폭정으로 전락하는 과정에서 권력자는 정치적 반대자나 반대 세력을 상호공존과 관용의 대상으로 보지 않고 제거해야 할 대상으로 적대시한다. 그리하여 야당이나 비판자와의 대화, 협상, 설득 등의 노력을 기울이지 않을 뿐만 아니라 심지어는 기자 회견 등으로 국민 앞에 서는 일도 거의 하지 않는다. 말하자면, 민주적이고 공개적인 소통은 부재하거나 거의 없어진다. 대신 장막 뒤에서 비밀리에 일방적인 지시를 하거나 회유나 위협이나 협박을 행한다. 그밖에도 거짓말을 비롯하여 자신의 권력을 유지하고 강화하기 위한 불법적이고 더러운 수법들을 음험하게 시행한다. 제도적 절제 대신 온갖 제도를 악용할 뿐만 아니라 심지어는 기만과 불법적인 일까지도 모의하고 시행하는 것이다.

그런 전형적인 수법들을 살펴보자. 호의적 언론과 비호의적 언론의 차별적 대우나 언론사에 대한 불법적 인사 개입이나 정부 정보의 엄격한 통제 등의 합법적 또는 비합법적 조치들을 통한 언론자유의 제한과 억압, 법령이나 제도의 변화로 게임의 규칙을 바꾸어 집권세력에 유리하게 운동장 기울이기, 심판의 기능을 하는 판사의 매수나 압박, 사건·의견·의견조사의 조작을 통한 일방적 선전, 경쟁자·정적·비판자의 매수·숙청·추방·암살·위해·중상모략 등 또는 이들 조치에 의한 위축 효과의 유발, 정보기관이나 수사기관이 수집한 반대자의 약점이나 비밀의 누설, 비판자에 대한 고소와 고발, 그에 따른 수사 그리고 수사 중인 혐의의 언론 플레이, 영장 없는 수색과 체포, 권력에 불리한 사실의 은폐나 사소화 및 유리한 사실의 침소봉대, 불리한 사안이나 사건의 프레임 바꾸기, 부정 선거, 애국심 고취, 사람들의 관심을 돌리기 위한 관제 시위나 군사 행동, 심지어는 부정부패나 큰 잘못을 가리고 반대나 비판을 잠재우기 위한 전쟁의 야기 등이 있다.

민주주의는 현대사회에서 가장 각광받고 따라서 사람들의 지지를 받는 제도이기에 역설적이게도 때로는 민주주의 수호가 민주주

폭정에서 민주정 구하기

의 전복의 명분으로 활용되기도 한다. 이미 일어났거나 또는 임박한 비상사태나 위기에 민주주의를 지키기 위해 필요하다는 명분으로 전제주의적 조치를 취하는 것이다. 레비츠키와 지블랫[(2018).《어떻게 민주주의는 무너지는가》, 118쪽]의 지적처럼, 잠재적 독재자는 자신의 반민주적 조치를 정당화하기 위해 경제위기나 자연재해, 특히 전쟁과 폭동, 테러와 같은 안보 위협을 구실로 삼는다. 국가 안보가 위기에 처하면 시민들 역시 개인의 안전에 대한 두려움으로 반민주적 조치에 관대해진다.

이처럼 민주적 선거로 당선된 잠재적 독재자가 민주주의를 점진적으로 퇴보시키거나 전복시키는 일이야말로 현대 민주주의 위기의 한 특징이다. 혁명이나 정변이나 카리스마적 지도자에 의해 일거에 일어나는 가시적인 전복이 아니라 형식적인 민주적 절차에 의해 인식하지도 못한 점진적 퇴보의 결과로 민주정이 전복되고 폭정으로 타락한다. 미국의 정치학자 쉐보르스키[Adam Przeworski (2019). *Crises of democracy*, 14쪽]는 이렇게 말한다. "오늘날 우리를 사로잡고 있는 유령은 최악의 가능성이라고 나는 믿는다. 그것은 바로 민주적 제도들과 규범들의 점진적인 그러나 거의 지각할 수 없는 침식이며, 몰래 행해지는 민주주의의 전복이며, 좋은 민주적 신임장들을 지닌 정권들이 가진 법적 장치의 비민주적 목적을 위한 이용이다."

정치학자 임혁백도 "현재 전 세계의 민주주의는 군사 쿠데타나 민간 독재자에 의해 민주주의가 전복되고 파괴됨으로써 일어나는 전통적 민주주의의 위기와 붕괴가 아니라, 투표를 통해 선출된 정부들이 민주주의를 점진적으로 퇴보시키는 위기에 처해 있다."[《민주주의의 발전과 위기》, 155쪽]고 지적한다. 그는 그런 민주주의의 퇴보를 "'전 례가 없는' 민주주의의 위기"라고 말한다. 컬럼비아 대학 탐사 저널 리즘 센터 소장인 코로넬[Sheila Coronel (2020, June 16). "This is how democracy dies(민주주의가 망하는 법)." *The Atlantic.*]은 21 세기에 민주주의가 망하는 법을 이렇게 묘사했다. "한밤에 권력의 장 악도 없고, 거리를 굴러가는 탱크도 없고, TV 방송국을 접수하는 제 복의 장교들도 없다. 단지 민주적 규범들의 침식, 제도들의 부패, 그 리고 법정과 의회에서의 결정권자들의 비겁한 타협들이 조금씩 꾸준 히 이루어지기 때문이다."

그런 퇴보적 시도는 대체로 의회나 법원의 승인을 받고 합법적으 로 이루어진다. 그런 시도는 대체로 심판자를 자기편으로 갈아치우 거나 정적을 제거하거나 자기에게 유리하게 운동장을 기울이기 위 한 것이지만 흔히 효율성, 제도와 절차의 간소화, 부정부패 척결, 심 지어는 민주주의의 발전을 내세운다. 더구나 이런 경우에는 정변, 비 상사태나 계엄령 선포, 헌정 질서의 중단과 같은 민주정의 경계를 넘 는 명백한 순간들이 없어 경종도 울리지 않기에 사람들은 민주정이 파괴되고 있다는 사실을 인식하지 못한다. 오히려 그런 시도를 비판 하는 이들은 과장이나 거짓말을 한다고 오해를 받는다.[레비츠키와 지블랫 (2018). 《어떻게 민주주의는 무너지는가》, 12쪽].

3.

그러나 그러한 일들이 일어나면 폭정으로 가고 있음을 의심해야 한다. 양식이 있는 이들이나 깨어 있는 이들이라면 이 단계에서부터 경계해야 한다. 그런 일들에 대한 보도와 정보를 수집하고 그런 사태를 제대로 파악하고, 같은 관심과 우려를 가진 사람들과 소통하고 네트워크를 형성하여 연대할 필요가 있다. 만일 폭정을 의심케 하는 일들이 빈발하거나 일상화하면 폭정을 막기 위해 폭정에 반대하는 나름의 실천에 나서야 한다. 예컨대, 폭정에 반대하는 정당이나 시민단체나 사회운동가를 격려하거나 자원봉사나 기부 등으로 지원하고, 그들이 주도하는 시위에 참여하는 등 가능한 방식으로 폭정에 저항하는 행동에 나서야 한다. 폭정이 제도로 완전히 자리를 잡으면 그에 저항하는 것조차 어려워지고 폭정을 끝장내기 위해 막대한 희생을 치러야 한다.

오늘날 민주정을 잘 운영하고 있는 서구 선진국에서 폭정은 권력의 사악한 오용과 남용 그리고 그로 인해 사람들에 가해진 폭력적 학대로 이루어진 가장 부패한 정치 체제로 간주된다. 인권이 존중되고 법치주의가 확고한 민주정이라면 폭정은 상상할 수 없는 일이다. 많은 사람들이 그렇게 믿는다. 그러나 위에서 살펴본 바와 같이 민주정에서도 그 민주정을 파괴하는 일들은 갖가지 방식으로 일어날 수 있다. 그러니 방심은 금물이다. 국민들이 깨어 있지 않으면 민주정에서도 폭정이 행해지는 퇴행은 얼마든지 일어날 수 있기 때문이다. 1차

세계대전 후 유럽의 많은 나라들이 민주정을 실시했으나 이내 파시즘, 나치즘, 공산주의 등에 의해 전체주의적 폭정으로 퇴행하고 말았다. 독일에서 바이마르 민주 공화정이 나치즘에 의한 히틀러의 폭정으로 타락한 것이 그 대표적인 예다. 우리나라에서도 이승만은 민주적인 제도 속에서 독재로 퇴행했다. 심지어 오늘날에도 그런 일은 비일비재하다. 그나마 현대 민주주의의 본산인 미국에서도, 뒤에서 살펴보는 바와 같이, 헌정을 유린하는 사건이 일어났었다.

우리의 현실은 어떤가? 우리나라는 수년전에 국제사회에서 선진국으로 공식 인정되어 가장 최근에 선진국 대열에 합류한 선진국 새내기다. 그럼에도 G7의 구미 선진국들과 어깨를 나란히 했고 수준 높은 민주주의, 세계적인 제조업 생산력, 효율적인 코로나19의 대처, 세계로 뻗어가는 한류로 그들의 부러움을 샀다. 그랬던 우리나라에서 어느덧 국내에서는 폭정에 대한 비판이 일고 국제적으로는 그와 관련된 외신으로 망신을 사고 있다. 심히 우려스러운 민주주의의 퇴행이 일어나고 있는 것이다. 우리는 대체로 우리에게 다시 이런 퇴행이 일어나리라고 예상하지 못해서 더 당황하고 있다. 우리는 대한민국이라는 민주 공화정을 탄생시킨 이래 이승만의 문민 독재, 박정희의 군사 독재, 전두환과 신군부의 군사 독재를 많은 희생을 치루면서 극복해내고 민주주의를 회생시켜 구미 선진국들의 민주주의에 버금가는 수준에 올려놓았다고 생각했기 때문이다.

그러나 우리는 우리의 민주주의가 아직은 취약하다는 것을 깨닫게 되었다. 더 나아가 현대 민주주의의 본산지 미국의 민주주의조차 트럼프에 의해 위기를 맞는 것을 보고 민주주의 그 자체가 취약하다는 것을 깨닫게 되었다. 민주주의는 스스로를 방어하지 못한다. 오늘날에도 나치의 집권으로 바이마르 공화국이 종말을 맞은 것과 같은 최악의 사건이 반복될 수 있는 것이다. 그래서 스나이더[Timothy Snyder (2017). *On Tyranny*(폭정에 대하여), 13쪽]는 폭정의 깊은 원천을 이해하기 위해 역사를 살피고, 폭정에 대한 적절한 대응을 고려해야 한다고 충고한다. 스나이더가 트럼프의 집권 직후에 그 책을 출간한 이유이기도 하다.

민주주의를 수립하거나 회복시키면 그것이 저절로 정착되고 성숙하는 것은 아니다. 국민들이 계속 경각심을 가지고 지키지 않으면 그것의 폭정으로의 퇴행은 순식간에 일어날 수 있는 것이다. 그래서 민주주의의 유지는 국민들의 계속적인 관심과 행동이 필요하다. 런시먼[David Runciman (2020), 《쿠데타, 대재앙, 정보권력: 민주주의를 위협하는 새로운 신호들》, 134쪽]은 "민주주의는 그 체제가 갖춰야 할 기본 조건 때문에 적의 공격에 속수무책일 수밖에 없다. 그래서 민주주의를 구하려면 적극적인 시민들이 필요하다."고 말한다. 쉐보르스키[Przeworski (2019). *Crises of democracy*, 185쪽]는 이렇게 경고한다. "사람들이 민주주의를 침식시키는 누적 효과를 지닌 정부의 행위들에 대해 처음부터 반항하지 않으면 민주주의는 침식한다."

우리가 이미 그 대열에 합류한 선진국의 지위를 계속 유지하고 우리의 더 나은 미래를 위해서라면 우리 민주정의 침식이나 퇴행은 결코 용납되어서는 안 될 일이다. 그런 침식이나 퇴행을 막기 위해서는 우리가 깨어 있어야 한다. 국민이 깨어 있는 만큼 퇴행이 일어나기 어렵고 퇴행이 일어나도 재빨리 되돌릴 수 있기 때문이다. 남아공 데스먼드 투투 주교의 지적처럼 "자유의 대가는 항구적인 경계심이다." 그렇지 않고 계속 방심하고 방관하면 민주정은 부지불식간에 침식되고 퇴행하여 결국 폭정이 되고 갈수록 그 서슬이 파래지며 단단히 똬리를 틀어 돌이킬 수 없는 것이 되고 말 수도 있다. 무엇이든 세우고 유지하는 데는 많은 시간과 노력이 소요되나 그것은 부수고 없애는 데는 한 순간으로 족하다.

폭정에서 민주정 구하기

민주정의 퇴행의 예 1 : 미국의 의사당 난동 사건

1.

민주주의는 취약하고 위태로운 제도다. 현대 민주주의의 원형을 제시하고 또 지금까지 가장 모범적으로 유지되어온 민주주의의 본산지인 미국에서도 민주주의는 많은 우여곡절을 겪고 몇 차례의 위기를 겪으면서 오늘에 이르렀다. 민주주의가 위기를 겪었다는 것은 민주주의 제도 자체는 취약하며 이것을 보완할 무엇인가가 있어야 한다는 점을 암시한다. 이점과 관련하여, 레비츠키와 지블랫[《어떻게 민주주의는 무너지는가》, 6-7쪽]은, "헌법, 자유와 평등에 대한 확고한 믿음, 역사적으로 탄탄한 중산층, 높은 수준의 부와 교육, 그리고 광범위하고 다각화된 민간 영역이 아마도 민주주의 붕괴라는 재앙에서 미국 사회를 지켜주었을 것이다."라고 말한다. 미국의 민주주의도 제도만으로 유지된 것이 아니라는 뜻이다.

이 두 정치학자는 트럼프 대통령의 등장을 미국 민주정의 위험으로 인식하고 경계했다. 그래서 이 두 학자는 이 같은 책을 저술하게 되었고, 그 책의 제8장 '트럼프의 민주주의 파괴'라는 제목 하에 트럼프가 대통령 취임한 후 1년 동안의 말과 행동을 분석하여 경종을 울렸다. 그들에 따르면, 트럼프는 선출된 독재자가 자신의 권력을 강화하기 위해 선택하는 세 가지 기본 전략, 즉 "심판을 매수하고, 상대편 주전이 경기에 뛰지 못하도록 막고, 경기 규칙을 고쳐서 상대편에게 불리하게 운동장을 기울이는 것"을 모두 시도했고 게다가 상호 관용(상대에 대한 관용)과 제도적 자제(제도 운용의 절제)라는 두 가지 미국

폭정에서 민주정 구하기

민주주의의 버팀목이 되어준 '규범'도 지키지 않았다며 이렇게 지적했다.

> 규범은 민주주의를 보호하는 연성 가드레일이다. 규범이 무너질 때 용인되는 정치 행동의 범위는 넓어지고, 민주주의를 파멸로 몰아갈 주장과 행동이 시작된다. 예전에는 미국 정치에서 상상조차 할 수 없었던 행동이 이제 고려해볼 만한 전술이 되고 있다. 물론 트럼프 자신이 헌법적 민주주의라는 강성('경성'이란 어휘가 더 적절할 듯) 가드레일을 파괴한 것은 아니지만, 미래의 대통령이 언젠가 그러한 일을 할 가능성을 높이고 있다.[레비츠키와 지블랫 (2018).《어떻게 민주주의는 무너지는가》, 255쪽].

그러나 불행히도 미래의 대통령이 아니라 트럼프 자신이 민주적 규범이라는 연성 가드레일의 무시를 넘어 미국 민주주의의 기본 제도인 경성 가드레일마저 파괴하려 했다. 트럼프는 재선에서 민주당의 바이든 후보에게 패했으나 규범에 따라 자신의 패배를 받아들이고 상대의 승리를 축하하는 전통을 따르지 않았다. 오히려 표를 도둑맞았다며 결과에 노골적으로 불복했다. 그러면서 끝내 지지자들을 선동하여 바이든 후보의 당선을 확정하려는 의사당에 난입하여 의사진행을 방해하는 난동을 초래하기까지 했다. 이 의사당 난입 사건은 경성 가드레일을 파괴하려한 시도로서 일종의 반란 행위이며 이제까

지의 미국 민주주의의 역사에서 가장 커다란 오점의 하나라고 해야
할 것이다. 이에 대해 살펴보자.

2.

2021년 1월 6일 미국 민주주의는 불의의 일격을 당했다. 트럼프
대통령은 2020년 11월의 대선에서 재선에 도전했으나 실패했다. 그
러나 그는 자신의 패배를 받아들이고 승복 연설을 하는 전통을 깨고
대신 계속 자신의 승리를 도둑맞았다고 허위 정보와 거짓말을 퍼뜨
리며 정당한 선거 결과를 뒤집으려 했다. 급기야는 자신의 지지자들
을 부추겨 바이든 후보의 당선을 확정하려는 의사일정이 진행되는
때에 의사당에 집결케 하여 그들 앞에서 "맹렬히 싸우지 않으면 더
는 나라를 갖지 못할 것"이라고 선동했고 이에 자극받은 트럼프 지
지 군중들이 의사당에 난입하여 의사 진행을 방해하는 난동을 부렸
다. 그 과정에서 사상자도 다수 발생했다. 이는 다행히 실패로 끝났
지만 폭력으로 미국의 민주정을 파괴하려는 시도였다.

이런 일은 1789년 미합중국이 탄생한 후 처음이다. 양식 있는 미
국인들은 이 난동이 미국을 바나나 공화국으로 추락시켰다고 부끄러
워하고, 트럼프가 임명한 몇몇 장관들은 이 사태에 항의하여 사임하
고, 다수의 공화당 의원들과 원로들이 이 일로 트럼프를 비난하고,
보수지인 《월 스트리트 저널》은 트럼프의 즉각 사임을 요구하기도
했다. 그러나 그의 사임도, 그리고 수정헌법 25조(대통령이 그의 의

무를 수행하기 어렵다고 다른 이들이 판단하나 대통령이 이를 거부할 때의 해결 방안)에 의한 그의 제거도, 거부되자 민주당은 그의 신속 탄핵 작업에 착수하기도 했으나 그 사이 그는 임기를 다 마쳤다. 어쩌면 이 난동은 미국 민주주의의 최대의 오점이자 허점으로 남게 될 것이다.

20세기에는 선거로 집권한 후 정치적 술수로 권력을 탈취하여 민주주의를 유린한 사례들이 더러 있었다. 예컨대, 히틀러는 선거로 의원에 당선되고 총리에 오른 후 의사당 화재 사건을 구실로 친위 쿠데타를 통해 대통령의 권한과 총리의 권한을 통합하여 총통에 취임하고 독일을 전체주의 국가로 몰아갔다. 필리핀의 마르코스도 처음에는 선거로 집권했으나 자신의 보안군에 민다나오 섬의 이슬람 반군의 군복을 입혀 수도인 마닐라에서 백주에 기업가의 승용차에 총을 쏘게 한 후 반군이 수도에 침입했다는 구실로 계엄령을 선포하여 독재자가 되었다.

그런데 21세기에 그나마 민주주의의 모범적인 지도국가로서 공산주의와 대결하며 민주주의의 우수성을 내세우고 전파해온 미국에서 정당한 선거 결과를 폭력으로 뒤집으려는 반민주주의적인 폭거가 일어난 것이다. 다행히 아직은 민주주의의 전통과 기반이 단단하여 그 시도는 역풍을 맞게 되었고 그 결과 트럼프는 사면초가에 몰렸지만 이 사건은 민주주의에 몇 가지 교훈을 준다.

첫째, 미국 헌법은 미국 민주주의가 폭정으로 타락하는 것을 막기 위해 언론자유 및 집회와 결사의 자유 그리고 심지어는 무기 소지의 자유까지 허용하고 있다. 그러나 이들 자유는 민주주의를 수호하는 수단으로 쓰이기만 하는 것이 아니라 민주주의를 파괴하는 수단으로도 악용될 수 있음을 보여주었다. 트럼프와 그 지지자들은 각종 소통 수단을 이용하여 자유롭게 가짜 뉴스를 퍼뜨리고, 의사당 난입을 모의하였고 그 난입에 지지자들을 동원하였으며, 의사당 난입을 위해 총기로 무장하기도 하였다. 칼은 사람을 살리는 수술에도 쓰이지만 살인에도 쓰이듯, 자유와 총기도 마찬가지다.

둘째, 무엇보다 오늘날 각광을 받는 디지털 미디어, 특히 소셜 미디어는 매우 민주적이고 모두가 사용하는 편리하고 소통 수단이지만 그만큼 손쉽게 민주주의의 적이 될 수 있음도 입증하였다. 트럼프는 SNS를 통해서 가짜 뉴스와 엉터리없는 주장들을 지지자들에게 전파했고 그들을 결집시켜 대통령에 당선되었다. 재선에서는 패배를 인정하지 않고 승리를 도둑맞았다는 가짜 뉴스를 계속 올리며 지지자들을 선동하여 의사당에 난입하게 했다. 그럼에도 어떤 소셜 미디어도 자신의 미디어가 악용되는 것을 막지 않았다. 문제가 일어난 후에야 〈페이스북〉은 대통령 취임식 다음날까지, 그리고 〈트위터〉는 영구히, 트럼프의 계정을 폐쇄한다고 발표했을 뿐이다.

셋째, 선동이라는 독버섯은 흔히 매우 매혹적이다. 오늘날에도 선동으로 민주주의의 경성 가드레일도 무너뜨릴 수 있다. 미국과 같은 현대 민주주의를 탄생시킨 나라에서도 그렇다. 트럼프는 세계 패권

폭정에서 민주정 구하기

국의 지도자가 되기에는 인품, 교양, 도덕성, 정직성 등에서 매우 부적합한 인물이다. 게다가 그의 '미국 우선주의', 반이민 정책, 인종주의적 편견은 '다수로 이루어진 하나'라는 미국의 국시에 반한다. 그럼에도 그의 그런 인물됨과 구호와 편견이 백인 우월주의와 극우주의자들에게는 매우 솔깃했다.

넷째, 분열과 팬덤에 호소하는 정치는 민주주의의 암이다. 트럼프는 그 동안 진행되어온 인종에 기반한 미국의 분열의 정치를 위험한 수준으로 끌어올렸다. 트럼프 대통령의 핵심 지지기반은 백인 우월주의자들이다. 트럼프는 통합이 아니라 분열의 정치를 택해 그들 백인들을 애국자들로 칭찬하면서 유색인종, 특히 흑인에 대해서는 인종 차별적인 태도를 숨기지 않았다. 그들 백인들은 트럼프의 열렬한 팬이 되었고, 그의 선동에 따라 의사당에 난입했다.

다섯째, 바늘 도둑을 막지 못하면 소 도둑 된다. 트럼프는 취임 초부터 자신에 비판적인 언론들을 대놓고 '가짜 뉴스'라고 비난하면서도 정작 자신은 뻔한 거짓말을 일삼아왔다. 언론들은 트럼프의 거짓말들을 세면서 매일 그 누적 집계를 발표하기도 했다. 그런데도 현직 대통령의 일상적인 거짓말과 허위 주장을 막지 못했다. 그 결과 그는 선거를 도둑맞았다는 위중하고 극악한 거짓말까지 하였고 그 거짓말을 믿는 사람들은 폭동에 나섰다.

3.

'미국 홀로코스트 기념 박물관'의 양심 위원회 회원인 저명한 노역사학자 티모씨 스나이더(Timothy Snyder)는 도널드 트럼프가 미국 대통령으로 취임한 2017년 *On Tyranny*(폭정에 대하여)라는 다소 뜬금없어 보이는 소책자를 발행했다. 그는 20세기의 유럽의 민주정들이 파시즘, 나치즘, 또는 공산주의에 굴복한 역사적 경험에서 얻은 폭정과 관련한 스무 가지의 교훈을 폭정에 대응하는 행동 지침의 형식으로 제시하고 있다. 그는 스무 번째의 마지막 교훈의 제목을 〈당신이 할 수 있는 한 용감하라〉로 달고 아무런 해설 없이 "만일 우리 가운데 아무도 자유를 위해 죽을 준비가 되어 있지 않으면, 우리 모두가 폭정 아래서 죽을 것이다"라는 비장한 한 문장만을 제시했다. 아마도 그는 트럼프에게서 잠재적 독재자의 위험성을 보았고 그것을 이 책자를 통해 미국 시민들에게 경고했던 것으로 보인다. 그 이후로 민주주의 연구자들에 의해 민주주의의 위기에 관한 책들이 쏟아져 나왔다.

트럼프는 극단적 선동가라 할 수 있다. 극단적 선동가들은 어느 사회에나 존재한다. 민주정이 위험에 처하는 것은 그런 선동가가 등장하는가의 여부가 아니라 그런 선동가가 정치 무대의 주류가 될 때다. 따라서, 레비츠키와 지블랫[《어떻게 민주주의는 무너지는가》, 13쪽]의 지적처럼, 그런 선동가는 정치 지도자와 정당이 나서서 당내 주류가 되지 못하도록 막아야 했으나 미국 정계와 공화당은 그러지

폭정에서 민주정 구하기

못했다. 공화당의 양식 있는 일부 인사들이 트럼프를 강하게 반대했으나 공화당 전체 분위기는 트럼프를 내세워서라도 정권을 잡는 것을 더 선호했다. 그 결과 그는 대통령에 선출되어 민주적 규범을 무시하고 끝내는 의사당 난입 사건으로 헌정 질서를 파괴하는 일까지 저지른 것이다.

이 사건은 삼권분립에 의한 견제와 균형 그리고 법치주의 또는 법의 지배라는 민주주의의 제도만으로는 선출된 독재자를 실질적으로 제어할 수 없다는 레비츠와 지블랫의 주장을 입증하는 사례의 하나가 되고 있다. 그런데도 미국 정계와 공화당은 트럼프를 또 다시 미국 정치 무대의 주류로 만들었다. 재선에 도전한 트럼프는 2024년 3월 7일 공화당 대통령 후보로 확정되었다. 그리고 지지도 조사 결과 트럼프 지지율이 바이든과의 대결에서 앞서고 있는 것으로 보도되고 있다. 의사당 난입 사건을 일으킨 장본인인데다 34개의 범죄 혐의로 기소되어 그 중의 일부는 재판까지 진행 중임에도 다시 공화당 후보가 되었다는 것은 미국 민주정의 퇴행으로 받아들여 질 수 있다. 의사당 난입 사건으로 궁지에 몰렸던 트럼프가 또 다시 그런 유의 어리석은 일을 벌일 것 같지는 않다. 하지만 그의 선동적인 기질이 완전히 사라진 것은 아니기에 미국의 민주정이 또 한 번 시험대에 오를지도 모른다.

그런데 미국의 대선이 요동치고 있다. 6월 27일의 제1차 바이든-트럼프 후보의 TV토론에서 바이든의 졸전과 고령 리스크가 부각되어 바이든 후보의 교체론까지 등장했다. 한편 7월 13일에는 트럼프가 유세 도중 총격을 당해 귀를 다치는 일이 일어났다. TV토론과 함께 이 일은 트럼프의 대선 승리의 큰 호재로 작용하고 있다. 트럼프는 34개의 범죄 혐의로 기소되어 있고 이 가운데 4건의 형사 재판을 받고 있다. 하지만 '성추문 입막음 뇌물' 사건에서는 유죄 평결을 받고 '기밀문서 유출' 사건은 기각되었으나 재판이 모두 연기되거나 대선 이후로 미뤄지면서 트럼프의 사법 리스크는 사라진 상태다. 그런데 바이든은 7월 21일 후보직을 사퇴하겠다고 발표했다. 그는 카멜라 해리스를 자신의 후계자로 지명했다. 그리고 해리스의 인기가 급상승하면서 지지도 조사에서 트럼프를 앞서고 있다.

하지만 트럼프의 대통령 재선 가능성을 완전히 배제할 수는 없다. 미국의 민주주의에 위기를 초래한 장본인이라는 점에서 트럼프는 정치학자나 역사가들에 의해 매우 부정적인 평가를 받고 있다. 미국 민주당원이나 리버럴한 성향의 인물들에 의해서는 더 말할 것도 없다. 심지어는 공화당 내의 일부 리버럴한 성향의 인물들에 의해서도 부정적으로 평가된다. 그러나 그의 다른 측면 특히 외교적 측면에서는 달리 평가할 수 있는 여지도 없지 않다. 우리나라의 입장에서는, 특히 남북 관계의 변화를 위해서는, 더 그러하다. 그러니 트럼프가 재선될 경우에 그것이 우리에게 미칠 긍정적인 면과 부정적인 면을 미리 점검해볼 필요가 있을 것이다. 물론 그 문제는 이 책의 주제를 벗어나기에 이 책에서 다루는 것은 적절하지 않다.

현대 민주주의의 본산지인 미국에서조차 민주주의의 경성 가드레일을 파괴하는 일이 벌어질진대 그 밖의 민주주의의 전통이 약한 나라들은 어떻겠는가? 국민들이 조금만 방심하면 민주주의는 언제든 폭정으로 타락할 수 있다. 그러니 민주주의를 지키기 위해서는 국민들이 깨어 있어야 하고, 경각심을 가지고 정치권력을 감시해야 한다. 그리고 민주주의의 파괴 행위가 행해지면 바로 경종을 울리고, 그런 행동을 저지하고 민주주의를 지키기 위한 실천적인 행동에 나서야 한다.

친애하는 국민 여러분, 저는
북한 공산세력의 위협으로
자유대한민국을 수호하
국민의 자유와 행복을
있는 파렴치한 종북
세력들을 일거에 ᄎ   사유
헌정 질서를 지키
저는 지금까   으 일상
망국의
반드시 천
체제 전
반국가   동으로부터
국민   안전, 그리고
국   능성을 보장하며
            에게 제대로 된 나라를
            위한 불가피한
            니다.

민주정의 퇴행의 예 2: 한국 검찰 정권의 탄생과 행태

1.

해방 이후 정부 수립 과정에서 우리의 제헌 국회는 "대한민국의 주권은 국민에게 있고, 모든 권력은 국민으로부터 나온다"는 주권재민사상 또는 국민주권주의의 원리에 기초한 민주공화제를 채택했다. 이는 대한민국의 모든 권력 기관은 권력의 주인인 국민을 위해 존재해야 하고 또 국민에 의해 통제되어야 함을, 그리고 국민의 생명과 안전과 행복, 자유와 권리 등의 인권을 지키고 보호해야 함을, 뜻한다. 그러나 불행히도 계속적인 독재로 국가의 권력 기관들은 국민의 민주적 통제를 받고 국민을 위해 봉사하는 대신 독재에 동원되어 그들의 주구로서 국민을 탄압하고 국민의 생명과 안전 그리고 인권과 자유를 해치고 짓밟는 반헌법적 폭거를 저질러왔다.

그에 따라 독재가 진행되는 동안 국민들의 민주화 운동도 꾸준하고 치열하게 전개되어 왔다. 그런 민주화 운동의 화룡점정은 1987년의 '6월 항쟁'이었다. 이 위대한 시민 항쟁으로 대통령 직선제를 쟁취하고 민주화가 시대정신이 되었다. 그리하여 이승만 문민독재, 박정희 군사 독재와 유신 독재, 전두환의 군부 독재 등으로 이어오며 그때까지 쌓여왔던 적폐를 청산하는 작업이 진행되었다. 그것은 곧 각 분야에서 독재를 겪으면서 정상의 비정상화로 굳어진 잘못된 제도와 관행들을 바로 잡는 비정상의 정상화라는 과거 청산 작업이었다. 과거 청산 작업은, 바꾸어 말하면, 비민주화한 것 또는 비민주적인 것의 민주화라는 개혁을 뜻한다. 그리고 개혁은 쉬운 일이 아니다.

폭정에서 민주정 구하기

그럼에도 대한민국의 발전과 선진화를 위해서는 외면하거나 미룰 수 없는 과제이기도 하다.

그런데 개혁에도 우선순위가 있다. 가장 먼저 개혁의 대상이 되어야 하는 것은 군, 검찰, 경찰, 국정원과 같은 국가의 공권력 기관들이다. 그 까닭은, 김인회 교수[(2017).《문제는 검찰이다》, 20쪽]의 지적처럼, 이들은 국가 권력의 핵심이고 다른 기관에 비해 국민의 자유와 인권에 미치는 영향이 압도적이기 때문이다. 실제로 이들은 과거 독재 체제를 주도했거나 그 일환이었고 이들의 자유와 인권 침해는 적폐 중의 적폐였다. 이들은 한국의 민주주의와 인권을 좌우해왔던 기관이며 지금도 그러하다. 따라서 이들의 적폐를 청산하고 이들의 본래의 존재 이유에 맞추어, 그리고 견제와 균형의 원리 및 법치주의에 따라, 권한 분산과 적절한 운영 양식을 갖추어 주는 개혁이 없이는 한국의 민주정은 발전할 수 없다.

그러나 이들 공권력 기관들은 6월 항쟁 이후의 민주화 과정에서 개혁에 저항하거나 변화에 굼뜬 모습을 보여 왔다. 개혁에 저항하고 변화를 거부하는 데 자신들이 가진 막강한 권력을 이용할 수 있기 때문이다. 그래도 군부는 김영삼 대통령의 과감한 하나회 척결로 다시는 쿠데타를 꿈꿀 수 없게 되었고, 경찰과 국정원은 자체의 과거사정리위원회를 만들어 잘못된 과거사를 반성하고 어느 정도 바로잡기도 했다. 경찰의 경우 자치경찰제의 도입으로 그 권한을 분산시켰고, 국정원의 경우 국내 정보 수집 중단, 수사권의 경찰 이전 등으로 대공 업무와 국가 기밀 보호 업무 외의 정치 개입이나 민간인 사찰 등을 할 수 없게 되었다.

2.

그런데 유독 검찰만은 아무런 반성도 변화도 꾀하지 않았다. 최정규의 《얼굴 없는 검사들》(2022)에 나와 있는 것처럼, 검찰은 많은 흑역사를 가지고 있음에도 자체 과거사 정리 위원회조차 만들지 않았다. 이는 자신들은 아무 잘못도 저지르지 않았고 따라서 반성할 것도 없다는 오만불손한 태도가 아닐 수 없다. 그런 검찰의 개혁을 주장하고 시도한 최초의 정부는 노무현 정부였다. 검찰이 정권의 주구가 되지 않고 정치적 중립을 지키는 것을 핵심적인 검찰 개혁으로 본 노무현 정부는 검찰청법을 개정하여 검찰의 정치적 중립을 법으로 보장하고 검찰에 정치적 압력을 행사하지 않았다. 그러나, 김인회 교수[《문제는 검찰이다》, 52쪽)]도 지적하듯, 노무현 정부는 정치 검찰을 완전히 청산하지 못했고, 검찰 권한의 분산과 견제를 위한 제도적 개혁에도 성공하지 못했다.

그럼에도 검찰은 역대 정권 중에서 자신에게 가장 높은 수준의 정치적 독립성과 자율성을 부여한 노무현 정권의 검찰 개혁의 시도에 강하게 저항했다. 검찰은 정치적 중립의 전제는 정치적 독립이라는 그럴듯한 논리를 내세웠으나 여기에는 자신의 기득권을 포기하지 않은 채 선출된 권력의 민주적 통제마저 거부하려는 의도가 숨어 있었다.[이춘재 (2022).《검찰국가의 탄생》, 16쪽]. 그래서 검사들은 노무현 대통령의 검찰과의 대화에서 매우 적대적이고 불손한 태도를 노골적으로 드러냈고, 이명박 정권에서는 노무현 대통령에 대한 보복 수사로 결국 노무현 대통령을 죽음에 이르게 했다. 검찰은 민주화라는 시대정신을 망각하고 검사는 그 직무 수행에서 "국민 전체에 대한 봉사자로서 헌법과 법률에 따라 국민의 인권을 보호하고 적법절차를 준수하며 정치적 중립을 지켜야 하고 주어진 권한을 남용해서는 안 된다"(검찰청법 4조 3항)는 검찰의 본연의 자리로 돌아가는 것을 원치 않고 정치권력의 시녀일망정 정치 검찰로서 권력을 누리고 싶어 했던 것이다.

검찰 개혁의 필요성과 방법에 관한 김인회 교수의 저서《문제는 검찰이다》(15-64쪽)에 잘 나와 있듯, 노무현 정부에서 검찰의 중립을 보장함으로써 검찰은 정치권력에서 멀어졌으나 이명박 정권과 박근혜 정권을 거치면서 검찰은 민주화라는 시대정신에 역행하여 정치 검찰로 화려하게 복귀했다. 그래도 이명박 정부에서는 정치권력의 시녀로 구실했으나 박근혜 정부의 국정농단 사태에 이르러서는 아예 검찰이 정치권력의 핵심이 되었다. 이에 대해 김인회 교수는 이렇게 말한다. "박근혜 정부에서 검찰은 이전의 정치검찰, 부패검찰의 모습을 넘어 극단적으로 정치화되고 부패했다. 정치권력의 핵심으로, 부패의 뿌리로 확인된 것이다. 국정농단 사태를 거치면서 검찰 개혁이 적폐 청산 1호가 된 것은 이 때문이다."[《문제는 검찰이다》, 35

쪽]. 검찰은 정치검찰로 복귀했을 뿐만 아니라 한 걸음 더 나아가 정치권력의 핵심이 되어 검찰을 제대로 견제하지 않으면 검찰이 정치권력 그 자체가 될 수도 있는 지경에 이른 것이었다.

한국의 검찰은 세계에 그 유례가 없는 막강한 권력을 가지고 있다. 검찰이 형사 사법 절차의 모든 권한을 보유하고 있기 때문이다. '검찰'이라는 말과 검찰 제도는 대표적인 일제의 잔재로서 광복 후 일제 잔재를 제대로 청산하지 못한 결과로 여태까지 유지되고 있다. 김인회 교수[《문제는 검찰이다》, 66-67쪽]의 지적에 따르면, 검찰은 수사기관 및 공소기관으로서 수사의 시작, 수사 방법 선택, 구속영장 신청, 기소 선택, 공판 진행, 재판의 집행, 형사 재판 이외에서 국가의 대리 등 법률상의 권한을 행사한다. 검사는 또 직접 수사를 하거나 경찰에 대한 수사지휘권을 행사하며 수사를 지배한다. 이에 더해 수사와 재판 과정에 대한 브리핑, 공소 제기 전 피의사실 및 소환사실 공표 등 비제도적인 권한과 제도로 수사 및 재판 과정을 지배한다.

게다가 제도적인 권한은 비제도적인 권위까지 보장하는데 수사의 독점과 재판의 지배는 실체적 진실 규명 작업의 독점을 의미하고 이는 진실의 독점으로 나타난다. 이에 그치지 않고 범죄의 실체를 규명하고 범죄와 싸우면서 국민의 자유와 권리를 보장한다는 명분을 내세워 이념적으로 공동체의 도덕성과 정의 관념을 대변하고 독점하여 법률상 권한에 더해 도덕적인 권위까지 갖게 된다. 이것이 검찰의 언론 플레이가 잘 먹히는 한 이유다. 더구나 검찰은 민주화로 축

폭정에서 민주정 구하기

소된 경찰이나 국가정보원의 일부 권한까지 흡수하여 점점 자신의
권한을 강화하여 아무도 건드리기 어려운 이 나라 최고의 권력이 된
것이다. 이처럼 한국의 검찰은 절대 권력이 되었고 그래서 절대적으
로 부패할 수밖에 없는 위험한 권력이 된 것이다.

3.

이런 막강한 권력을 가지고 그 권력을 오용하거나 남용하며 부패
할 대로 부패한 검찰의 개혁은 우리 사회의 그리고 문재인 정부의 최
대의 과제가 되었다. 문재인 정부는 검찰개혁을 외쳐온 촛불시위로
탄생한 정권인데다 문재인 대통령의 선거 공약에는 검찰 개혁에 가
장 우선순위에 있었기 때문이다. 더구나 문재인 대통령이 민정수석
과 비서실장을 지냈던 노무현 정부는 검찰 개혁을 말하고 시도했으
나 검찰의 중립성을 보장하는 것으로 그치고 수사권과 기소권의 분
리를 비롯하여 보다 더 중요하고 본질적인 검찰의 권한을 제한하는
진정한 검찰 개혁을 이루지 못하고 미완의 숙제로 남겨 놓았기에 문
재인 정부에서 그 과제를 떠안는 것은 너무나 당연하였다.

한 걸음 더 나아가 문재인 대통령은 검찰 개혁의 필요성과 방법론
에 대해서도 잘 알고 있었고 검찰 개혁에 대한 준비도 되어 있었다.
문재인 대통령은 김인회 교수와 함께 검찰 개혁에 대한 실천적 경험
과 이론적 연구의 합작품으로서 검찰 개혁을 국가적 사회적 어젠다
로 꼽으며 차기 민주정부에서 검찰을 개혁하지 않고는 우리의 민주

주의와 인권을 보존하고 발전시킬 수 없다고 강조한《문재인, 김인회의 검찰을 생각한다》는 저서를 2011년에 내기도 했다. 게다가, 이춘재 기자에 따르면, 문재인 후보의 대선 싱크탱크인 '정책공간 국민성장'에 참여한 16명의 법학 교수와 법조인 그룹이 구성한 '국민성장 반특권 검찰개혁 추진단'은 2016년 9월 말부터 매주 1-2회 만나 치열한 토론을 거쳐 그 해 연말 검찰 개혁의 마스터 플랜을 짰다. 추진단은 두 가지 개혁안을 제시했다. 1안은 수사와 기소를 완전히 분리하고 중대범죄 수사를 전담하는 국가 수사청을 설치하는 방안이었고, 2안은 수사와 기소를 부분적으로 분리하는 수사권 조정 방식이었다.[이춘재 (2022).《검찰국가의 탄생》, 26-27쪽].

이처럼 이명박·박근혜 정권을 거치면서 적나라하게 드러난 검찰의 부패상과 권력 남용에 따라 만신창이가 된 검찰에 대한 개혁의 당위성과 명분, 그에 따라 검찰 개혁에 저항하기 어려운 검찰의 처지, 검찰 개혁에 대한 촛불 시민을 비롯한 국민의 지지, 검찰 개혁의 구체적인 방안과 이를 실천할 인사들까지 검찰 개혁을 위한 조건이 완벽히 갖추어졌다. 그래서 김인회 교수[《문제는 검찰이다》, 220쪽]는 문재인 정부는 그 어느 정부보다 검찰 개혁에 잘 준비되어 있기에 검찰 개혁에 성공할 것으로 낙관하면서 "적폐 청산을 위해 태어난 정부가 적폐 청산 1호를 제대로 청산하지 못하면 국민으로부터 외면당하는 것은 당연한 일이다. 정권의 운명이 검찰 개혁에 달려 있다"고 말하기도 했다.

그러나 문재인 정부에서 실제 적폐 청산 1호는 검찰 개혁이 되지 못했다. 검찰 개혁은 친노무현 그룹의 숙원인 이명박 대통령의 구속과 처벌이라는 또 다른 적폐 청산에 밀려 후순위가 되었다. 게다가 그 일을 위해 검찰 가운데에서도 적폐가 가장 컸던 특수부 출신들 중심의 윤석열 사단이라는 최악의 정치검찰 집단을 이용했다. 심지어는 그들의 일부를 민정수석실에 기용하면서도 '검찰 개혁 추진단'에서 검찰개혁을 준비했던 인사는 거의 아무도 기용하지 않았다. 그렇게 해서 그렇지 않아도 막강한 그들의 권력에 오히려 더 큰 힘을 보태주게 되었다. 검찰 개혁은 정권의 서슬이 푸른 초기에 해야 성공할 수 있다고 말해왔던 그들임에도 실기를 했을 뿐만 아니라 특수부 확대를 허용했다. 박근혜 정부 말기인 2016년 8월 23명이던 특수부 검사들을 2018년 9월에는 43명으로까지 늘려줌으로써 검찰의 막강한 권력을 더 키워주었다.[이춘재 (2022).《검찰국가의 탄생》, 25쪽]. 그리고 그 결과는 참으로 참담했다.

문재인 정부가 뒤늦게 검찰 개혁에 나서기 위해 조국 민정 수석을 2019년 9월 법무부 장관에 지명하자 검찰의 윤석열 사단이 조직적으로 저항하기 시작했다. 그들은 조국 수석의 장관 임명을 막으려 했을 뿐만 아니라 장관에 임명되자 조국 장관과 그 가족 모두의 비리 혐의를 샅샅이 뒤져 언론 플레이를 이용하여 조국 장관을 악마화하여 36일 만에 낙마시키는 '조국 사태'를 일으켰다. 그 뒤를 이은 추미애 법무장관이 윤석열 총장의 비리를 조사하여 2020년 12월 그를 징계하자 문 대통령은 추미애 장관을 사직시켰다. 그리고 이듬해 1월 문 대통령은 "윤석열은 문재인 정부의 검찰총장"이라고 말함으로써 윤 총장의 행태를 두둔했다. 이 과정의 문제를 다룬 최동석 소장[건강한 민주주의 네크워크 (2024.7.6). 〈296 인사 평가 방법론으로 본 유시민과 김어준(우원식, 조국, 문재인)〉]은 이 일련의 과정을 윤석열 사단의 쿠데타로 표현하고 조국 사태는 그 시작, 추미애 해임은 그 절정, 위 문 대통령의 발언은 그 승인으로 규정했다. 이처럼 문재인 정부는 윤석열 사단을 적폐 청산에 활용하기 위해 그들의 힘을 키워준 결과 그들은 검찰 개혁에 노골적으로 저항하여 결국 검찰 개혁을 불발시켰다.

이렇게 해서 기대를 모았던 문재인 정권의 검찰 개혁은 실패했다. 부패한 절대 권력을 개혁하지 않고 그들을 정치 검찰로 이용하기 위해 힘을 더 키워준 탓이다. 정치검찰은 커진 힘으로 검찰 개혁을 저지했을 뿐만 아니라, 뒤에 살펴보는 바와 같이, 그로 인해 한 걸음 더 나아가 검찰 정권의 탄생이라는 최악의 결과를 낳게 되었다. 이점에 관하여 이춘재 법조 분야 전문 기자는 다음과 같이 평가했다.

검찰을 정치의 주전장(主戰場)으로 끌어들일수록 검찰의 힘은 커지고 개혁은 그만큼 멀어진다. 문재인 정권의 검찰개혁은 적폐청산에 '윤석열 사단'을 동원하는 순간부터 실패가 예정된 것이다. 윤 사단이 '적폐 수사'에 동원한 수사 방식--'유죄 추정'과

폭정에서 민주정 구하기

피의사실 공표, 무분별한 압수수색 등—이야말로 검찰의 대표적 적폐이자 개혁 대상이다. 그럼에도 문 정권은 정적을 제거해주는 '칼맛'에 취해 윤 사단에 힘을 몰아주었다. 이에 한국 현대사에서 가장 막강한 권력기관으로 거듭난 윤석열 검찰은 정치검찰에 만족하지 않고 정국을 직접 주도하는 '검찰정치'로 나아갔다.[이춘재 (2022).《검찰국가의 탄생》, 16-17쪽].

촛불 시위로 탄생한 문재인 정부는 자신의 제1의 개혁 과제로 검찰 개혁을 내세웠다. 그러나 막상 정부가 들어선 이후에는 검찰 개혁을 미루고 후순위 적폐 청산을 위해 적폐 청산 1호였던 검찰을 그 수사에 이용하고 그러기 위해 검찰의 권한을 키워주었다. 그 탓에 오히려 검찰은 검찰 개혁에의 저항을 넘어 정국을 주도하고 검찰 정권을 탄생시키는 데까지 나아갈 수 있게 되었던 것이다. 이는 "권력이 검찰을 놓아야 검찰을 개혁할 수 있다. 권력을 위해 검찰을 정치적으로 이용하면 검찰에게는 그에 걸맞게 권한을 더 주어야 한다. 이렇게 되면 검찰의 권한은 더 많아지고 권력은 더 강해진다. 검찰 권력을 분산시킬 수 없고 견제도 할 수 없다."[《문제는 검찰이다》(2017), 50쪽]는 김인회 교수의 예언적 경고를 되새기게 한다.

4.

그리하여 정부의 일개 조직에 불과한 검찰이 선출된 정부의 통제를 거부하고 거꾸로 자신의 정권을 창출하는 반란을 일으킨 것이다. 그래서 그 당시 윤석열 사단에 맞서 싸웠던 서울중앙지검장 이성윤 검사는 그러한 윤석열 사단의 행태를 기만에 의한 '쿠데타'로 칭했다.[이성윤 (2024). 《그것은 쿠데타였다》]. 그리고 그 당시 대검찰청 감찰부장이었던 한동수 변호사는 그 쿠데타의 과정을 상세하게 기술했다.[한동수 (2024). 《검찰의 심장부에서》]. 문재인 정권의 검찰총장이었던 윤석열 검찰총장은 검찰총장 정직 사건을 겪고 검찰로부터 수사권을 분리박탈하려는 문재인 정부와 더불어민주당의 뒤늦은 검찰 개혁 방향에 대해 반기를 들고 임기를 4개월여 남겨두고 2021년 3월 사직하고 그 과정에서 얻은 인기를 업고 야당인 국민의힘의 대선 후보가 되어 대통령에 당선되어 2022년 5월 10일 제20대 대통령에 취임했다. 이렇게 해서 검찰 정권이 탄생하고 그들의 폭정으로 한국 민주정의 퇴행이 시작되었다.

이러한 검찰 정권의 탄생에 대해 이춘재 기자[《검찰국가의 탄생》, 211-212쪽]는 "검찰개혁의 실패가 낳은 부산물"이라고 평가하며 정치 경험과 국정에 대한 비전도, 국가 경영에 관한 철학도 전혀 없는 검찰 내 사조직 집단이 개혁의 대오가 흐트러진 틈을 타서 헤게모니를 장악하는 데 성공했다며, "이들의 정권 장악 시나리오를 현실로 불러낸 것은 검찰 개혁을 외치면서도 검찰의 달콤한 유혹과 단절하지 못한 '입진보'였다"고 신랄하게 비판했다. 검찰 국가의 탄생은 문재인 정권과 더불어민주당에게는 정권 재창출에 실패한 뼈아픈 일이

폭정에서 민주정 구하기

고, 국민들에겐 희망 없는 현실적 고통과 좌절을 안겨준 절망스런 일이고, 국제 사회엔 한국이 선진 민주국가에서 후진 독재국가로 퇴행하고 있음을 증거하는 일이다.

윤석열 대통령은 취임하자마자 부하이자 최측근인 한동훈 검사를 법무부 장관으로 임명하고 대통령실과 정부 요직에 검찰 출신을 대거 등용했다. 검찰의 요직도 물론 윤석열 사단의 인물들로 채웠다. 이를 두고 이춘재 기자[《검찰국가의 탄생》, 17쪽]는 "권력기관의 핵심 포스트에서 대통령의 뜻을 일사분란하게 집행할 체제를 완성한 것"이라며 그 결과는 '정치의 실종'이라고 요약했다. 정곡을 찌른 지적이다. 윤석열의 검찰 정권에서 정치는 사라지고 오직 상명하복만이 판을 치고 있다. 대통령은 야당 당수조차 그를 검찰이 기소했다는 구실로 범죄자 취급하며 만 2년 동안 한 번도 만나지 않고 집요하게 그의 비리만을 캐왔다. 그나마 실제로 지은 죄를 밝혀내어 단죄하는 것이 아니라 짓지도 않은 죄를 만들어내어 죄를 뒤집어씌우려 한다는 의혹을 받고 있다. 그 대표적인 예가 이화영 전 경기도 부지사 대북 송금 조작 사건이다.[김현철.백정화 (2024).《나는 고발한다: 이화영 대북 송금 조작 사건의 실체》]. 이 예는 "검사가 수사권 가지고 보복하면 그게 깡패지, 검사입니까?"라는 윤 대통령의 말을 무색하게 한다.

그러다가 2024년 4월 10일 22대 총선에서 야당에 대패하자 불리한 정세를 만회하기 위해 윤 대통령은 "앞으로는 정치를 하겠다"고

했다. 그 동안의 '정치의 실종'을 자인하는 발언인 셈이다. 그는 지지율이 20%대로 폭락하자 갑자기 이재명 더불어민주당 대표를 만나긴 했으나 진지한 국정 논의나 성과는 전무한 것으로 알려졌다. 22대 총선에서 언론에 자주 언급되고 사용된 '이채양명주'[이태원 참사, 채수근 해병대 상병 사고 및 수사 외압 논란, 양평-서울 고속도로 변경 의혹, (김건희의) 명품백 수수 의혹, (김건희) 주가조작 의혹의 다섯 가지 의혹을 모두 합쳐 부르는 말]의 어느 것 하나에도 진지한 논의가 없었다는 뜻이기도 하다.

'이채양명주'는 모두 윤 대통령과 검찰 정권에 치명적인 약점이 될 수 있는 사안들로서 이들에 대한 야당의 특별법이나 특검법에 대해 윤 대통령은 모두 거부권을 행사해왔다. 윤 대통령은 대선 과정에서 더불어민주당이 특검법을 거부한다면서 "죄가 있으니까 그런 겁니다"라고 일갈했다. 그의 말에 따르면, 그는 특검법 거부로 자신의 죄를 인정한 셈이다. 그럼에도 이런 국민적 의혹들에 대해 윤 대통령과 윤 정부는 모르쇠로 일관하거나 별 것 아닌 것으로 치부하거나 거부권을 행사하면서 야당 대표나 야당 인사들에게는 가혹하기 짝이 없는 사법적 잣대를 들이대고 있다. 참으로 노골적이고 뻔뻔하고 가증스런 이중기준이다.

《중앙일보》[(2024.5.18). 〈조국 예언한 '용산·검찰 갈등설'…"이재명 영장 기각이 그 시작")]에 따르면, 제22대 총선에서 여당이 참패한 뒤 이원석 검찰총장이 김 여사 명품백 수수 의혹 전담수사팀 구성

폭정에서 민주정 구하기

을 지시하고, 언론에 '엄정하게 수사하겠다'며 공개 발언을 하자 총
장이 지방 출장 중에 김건희 여사 수사를 담당할 서울중앙지검장 교
체를 포함한 김 여사 수사 라인의 검찰 고위급 인사가 전격적으로 진
행됐다. 이에 대해 이준한 인천대 정치외교학과 교수는 "정권의 압력
을 받으면서도 수사를 했던 검사 윤석열이 대통령이 된 뒤엔 검찰 인
사로 수사에 관여한다는 비판을 받는 모습 자체가 아이러니한 상황"
이라고 말했다. 이런 법치의 차별적 자세 또는 내가 하면 로맨스고
네가 하면 불륜이라는 자세는 공정과 상식, 법과 원칙을 벗어난 폭정
에서나 가능한 일이다.

　　조선일보 출신의 보수 논객인 김창균 칼럼[(2023.10.20). 〈이렇
거면 뭐 하러 용산 이전 고집했나)]에 의하면, 윤 대통령에게는 '59
분 대통령'이라는 별명이 생겼다고 한다. 그가 참석하여 한 시간 회
의하면 혼자서 59분 동안 얘기하기 때문이라고 한다. 게다가 참모진
의 직언이나 부정적인 언사에 대해 화내고 고함치는 일이 잦다고 한
다. 그는 윤 대통령이 "역대 어느 대통령보다 제왕적 국정 운영"을 한
다고 지적한다. 말이 좋아 "제왕적 국정 운영"이지 폭정을 한다는 뜻
으로 들린다. 또 다른 이의 전언에 의하면 윤 대통령은 참모진에게
심지어는 쌍욕을 하는 경우도 적지 않다고 한다. 윤 대통령은 말하
는 입은 있어도 들을 귀는 없는 것이다. 그런 사람에게 누가 직언이
나 충언을 할 수 있겠는가. 그러니 현실을 똑바로 보지 못하고 강서
구청장 보궐선거와 부산 엑스포 유치 표결 등에서 엉뚱하게도 승리

를 예상했고, 22대 총선에서 대패한 것이다.

윤 대통령이 이런 폭군적 행태에 대해서 양식 있는 보수 논객들도 강한 비판을 아끼지 않고 있다. 보수 유투버인 《정규재 TV》의 정규재 씨는 윤석열 대통령은 국정에 대한 이해도가 굉장히 낮고 대통령은 일하는 방법 자체를 모르고 있다며 윤 대통령을 이렇게 꼬집었다. "야! 남은 3년을 어떻게 보내나. 정말 이래 가지고 어떻게 대통령 되겠다고 언감생심 나섰나? 대통령이 자기 마음대로 하는 것이 대통령의 권력이라고 착각하고 있다"며 대통령은 자기 마음대로 하는 자리가 아니고 대통령에게 그런 권력을 아무도 주지도 않았다고 지적했다.[《시사로드》. 〈남은 3년 어떻게 보내나〉].

보수 논객 조갑제 씨는 한걸음 더 나아가 윤석열 대통령은 그 존재 자체가 위험이라며 국민들이 그의 거취에 대해 심각하게 생각할 때라고 말했다. 그는 "윤 대통령이 사실이 아닌 것이 들통이 났는데도 그것을 계속 밀고 나가면서 많은 국민들의 생명에 위해를 가하고 있을 때 어떻게 해야 되느냐?"고 자문하고 이렇게 자답한다. "그런 대통령은 존재 자체가 위험이죠!!! 국민들은 그냥 보고만 있어야 하느냐? 국민들이 윤석열의 거취에 대해서 이제 심각하게 심각하게 생각할 단계에 왔다는 느낌을 더욱 갖게 됩니다."[《이카》. 〈조갑제 '윤통 개만큼 국민 아끼나?' 국민들 (탄핵) 결단 필요!〉]. 국민들이 윤 대통령을 하루빨리 권좌에서 끌어내려야 한다는 뜻이다.

폭정에서 민주정 구하기

5.

그 동안 한국의 정치권력은 권력의 획득과 유지 그리고 정적 제거나 정치 보복에 정치 검찰을 이용해왔다. 그리고 그럴수록 정치 검찰의 힘은 커져왔다. 그리고 박근혜 정부의 국정농단 사건을 거치면서 검찰은 정치권력의 핵심이 되었으나 그 타락상이 드러나고 검찰 개혁에 대한 국민의 여망이 높아지게 되었다. 그런데 검찰 개혁을 위한 유리한 여건과 준비에도 불구하고 문재인 정권은 검찰 개혁을 뒤로 미루고 정치 보복에 또 다시 검찰을 이용하면서 만신창이가 되었던 검찰을 회복시켜 마침내 검찰 정권을 탄생시키고 말았다. 그럼에도 더불어민주당의 많은 의원들은 검찰의 파일을 두려웠는지 검찰개혁과 검찰 정권의 비판에 목소리를 내기보다는 자당의 대표를 비난하는데 더 진심이었다. 그러자 22대 총선에서 민심은 검찰 정권을 심판했을 뿐만 아니라 그러한 민주당 의원들까지 거의 모두 물갈이를 해버렸다. 국민들이 대한민국에 폭정과 그에 저항하지 않는 세력은 용납할 수 없다는 시대정신을 분명히 한 것이다.

문재인 정권과 여당인 더불어민주당은 국민들의 여망이자 시대정신이기도 한 검찰개혁을 미루고 머뭇거리면서 대신 그들을 정치 보복에 활용하며 그들의 힘을 키워준 결과 검찰의 쿠데타를 허용하고 권력 재창출에 실패했다. 야당이었던 국민의힘은 인사청문회 과정에서 자신들이 그토록 비판하고 문제 삼았던, 문 정부의 검찰총장 출신을 영입하여 자당의 후보로 내세워 대통령에 당선시켰다. 우리 정치권의 이 두 가지 잘못된 결정들에 의해 한국의 민주정은 폭정으로 퇴행하고 있다. 이제 우리 정치권은 여야를 막론하고 자신들의 과오를 반성하고 폭정의 종식을 원하는 민심에 부응해야 한다. 검찰 정권의 폭정을 종식시키고 제대로 된 검찰 개혁을 완수하기 위해 하루 빨리 여야가 협력해야 한다.

그 동안 검찰 개혁을 위한 여러 안들이 제시되어 왔다. 예컨대, 김인회 교수의 저서 《문제는 검찰이다》에는 수사권과 기소권의 분리, 고위공직자비리조사처의 신설, 법무부의 탈검찰화, 검찰의 과거사 정리, 검찰의 정치적 중립 확보, 재정신청제도의 확대, 검사장 직선제. 형사공공변호인제도의 확대 등을 골자로 한 검찰 개혁 매뉴얼도 제시되어 있다. (이 가운데, 내실을 기해야 하는 문제는 남아 있지만, '고위 공직자 비리 조사처'는 '고위 공직자 비리 수사처'라는 이름으로 문재인 정부에 의해 이미 설치되었다.) 검찰총장이나 검사장의 공직 출마를 퇴직 후 일정 기간 동안 제한하는 문제도 제시되었다. 더불어민주당은 21대 국회 막판에 '검수완박'(검찰 수사권 완전 박탈을 의미하나 실제로는 부패와 경제의 2대 범죄는 검찰의 수사 대상에 포함됨)도 입법화했으나 검찰 정권은 이를 시행령으로 사실상 무력화했다.

그러나 그 동안의 정치 검찰의 권력 남용과 인권 유린의 정도 그리고 윤석열 검찰 정권의 폭정의 행태는 검찰 개혁이 단순한 검찰 제도의 개선으로 그쳐서는 안 되고 검찰 제도의 근본적인 대전환이 필

폭정에서 민주정 구하기

요함을 일깨운다. 이런 사실을 잘 알고 있는 이재명 대표 하의 더불어민주당은 이번 기회에 '검찰청'과 '검찰'이란 직책명을 아예 폐지하고 수사청과 공소청으로 전환하는 보다 더 민주적이고 더 근본적이고 더 적극적인 검찰 제도의 구조적 개혁 방안을 마련하고 있는 것으로 보인다. 민주당 '검찰개혁 태스크포스'는 2024년 7월 10일 국회에서 공청회를 열고 검찰청을 폐지하고 검찰의 수사권과 기소권을 완전 분리하여 수사권은 국무총리실 산하 중대범죄수사처(중수처)로, 기소권은 법무부 장관 산하 공소청으로 각각 이관한다는 구체적인 검찰 개혁안을 발표했다. 이는 앞에서 언급한 문재인 캠프의 '국민성장 반특권 검찰개혁 추진단'에서 제1안으로 제시했던 개혁안 및 2024년 6월 27일 조국혁신당이 발표한 검찰개혁안과 유사하다.

만일 이러한 근본적 검찰 개혁안이 국회에서 법안으로 채택되어 윤 대통령의 거부권을 돌파할 수 있게 되면 앞으로 일제의 잔재이기도 한 '검찰청'과 '검찰'은 구시대의 유물이 되고 한국은 선진적인 수사 및 기소 제도를 갖게 될 것이다. 검찰 제도의 구조적 혁신 없이는 한국의 민주정은 선진화할 수 없다. 만일 검찰 정권의 폭정을 종식시키고 제대로 된 검찰 제도의 구조적 혁신을 완수하면 한국의 민주정을 더욱 선진화하여 단단한 반석위에 올려놓는 계기가 될 수도 있을 것이다. 그렇게 된다면, 검찰 정권의 탄생과 그 폭정은 검찰 제도의 구조적 개혁과 한국 민주정의 선진화를 위한 전화위복의 계기로 평가될 수도 있을 것이다.

친애하는 국민 여러분, 저는
북한 공산세력의 위협으로
자유대한민국을 수호하...
국민의 자유와 행복을
있는 파렴치한 종북
세력들을 일거에 ...   사유
헌정 질서를 지키...

폭정에 저항하는
행동하는 양심

저는 지금까...   을 일삼은
망국의 원...
반드시 천...   니다. 이는
체제 전...   는
반국가...   동으로부터
국민   안전, 그리고
국   능성을 보장하며
...   에게 제대로 된 나라를
...   위한 불가피한
...   니다.

1.

 민주정 또는 민주 공화정은 이상적인 체제지만 생각보다 취약하다. 고대 민주정이 그러했듯, 민주정은 자칫 잘못하면 일인 또는 소수 집단의 폭정으로 전락한다. 그래서 플라톤은 선동가가 선동으로 폭군이 되는 것을, 아리스토텔레스는 불평등이 사회 불안을 야기하여 폭정으로 가는 위험을, 경고했다. 오늘날 민주 공화정은 아예 허울뿐인 경우가 대부분이다. '조선 민주주의 인민 공화국'을 비롯하여 많은 나라들이 겉으로는 민주정 또는 (민주) 공화정을 표방하고 있지만 실제로는 대부분 폭정을 하는 나라들에 불과하다.

 일차대전 후 유럽은 한 때 민주주의 체제가 지배적인 듯했다. 그러나 곧바로 많은 나라에서 파시즘(이탈리아, 스페인), 나치즘(독일), 또는 공산독재(러시아와 동유럽)에 의한 폭정으로 전락하여 결국 이차대전으로 큰 희생을 치러야 했다. 아시아에서는 일본이 메이지 유신 이후 성인 남성의 투표권을 얻어내고, 총선에서 승리한 정당의 당수가 총리가 되고, 서구 문물과 사상의 자유가 상당한 정도로 허용되었던 '다이쇼 민주주의'(1911-1925)를 정착시키지 못하고 군국주의로 전락하여 태평양 전쟁까지 일으켰다가 망했다.

 미국 역사가 티모씨 스나이더[Timothy Snyder (2017). *On tyranny*(폭정에 대하여), 10쪽]의 지적처럼, 미국의 '건국의 아버지들'은 미국을 법에 기초하고 견제와 균형의 체제를 가진 민주정의 나라로 수립하면서 폭정을 피하려 고심하였다. 그들이 염려한 것은 "한 개인이나 집단에 의한 권력의 불법 사용, 또는 자신들의 이익을 위한 통치자들의 법의 회피"였다. 이런 염려에서 '건국의 아버지들'의 한 사람이었고, "인간의 마음에 군림하는 모든 형태의 폭정에 영원한 적개심을 신의 제단에 맹세했던" 토마스 제퍼슨(Thomas Jefferson)은 폭정에는 국민들이 목숨을 걸고 싸워야 함을 이렇게 표현했다. "약간의 반란은 좋은 것이고 자연계에 폭풍이 그러하듯 정계에 필요하다." 또는 "민주주의라는 나무는 때때로 애국자와 폭군의 피로 신선해져야 한다."

제퍼슨의 이 말들은 민주주의를 지키려면 권력자 또는 정권의 불법이나 사적 이익 추구에 국민들의 피의 저항이 필요하다는 것을 강조한 것이다. 이는 '건국의 아버지들'의 공통된 견해이기도 했다. 그래서 미국의 수정헌법 1조는 언론, 집회, 청원의 자유를 제한하는 입법의 제정을 금지함으로써, 2조는 무기 소지의 권리를 규정함으로써, 폭정에 언론으로 뿐만 아니라 심지어는 무기로도 저항할 수 있게 보장했다. 말하자면, 미국의 민주정이 폭정으로 타락할 경우에 대비하여 말과 행동으로, 심지어는 무기로도 저항할 수 있게 헌법에 규정해놓은 것이다.

2.

그러나 미국의 민주정이 노골적인 폭정으로 타락한 경우는 아직까지는 없었다. 오히려 유럽 국가들의 민주정이 폭정으로 타락했다.

특히 독일의 바이마르 공화정이 나치에 의한 폭정으로 타락했다. 그러자 이에 말과 행동으로 저항한 이들이 적지 않았다. 그 중의 한 사람이 나치에 저항하다 1945년 4월 9일 해방을 며칠 앞두고 39세의 젊은 나이에 안타깝게 사형의 집행으로 죽음을 맞이한 독일의 목사 디트리히 본회퍼(Dietrich Bonhoeffer, 1906-1945)였다. 그는 "악을 보고 침묵하는 것은 그 자체가 악이다. 그런 우리를 신은 무죄로 여기지 않을 것이다. 말하지 않는 것도 말이고, 행동하지 않는 것도 행동이다"라고 지적했다. 그는 목사였으므로 성경 신약 야고보서(2:17)의 "믿음에 행동이 따르지 않으면 그런 믿음은 죽은 것이다"는 말씀에 영향을 받은 것으로 보인다. 어쨌든 그는 폭정이라는 불의에 저항하는 행동을 촉구했고 스스로 자신의 말을 실천한 용기 있는 행동으로 폭정에의 저항의 상징이 되었다.

역시 나치에 저항하다 체포되어 여러 수용소를 전전하다가 종전 무렵에 본회퍼와는 달리 다행히 처형되기 전에 미군에 구출된 또 다른 독일 목사가 있다. 바로 마틴 니묄러(Martin Niemöller, 1892-1984)다. 그는 폭정에 대해 저항하지 않으면, 어떤 결과가 따르게 되는지를 일깨워주는 시로도 유명하다. 그의 시 〈처음에 그들이 왔다〉(1946)는 반어적인 시로 폭정에 저항하지 않은 결과를 다음과 같이 은유적으로 표현했다.

처음에 그들은 공산주의자들에게 왔다

그리고 나는 항의하지 않았다

왜냐면 나는 공산주의자가 아니었으므로

그 후 그들은 사회주의자들에게 왔다

그리고 나는 항의하지 않았다

왜냐면 나는 사회주의자가 아니었으므로

그 후 그들은 노조원들에게 왔다

그리고 나는 항의하지 않았다

왜냐면 나는 노조원이 아니었으므로

그 후 그들은 유대인들에게 왔다

그리고 나는 항의하지 않았다

왜냐면 나는 유대인이 아니었으므로

그 후 그들은 나에게 왔다

그리고 아무도 남아 있지 않았다

나를 위해 항의할 사람이

이 시에서 니묄러는 나치에 저항하거나 항의하지 않고 침묵하거나 순응한 사람도 결국 나치에게 희생되었음을 말하고 있다. 스나이더[Timothy Snyder (2017). *On tyranny*, 51-58쪽]도 순응의 위험성을 경고했다. 사람들을 따라 하는 것은 쉽고 그들과 다른 것을 말하는 일은 편안하지 않게 느껴지지만 그런 불안 없이는 자유도 없다고 단언한다. 그는 또 과거의 악마들은 정상적이지 않은 일을 수행하도록 경찰이나 군인을 동원했다며 그런 경우에 경찰이나 군인은 '못한다'고 답할 수 있게 준비되어 있어야 한다고 조언한다. 그는 이렇게 지적한다. "(정상적이지 않은 일을 하도록 동원된 경찰의)일부는 살인의 확신에서 죽였다. 그러나 다른 많은 이들은 저항하는 것이 두려워서 그렇게 했다. 순응주의 외에도 다른 무력들이 작용했다. 그러나 순응주의자들 없이는 대규모의 학살은 불가능하다."[50쪽].

3.

나치 하의 독일에서 민주정과 자유를 지키기 위해 폭정에 저항한 이들이 상당수 희생되었다. 그리고 2차 대전 후 중남미의 우익 독재 국가들에서 폭정에 저항한 많은 이들이 보안군 또는 이른바 암살대(death squad)에 의해 희생되었다. 대한민국에서도 적지 않은 이들이 폭정에 저항하다 희생되거나 고문당하거나 감옥에 갇히거나 하였다. 한국은 1919년 3.1운동으로 건립된 대한민국 임시정부의 법통을 이어받아 1945년 해방 후 3년간의 미 군정을 거쳐 1948년 8월 15일 대한민국이라는 민주공화국으로 공식정부를 수립하게 되었다. 그러나 대한민국의 첫 집권자였던 이승만 대통령이 청산해야 할 친일부역세력을 등용하고 독재를 행하면서 많은 이들이 그에 저항했다. 이어 박정희의 군사독재와 유신독재 그리고 전두환의 신군부 독재정권까지 계속된 독재정권에 많은 이들이 목숨을 걸고 저항했다. 그 과정에서 적지 않은 이들의 희생이 있었던 것이다. 그들의 희생

폭정에서 민주정 구하기

의 덕으로 한국은 발전도상국들 가운데 거의 유일하게 산업화와 함께 민주화도 이룰 수 있었다.

독재에 저항했던 이들 가운데 한 사람으로 정치인 김대중이 있었다. 그는 독재세력의 회유와 위협에도 굴하지 않고 독재와 싸웠다. 그는 유신독재에 망명투쟁 중이던 1973년 8월 일본 도쿄에서 납치되어 죽을 뻔 했으나 미국 CIA의 도움으로 간신히 죽음을 면하고 5일 만에 생환되어 가택 연금을 당했다. 그러다가 야당 정치인 김영삼이 1974년 8월 신민당 총재에 선출되자 김대중은 그와 협력하여 '민주회복국민회의'를 발족시키고 분열되어 있던 야권의 통합 운동을 전개했다. 야권 통합 운동을 계속하는 가운데 1975년 3월 8일 김대중은 〈국민 여러분께 호소합니다 동아일보를 지킵시다〉라는 제목의 다음과 같은 내용의 후원 광고를 냈다.

동아가 광고 탄압을 받건 말건 국민이 수수방관만 해주면 그들의 목적은 100 퍼센트 달성되는 것입니다. 왜냐하면 동아는 그들의 소원대로 쓰러질 것이기 때문입니다. 국민 여러분! 그러기 때문에 행동하지 않는 양심은 결국 악의 편이 되는 것입니다. 방관과 비겁은 자유에 대한 최대의 적입니다.[《오마이뉴스》 (2023.11.12). 〈김대중의 '행동하는 양심', 시작은 동아일보 지키기〉]

이처럼 정치인 김대중은, 나치에 저항했던 본회퍼나 니묄러처럼 또는 그 밖의 수많은 이들처럼 그 자신이 '행동하는 양심'이었을 뿐만 아니라 '행동하는 양심'이라는 말을 최초로 만들어낸 사람이기도 하다. 이후 '행동하는 양심'이라는 말은 '인동초'와 함께 정치인 김대중을 상징하는 별칭이 되었다. 김대중 대통령은 노무현 대통령 서거 이후인 2009년 6월에 행한 그의 생전 마지막이자 그의 정치적 유언으로 여겨지는 연설에서 '행동하는 양심'을 다시 강조했다. 그로써 '행동하는 양심'은 한국에서 민주세력 또는 폭정을 반대하는 세력의 모토가 되었다.

4.

오늘날에도 폭정이 행해지는 곳이 많고 따라서 그에 '행동하는 양심'으로 저항하는 이들도 적지 않다. 그 가운데 한 사람인 이집트의 여류 작가이자 활동가였던 사다위(Nawal El Saadawi)는 평생 동안 이집트의 열악한 인권 및 여권을 위해 싸우는데 일생을 바친 행동하는 양심이었다. 그녀가 2021년 사망하자 캐나다의 고티어(Line Gauthier)라는 시인은 그녀의 죽음을 애도하며 〈추모(In memory)〉라는 제목의 시를 그녀에게 헌정했다. 폭정에 저항하고 억눌린 이들을 대변했던 그녀를 찬양하는 그 시의 일부를 인용해보자.

억압과 학대에

폭정에서 민주정 구하기

탄압과 폭정에 반대하여

외치는 이들은 축복을 받으리

그 대가가 무엇이든

억눌린 자들의 권리를 위해 투쟁의 목소리를

내주는 이들은 축복을 받으리

　말할 것도 없이, 폭정을 막거나 바로 잡기 위해서는 그에 대한 관심과 분노와 용기가 필요하다. 관심이 없으면 분노할 수 없고, 분노하지 않으면 용기를 낼 수 없고, 용기를 내지 않으면 행동할 수 없기 때문이다. 프랑스 레지스탕스의 일원이었으며 1948년 유엔 세계 인권선언문 초안 작성에 참여했던 스테판 에셀[Stéphane Hessel (2011). 《분노하라》, 18-22쪽]은 분노는 참여의 의지로부터 생겨난다며 분노할 악이 있음에도 무관심으로 분노하지 않으면 그 결과인 참여의 기회를 영영 잃어버린다는 취지의 말을 했다. 분노에 따른 용기는 참여에의 의지이며 '행동하는 양심'이라 할 수 있다. 폭정에 분노하고 행동하지 않으면 우리 모두 그 폭정에 희생양이 되고 만다. 위에서 언급했던 티모씨 스나이더도 같은 책에서 "우리 중의 누구도 자유를 위해 죽을 준비가 되어 있지 않으면, 우리 모두가 폭정 하에서 죽게 될 것이다"라고 준엄하게 경고했다.

　그런 자세로 폭정에 저항한 이가 있다. 바로 남아프리카의 흑인 인권 운동가 넬슨 만델라(Nelson Mandela)다. 그는 남아프리카의 흑백 분리 정책에 대해 평화적 비폭력 저항 운동을 전개하여 27년 간 투옥되기도 했다. 그는 자신의 각오를 이렇게 말했다. "나는 모든 이들이 조화와 동등한 기회를 갖고 함께 살아가는 민주적이고 자유로운 사회의 이상을 품어왔다. 그것이 내가 살기를 바라고 성취하려는 이상이었다. 그러나 만일 필요하다면, 그것은 내가 죽기로 마음먹은 이상이었다." 그는 자신의 자유와 동시에 타인의 자유도 배려했다. "자유로워진다는 것은 자신의 사슬을 벗어던지는 것일 뿐만 아니라 타인들의 자유를 존중하고 증진시키는 방식으로 사는 것이다."[https://www.biography.com/political-figures/nelson-mandela]. 이런 자세를 가졌던 만델라는 석방 후에 남아프리카 최초의 민주적 선거에서 최초의 흑인 대통령에 당선되었다. 그는 소수 백인 정권을 흑인 다수 정권으로 평화롭게 이양했으며, 흑인과 백인 간의 화해를 증진시키고, 흑백 간의 적대와 반목을 종식시켰다.

폭정에는 분노하고 행동하는 양심으로 저항해야 한다. 만일 우리 중에 이런 자세를 가진 이들이 많으면 많을수록, 한국에 폭정은 자리 잡을 수 없다. 설령 일시적으로 폭정이 행해진다 하더라도 오래가지 못할 것이다. 자랑스럽게도 우리의 선조, 선배, 우리 자신은 동학 혁명으로 대표되는 농민 저항, 일제하 독립운동, 문민 독재와 군사 독재 등의 폭정에 저항하고 많은 희생을 무릅쓰고 그 폭정을 극복해낸 면면한 전통을 가지고 있다. 우리는 대한민국의 주권자로서 이러한 전통을 이어가 우리의 민주정을 더욱더 단단한 반석 위에 올려놓아야 한다. 그러기 위해 한 순간도 방심하지 말고 우리의 정치권과 정권과 권력자를 경계하고 폭정이 행해지면 그에 분노하고 용기로 맞서야 한다. 그것이 민주정을 지키는 행동하는 양심이다.

친애하는 국민 여러분, 저는
북한 공산세력의 위협으로
자유대한민국을 수호하
국민의 자유와 행복을
있는 파렴치한 종북
세력들을 일거에 ㅊ   사유
헌정 질서를 지키

디지털 시대의
폭정의 물증

저는 지금까   을 일상을
망국의 원흉
반드시 척   니다. 이는
체제 전'   는
반국가   ▸동으로부터
국민   ┏ 안전, 그리고
국   ┓능성을 보장하며
          에게 제대로 된 나라를
          ┤위한 불가피한
          니다.

1.

앞에서 폭정은 그 권력 행사의 포악성, 불법이나 무법의 반법치주의, 법 집행의 불공정성, 그리고 사익 추구성을 특성으로 한다고 말했다. 그래서 폭정은 자신의 권력 행사가 만천하에 공개되면 문제가 되기에 대체로 비밀리에 은밀히 행사하거나 기만적으로 행사하게 된다. 그래서 그 권력 행사가 드러나지 않아 공개적으로 문제가 되지 않도록 많은 노력을 기울인다. 그리고 실재로 많은 권력 행사가 드러나지 않기도 한다. 그러나 드러나지 않았다고 아무도 모르는 것은 아니며 더더구나 그 흔적조차 없는 것은 아니다. 왜냐면 권력 행사는 아무리 비밀리에 또는 기만적으로 행사된다 하더라도 그 과정에서 그리고 그 결과로 어떤 흔적과 증거를 남길 수밖에 없기 때문이다.

권력 행사에는 권력 행사자, 권력 시행자, 권력 대상자 등 최소한 3인 이상이 관계하고 권력은 적어도 3단계를 거쳐 행사된다. 통상적으로 권력의 행사는 ①권력 행사자가 그 시행자에게 지시하는 지시 단계, ②그 시행자는 그 대상자에게 시행하는 시행 단계, ③그 결과를 시행자가 그 행사자에게 보고하는 보고 단계의 3단계로 구성된다. 이 세 단계는 모두 다 일종의 소통이며 그 소통은 대면으로 이루어질 수도 있고 전화나 인터넷 등을 통해 비대면으로 이루어질 수도 있다. 대면 소통인 경우는 흔히 구어(口語) 즉 말로 이루어지고 전화 이외의 비대면 소통은 문어(文語)나 문서에 의하게 된다.

이처럼 권력 행사는 그 속성상 언어를 통해서 행사된다. 과거에

폭정에서 민주정 구하기

는 권력이 구어 즉 말로 행사되면 그 흔적이 남지 않았기에 문제를 삼기가 어려웠다. 그러나 문서로 행사한 경우에는 문서가 유출되어 더러 문제가 되기도 하지만 그 문서조차도 없애버리면 증거가 남지 않았다. 그래서 과거에는 언론이 보도하지 않으면 국민들은 알 수가 없었다. 말하자면, 폭정의 비밀이 유지될 수 있었다. 폭정은 흔히 언론 통제를 심하게 하기 때문에 사실은 언론조차도 진실을 알기 어렵고 알아도 보도하지 못한다.

그러나 오늘날과 같은 디지털 시대에는 사정이 다르다. 권력 행사가 구어로 이루어지든 문서로 이루어지든 거의 다 완전히 삭제하기 어려운 여러 벌의 기록으로 남아 누군가 간직하고 있기 때문이다. 구어로 권력 행사가 이루어진 경우에는 스마트 폰을 비롯한 다양한 디지털 기기들에 의해 손쉽게 녹음이 되기 때문이다. 문어나 문서로 이루어진 경우에도 사무용 컴퓨터나 개인용 컴퓨터 그리고 여러 다양한 복사 및 저장 장치들에 그 복사본이 남아 있기 때문이다. 게다가 말의 녹음이나 문서의 복사를 넘어 아예 위의 권력 시행의 3단계 모두 단계마다 누군가에 의해서 고스란히 녹화될 수도 있다.

만일 누군가가 녹음된 내용이나 복사된 문서와 사진이나 녹화된 영상을 포함하는 디지털 복사본을 SNS에 올리면 순식간에 온 세상에 폭정의 권력 행사와 권력 행사자나 시행자의 행태가 알려지게 되고, 권력 행사자 즉 폭정의 당사자는 궁지에 몰리게 된다. 언론이 보도하지 않아도 알 사람은 다 알게 된다. 우리는 그동안 이런 폭로를 많이 봐왔고 지금 윤석열 대통령과 김건희 여사 그리고 그 측근들에 관한 것들도 많은 것들이 유포되어 왔고 유포되고 있다. 대표적인 것이 채수근 상병 사건에 관한 외압 내용들이다. 앞으로 큰 폭탄이 될 수 있는 외압 사건이 또 있다. 바로 백해룡 전 영등포 형사과장이 수사를 지휘했던 세관의 마약 밀수 연루 사건이다. 이 사건에서 세관 관련 내용을 삭제하라는 용산의 외압이 있었다는 의혹이 제기되었다. 그 의혹을 입증하는 흔적이나 물증도 나올 가능성이 크다. 어쩌면 그동안 비밀로 해왔거나 덮어두었던 다른 많은 사건들이나 그들 사건에 대한 외압들도 앞으로 더 많이 폭로될 것으로 예상된다.

2.

대부분의 권력 행사는 소통을 통해 이루어진다고 했다. 그리고 인간의 소통은 주로 언어에 의한다. 따라서 권력 행사는 주로 언어적 소통에 의해서 이루어진다. 인간의 언어는 그만큼 정교하고 미묘하며 따라서 효율적이기 때문이다. 우리 인간은 언어를 통해서, 즉 언어적 소통을 통해서, 권력의 행사 외에도 수많은 것을 한다. 우리는 말로 칭찬하고, 비난하고, 찬성하고, 반대하고, 자랑하고, 흉보고, 약속하고, 초대하고, 주문하고, 보고하고, 주장하고, 반박하고, 설득하고, 명령하고, 선언하고, 맹세하는 등 많은 행위를 한다. 심지어는 말로 욕도 하고 거짓말도 한다. 이처럼 말로 하는 행위를 언어학에서 언어 행위(linguistic act, 또는 speech act)라고 부른다.

폭정에서 민주정 구하기

그런데 권력의 행사는 다른 사람에게 의도된 효과를 낳는 일인데 의도된 효과를 낳기 위해서는 먼저 그 의도를 전해야 한다. 바꾸어 말하면, 권력의 행사는 먼저 언어 행위로 권력자의 의도를 전함으로써 피권력자로 하여금 그 의도를 알아채도록 해야 한다. 권력은 언어 행위로 권력 행사자의 의도를 전하고 권력 대상자가 그 의도에 부응할 때 행사되는 것이다. 권력을 행사하기 위해서 권력 행사자는 권력 대상자를 설득하거나 속이거나 명령을 하거나 폭언을 하거나 해서 의도된 결과를 야기해야 한다. 여기서 설득, 속임, 명령, 폭언 등의 행위가 모두 다 언어 행위로 이루어지는 권력 행위인 것이다.

이들 권력 행위는 모두 다 반드시 특정한 의도를 전하는 언어 행위를 필요로 한다. 이 경우 권력의 행사는 권력의 의도를 전하는 언어 행위 즉 언어에 의한 소통 행위를 필요로 한다는 점에서 그 권력은 소통적 권력이라 부를 수 있다. 물리적 강제력 즉 폭력이라는 권력을 제외하고 모든 권력은 소통적 권력이다. 바꾸어 말하면, 그 행사에 소통이 필요 없는 폭력을 예외로 모든 권력은 모두 언어 행위라는 소통 행위를 통해서만 행사될 수 있는 소통적 권력인 것이다. 이처럼 권력과 소통은 언어를 매개로 밀접한 관계를 맺고 있다. 그런데 언어학에서는 소통 그 자체에만 관심을 갖고 있기에 소통에 의해 권력이 행사된다는 점에는 관심을 보이지 않는다.

인간은 언어 행위 또는 소통 행위의 수행을 통해 상대에게서 어떤 의도를 달성하려 한다고 했다. 그 의도 가운데에는 상대를 위축시키거나 속이거나 설득하거나 명령에 따르게 하려는 의도도 있다. 이는 권력론의 관점에서는 권력을 행사하는 권력 행위에 다름 아니다. 왜냐하면, 권력은 의도된 효과를 낳는 행위나 능력이기 때문이다. 언어 행위에 의해 상대를 위축시키는 행위는 심리적 강제력이라는 권력을 행사하는 것이고, 속이는 행위는 조작이라는 권력을 행사하는 것이고, 상대를 설명과 논증과 호소와 권고 등으로 특정 행위를 하도록 유도하는 것은 설득이라는 권력을 행사하는 것이고, 명령에 따르게 하는 것은 권위라는 권력을 행사하는 것이다.

그런데 언어학은 말에 의해 화자의 의도를 청자에게 전하는 언어 행위에 초점을 맞추고, 그것이 청자에게 일으킨 효과 즉 의도의 달성은 언어학의 범위를 넘어서는 것으로 보고 다루지 않는다. 그러나 권력론의 관점에서는 의도의 전달보다는 그 전달에 의한 효과 즉 의도의 달성이 소통의 진정한 목적이기에 그 효과를 중시한다. 그래서 권위라는 권력은 강한 명령형의 언어 행위로 복종을 결과하는 것이고, 설득이라는 권력은 설득을 위한 진술형과 권유형(또는 약한 명령형)의 언어 행위로 그 설득에 따르게 하는 것이고, 조작이라는 권력은 기만적인 또는 허구적인 진술형의 언어 행위로 속아 넘어가게 하는 것이다. 그리고 심리적 강제력이라는 권력은 폭언, 욕설, 모욕, 경멸, 폄하 등을 나타내는 표현형의 언어 행위로 심리적 위축을 일으키는 것이다.

이처럼 권력의 행사는 언어 행위를 통해 이루어진다. 위에서 폭력

폭정에서 민주정 구하기

은 비소통적 권력이라고 했지만 폭력조차도 소통과 아주 무관한 것은 아니다. 왜냐면 폭력조차도 대체로 막무가내로 행사된다기보다는 그것을 회피하기 위해 위협이라는 언어 행위가 먼저 행해진다. 폭력은 그 행사자에게도 부담스런 행위이기 때문에 대체로 폭력은 행사 전에 위협이라는 언어 행위를 이용한 사전 소통으로 폭력을 피하려 한다. 그러한 위협이 실패한 경우에 최후의 수단으로 폭력이 행사되는 것이 일반적이다. 그리고 그 경우에도 그 자체가 하나의 경고로 의도되는 경우가 많다. 계속적인 폭력은 너무 부담스럽기 때문이다. 그 외의 모든 권력은 반드시 언어 행위를 통해서만 행사될 수 있다.[이효성 (2016).《소통과 권력》, 95-131쪽].

이렇게 볼 때, 모든 권력이 언어 행위를 통해서 행사되거나 언어 행위와 밀접한 관련을 맺고 있다. 그렇기에 어떤 권력도 저절로 또는 비밀리에 행사되지 못한다. 모든 권력은 그 행사 전에 반드시 그 의도를 전하는 언어 행위를 하지 않을 수 없기 때문이다. 폭력조차도 언어 행위와 완전히 무관한 것은 아니다. 그래서 모든 권력 행사는 그 과정에서 언어 행위를 피할 수 없다. 바꾸어 말하면, 권력은 그 행사를 위해 반드시 언어 행위라는 흔적과 증거를 남기게 되는 것이다. 오늘날과 같이 디지털 시대에는 특히 더 그러하다.

3.

과거에는 구어로 이루어진 언어 행위는 증거를 남기지 않았다. 녹음·녹화가 불가능했기 때문이다. 문서로 된 증거도 대개 원본 밖에 없기에 그 원본을 없애면 증거가 남지 않게 되었다. 그러나 오늘날은 성능이 뛰어나고 소형화한 디지털 기기에 의해 쉽고 간편하게 녹음과 녹화와 그 저장과 복제가 거의 무한대로 가능하기에 모든 언어 행위는 거의 모두 증거를 남기게 될 가능성이 매우 높다. 일반인들의 언어 행위조차 조금만 문제될 소지가 있으면 상대방들이 서로 녹음·녹화한다. 하물며 권력자의 권력 행사와 관련된 중요한 언어 행위는 더 말할 것도 없다. 권력자의 권력 행사와 관련된 언어 행위는 구어로 된 것이든 문어로 된 것이든 모두 다 녹음·녹화되고 저장되고 복제된다고 할 수 있다. 문제가 될 수 있는 경우에는 특히 더 그럴 가능성이 크다. 그리고 언제든 인터넷을 통해 만천하에 공개될 수도 있다.

이런 이유로 오늘날 양식 있는 이들이라면 언행에 신중을 기할 수밖에 없다. 공개된 장소에서 뿐만 아니라 사적인 장소에서조차도 그렇다. 고위 공직자의 경우에는 더 말할 것도 없다. 사실 고위 공직자의 경우에는 디지털 기기들에 의한 녹음·녹화의 염려가 없다 하더라도 신중하고 품위 있게 행동해야 한다. 그들은 국민들의 모범이 되어야 하고 국민들을 대표하기 때문이다. 오늘날과 같이 고도로 발달된 디지털 기기가 그들의 일거수일투족을 녹음·녹화할 수 있는 시대에는 더욱더 그래야 마땅하다. 국민들에게 믿음직스럽게 보이기 위해서도 그렇고 불필요한 오해나 논란을 피하기 위해서도 그렇다.

대한민국의 최고 권력자이자 국가를 대표하는 윤석열 대통령과 그 부인의 경우에는 더욱더 그래야 한다. 그럼에도 지금까지 보아 온, 그리고 녹음·녹화물들로 드러난, 윤석열 대통령 부부의 언행과 행동거지는 신중함과는 거리가 멀다. 그들의 부적절한 언행이 드러 나는 녹음·녹화물이 많이 나오고 있다. 윤 대통령에게 레임덕이 오거 나 그의 권력이 약화할수록 더 심각하고 더 많은 것들이 나올 것이 다. 특히 김건희 여사의 국정 개입적 언행에 관한 것들이 많이 나올 것이다. 그런 것들이 쌓일수록 윤 대통령의 탄핵이나 사임을 위한 물 증이 쌓여간다는 것을 알아야 한다. 이미 나온 것들만으로도 탄핵이 나 사임의 위한 증거는 충분할 수도 있다.

　　더구나 그들의 삼가지 않는 저급하고 상스러운 언어 행위 등은 선 진국 반열에 올라선 대한민국이라는 나라의 대통령 부부로서는 너무 나 기대 밖이다. 윤 대통령 내외는 자신들의 행동거지가 녹음·녹화되 는 것 따위에는 신경도 쓰지 않는 것인가? 그렇다면 참으로 어리석 은 처사다. '다모스의 칼' 이야기가 암시하는 것처럼, 권력의 자리는 위험하기에 매사에 조신해야 하는 자리지 마음대로 말하고 행동해 도 되는 자리가 아니다. 앞으로 또 어떤 언행이나 처신을 담은 녹음· 녹화물이 터져 나올지 오히려 염려가 된다. 그런 것이 나올수록 대한 민국의 국격이 그만큼 더 떨어지기 때문이다.

　　윤 대통령 부부는 자신들의 일거수일투족이 녹음·녹화된다는 가 정 하에 공개된 장소에서 뿐만 아니라 사적인 장소에서도 품격 있는 언어 행위와 품위 있는 처신으로 대한민국의 국격에 손상을 가하는 일이 더 이상 없기를 국민들은 바랄 것이다. "깨어보니 선진국!" 소리가 불과 2년도 안 되어 "깨어보니 후진국!"으로 바뀐 까닭을, G7 회의에 매번 초대받던 문재인 대통령과는 달리 윤 대통령은 이탈리아에서 열리는 G7회의에 초대받고자 많은 노력을 했음에도 그러지 못한 이유를, 그리고 보수 논객들조차 윤 대통령의 행태를 자격 미달로 비판하는 이유를, 성찰해야 한다.

민주정의 나라에서는 국민주권주의와 주권재민사상에 의해 권력은 국민의 것이고 따라서 국민을 위해 쓰여야 하는 것이다. 민주정에서 국정은 국민들이 직접 나서서 돌보는 것이 가장 바람직한 처사이나 국민들의 숫자가 너무 많아 그러기에는 어려움이 너무 크고 많다. 그래서 국정을 도맡아 일할 대리자들을 선출하게 된다. 대통령을 비롯한 공직자는 국민들에 의해 선택된 국민의 대리자 또는 공복이다. 그들은 국정을 돌보라는 임무와 함께 그 임무 수행에 필요한 권한이 주어진다. 말할 것도 없이, 그 권한은 그들 자신의 사익이 아니라 공공의 이익 즉 국민의 이익을 위해서 쓰라고 주어진 것이다.

그런데 그런 권한을 부여받은 자가 국정과 민생에는 관심이 없고 그 권한을 남용하면서 자신의 안위에만 관심을 가진다면 국민에 대한 자기의 의무를 배반하고 책임을 다하지 않는 것이기에 그 자리에 있을 자격을 상실한 것이다. 그리고 그 권한은 국민의 대리자로 선정된 사람에게만 부여된 것이지 그 배우자에도 주어지는 것은 아니다.

폭정에서 민주정 구하기

그럼에도 그 배우자가 그 권한을 호가호위하여 고가의 선물이나 받고 이권이나 챙기고 심지어는 정치에 개입하는 것은 민주정을 파괴하는 행위로 처벌의 대상이다. 그들은 자신들의 권력 남용과 비리를 몰래 저지르고 숨기지만 오늘날과 같은 디지털 시대에는 그들의 행위는 거의 모두 디지털 신호가 되어 확고한 증거로 남는다는 사실을 알아야 한다.

찬애하는 국민 여러분, 저는
북한 공산세력의 위협으로
자유대한민국을 수호하
국민의 자유와 행복을
있는 파렴치한 종북
세력들을 일거에 ᄎ   자유
헌정 질서를 지키
             ᄉ 선
저는 지금까ᄌ   을 일상을
망국의 원흉
반드시 척   니다. 이는
체제 전'   ᄂ는
반국가   ᄃ동으로부터
국민   ᅡ 안전, 그리고
국   ᅡ능성을 보장하며
ᄃ   에게 제대로 된 나라를
         l 위한 불가피한
        ᄀ니다.

한국의

시대정신

1.

‘시대정신(時代精神, zeitgeist, spirit of the time)’이라는 말은, 18-19세기 독일 철학에서, 세계 역사의 어떤 주어진 시기의 특징들을 지배하는 보이지 않는 행위자, 힘 또는 정신을 뜻했다. 여기에서 연유하여 오늘날 이 말은 "특정한 한 시기의 특징적인 사고, 감정, 또는 취향의 일반적 경향"(Dictionary.com), "한 시대의 일반적인 지적, 도덕적, 문화적 풍토"(Merriam-Webster), "역사의 특정한 한 시기의 결정적인 정신 또는 무드로서 그 시대의 관념이나 신념으로 나타남"(Oxford Languages) 등으로 정의된다. 이들을 종합하면, 시대정신은 특정한 한 시기에 나타나는 일반적인 지적, 도덕적, 문화적 풍토를 구성하는 공통적인 감정, 사고, 이념, 신념이라 할 수 있을 것이다.

시대정신에서 말하는 시대의 시기는 몇 십 년 또는 한 세기를 넘는 장기적인 것일 수도 있고 10여년 또는 그 미만의 단기적일 것일 수도 있다. 그리고 시대정신이 지배하는 지리적 범위도 한 나라에 한정될 수도 있고 국제적일 수도 있다. 예컨대, 계몽주의는 17세 후반에 서구에서 시작되어 18세에 유럽 전역과 북미 지역까지 확산되었다. 2차 대전이 끝나고 국제 분쟁을 국제기구가 개입하여 평화적으로 해결하자는 생각은 전 세계적인 시대정신이었고 그에 따라 국제연합이 탄생했다. 한편 전쟁의 당사자로서 승전국이든 패전국이든 전쟁의 참화로 경제적 어려움에 처했기에 경제 부흥 또는 발전이 중요한 사회적 과제였다고는 할 수 있으나 그것을 시대정신으로는 보기는 어렵다.

　그보다는 유럽의 많은 나라들은 나치 독일에 점령되고 지배받는 과정에서 나치에 부역하거나 협력한 자들을 색출하여 처벌하는 일이 중요한 시대정신이었다. 특히 프랑스에서는 도덕의 상징이고 영향력이 컸던 언론인들과 지식인들의 나치 협력을 우선적인 처벌의 대상으로 약 6,763명을 처형했고, 26,529명을 유기징역에 처했다. 이때 레지스탕스에 참가했던 프랑스의 대표적 지식인, 언론인, 작가였던 카뮈는 나치 협력자 관용론에 대해 "어제의 범죄를 벌하지 않는 것, 그것은 내일의 범죄에 용기를 주는 것과 똑같은 어리석은 짓이다. 프랑스 공화국은 절대로 관용으로 건설되지 않는다."[주섭일 (1999). 《프랑스의 대숙청: 드골의 나치 협력 반역자 처단 진상》, 68쪽에서 재인용]고 말해 나치 협력자 처벌에 힘을 실어주었다.

　그리고 식민지 지배에서 갓 벗어난 나라들은 경제 발전과 함께 식민 청산을 비롯한 정치 발전 또한 중요한 시대정신이었다. 그러나 한 동안은 구 소련을 비롯한 공산권의 영향으로 공산주의적 사회 발전 모델을 지향하는 경향도 강했다. 공산주의의 빈곤한 백성들에게 '노동자의 세상' 또는 평등사상이 어필했던 것이다. 그래서 한때 공산주의는 민주주의의 대안으로 세계를 반분하는 세력으로 성장하기도 했다. 심지어는 민주국가에서도 공산주의 사상에 경도된 지식인들이 적지 않았다. 그래서 프랑스 언론인이었던 레이몽 아롱은 1955년의 저서에서 공산주의 사상을 '지식인의 아편'이라고 비판하기도 했다.

그러다가, 민주주의의 연구자 래리 다이아몬드[Diamond (2009).
《민주주의 선진화의 길(*The spirit of democracy*)》, 5쪽]가 지적한 바와
같이, 1980년대와 1990년대는 세계적으로 민주주의가 시대정신이
되었다. 여기에는 구미 민주주의 국가들의 역동성과 높은 생활수준
과 그에 따른 활력 그리고 이와는 대조적인 공산주의 국가들의 가난
의 평등화와 함께 낮은 생활수준과 그에 따른 무기력이 영향을 미쳤
다. 오늘날에도 개발도상국의 많은 나라들은 여전히 경제 발전과 함
께 정치 민주화가 시대정신이라고 해야 할 것이다.

2.

그렇다면 한국의 시대정신은 무엇이었고 어떻게 변해왔는가. 구한
말 한국의 시대정신은 열강으로부터, 특히 청나라의 내정 간섭과 일
본의 침탈로부터, 나라를 지키는 것이었다. 이를 위해 일부 인사들은
독립협회를 결성하여 집회를 열어 사람들을 계몽시키고자 했고, 어
떤 이들은 의병으로 무장 투쟁에 나서기도 했다. 일본에 나라를 빼앗
긴 뒤의 시대정신은 일제로부터 독립이었기에 일부 인사들은 우리가
먼저 실력을 갖추어야 한다는 생각으로 주로 국내에서 자강 운동을
벌였으나 대세는 무장 투쟁으로 일제로부터 독립을 쟁취해야 한다고
생각하여 주로 해외에서 특히 만주에서 군사 훈련을 받고 일본군과
의 전투에 참여했다.

해방 후에는 일제의 식민 수탈로 거덜이 난 경제로 인해 한국은 거의 세계 최빈국의 처지여서 미국의 경제 원조로 겨우 연명하였다. 그때 상당수의 국민들은 문자 그대로 초근목피로 주린 배를 채워야 했다. 그런 때인 이승만 정권 하에서는 미국의 원조를 더 받아내는 외교 외에는 뾰족한 방법이 없었다. 그러나 그랬기에 경제 발전이 우리의 우선적 시대정신이 되었다. 우리 국민들은 높은 교육열과 근면성으로 무장되어 있었다. 그를 바탕으로 4.19혁명 후 들어선 장면 정부에서 5개년 경제개발계획을 세우고 박정희 정권에서 이를 시행함에 따라 1980년대에는 세계 경제학자들 사이에서 "한강의 기적"이라는 말이 유행이 될 정도로 한국은 산업화에 성공하고 경제적 발전을 이루었다.

다른 한편 정치적인 차원에서 해방 후 우리의 시대정신은 일제 잔재 및 친일 인사 청산이었다. 그러나 해방 후 들어선 미군정이 친일 세력을 등용했고, 1948년에는 우리 자신의 민주정을 수립했으나 집권한 이승만 대통령이 친일 세력을 비호하고, 반민특위를 해체시키고, 문민 독재를 행함에 따라 이 시대정신은 구현되지 못한 채 잠복하게 되었다. 대신 이승만 독재와 싸워 민주정을 지키는 것이 더 급한 우선적 시대정신이 되었다. 이승만의 독재는 1960년 3.15 부정 선거 뒤 학생들의 4.19 혁명으로 끝장이 났다. 그리고 민주정인 제2공화국이 들어섰으나 1년 뒤인 1961년 박정희 소장이 군사 쿠데타로 집권하고 군사 독재를 행함에 따라 다시 독재와의 싸움이 시대정신이 되었다. 박정희의 독재는 학생들의 저항과 민주화 운동을 불러왔다. 그러자 불안해진 박정희는 1972년 11월 삼권분립과 견제와 균형이라는 의회민주주의의 기본원칙을 전면적으로 부정하고, 대통령에게 권력을 집중시키고, 반대세력의 비판을 원천적으로 봉쇄하는 것을 골자로 한 이른바 유신 헌법을 제정하였다. 이 헌법은 국민의 기본권을 대폭 축소하고 입법부와 사법부의 독립성을 심각하게 훼손하고 대통령을 간선제로 뽑는 반민주적인 것이었다. 유신 체제로써 박정희 정권은 더 강고한 독재체제가 되었다.

그러나 작용이 크면 그 반작용도 더 큰 법이어서 엄혹한 유신 독재에 맞선 민주화 운동도 거세어져 갔다. 이로 인해 권력 집단의 내분으로 박정희 대통령이 1979년 10월 부하였던 김재규 중앙정보부장에게 암살되어 유신 독재는 막을 내렸다. 그러나 국민들이 열망하던 민주화라는 시대정신을 거슬러 보안사령관 전두환 소장 일당의 신군부가 또 다시 군사 쿠데타로 집권하여 군부 독재가 계속되었다. 그에 따라 시대정신은 계속 민주화로 이어져 젊은이들의 저항과 많은 희생을 겪고 1987년 대통령 직선제를 관철하였다. 이로써 유신 헌법이 폐지되고 현행 헌법이 제정되어 적어도 형식적인 민주화를 구현하게 되었다. 다행히 그 후 30여년이 흐르는 동안 우리의 민주주의는 우여곡절을 겪기도 했지만 대체로 안착되어 공고해지고 착실하게 성숙해오고 있다.

해방 후 남북이 분단되고 6.25라는 동족상잔의 비극을 겪어야 했던 우리의 또 하나의 시대정신은 남북통일이었다. 그러나 전쟁까지 겪고 난 남북 관계는 대화조차 어려운 대결 국면을 이어갔다. 그러다 양측의 정부는 1972년 7월 4일 자주 평화 통일 원칙을 내세운 '7.4남북 공동성명'을 전격적으로 발표했으나 통일에의 기대와 열망은 2년 만에 물거품이 되었다. 왜냐면 남한의 박정희 정권은 유신을 선포하고 북한의 김일성 정권은 사회주의 헌법 제정으로 서로 1인 장기 독재 체제를 강화하고 남북은 다시 대치 상태로 회귀했기 때문이다. 결국 '7.4남북 공동성명'은 남북의 두 독재자의 권력 강화에 이용만 되고 만 셈이다. 이후 김대중 정권(2000년, 6.15 남북공동선언), 노무현 정권(2007년, 10.4 남북공동선언), 문재인 정권(2018년, 4.27 판문점선언)은 진정성을 가지고 나름대로 남북 관계 개선에 힘썼고 남북의 최고 지도자들이 회담을 갖기도 하고 이산가족 면회도 몇 차례 성사시키는 등 나름대로 성과도 있었다. 그러나 남한의 여야 정권 교체, 북한의 경직된 자세, 국제 정세의 변화 등으로 남북 관계의 개선은 지속되지 못했다. 그래서 남북통일이라는 시대정신은 장기적인 과제로 남게 되었다.

우리는 해방 후 시대정신이었던 친일청산과 분단 후 시대정신이된 남북통일은 아직까지 이루지 못했다. 그러나 적어도 산업화와 민주화라는 시대정신을 구현했다. 그리고 이 양자 모두에서 진보를 이루어내 2000년대 중반 무렵부터 선진국 반열에 올랐다. 그리고 2018년에는 30-50클럽(국민 1인당 연 평균 소득 3만 달러 이상, 인구 5천만 이상의 나라들)에 세계 7번째로 가입했고, 2021년에는 UNCTAD 에 의해 한국은 정식으로 선진국 그룹으로 편입되었고, 2022년 한국 을 G7에 가입시키자는 공식 제안이 미국과 영국에서 나왔으나 일본 의 반대로 가입은 무산되었다. 그러나 한국 대통령은 G7 정상회의에 초대되어 그 정상들과 어깨를 나란히 하기도 했다. 한국은 두 세대만 의 산업화, 민주화, 한류의 세계 제패 등으로 부러움을 샀고 앞으로 더 욱 선진화할 것으로 내외의 기대를 모았다.

3.

그러던 한국에 청천벽력 같은 정치적 퇴행이 일어나 폭정이 행해 지고 있다. 그 때문에 "깨어보니 선진국"이라는 말을 들은 지가 얼마 되지 않았는데 벌써 "깨어보니 후진국"이라는 말이 사람들 입에 오르 내리고 있다. 많은 나라들은 중진국 수준까지 발전했으나 그 대부분 은 중진국 함정에 빠져 선진국으로 도약하지 못했다. 그러나 우리는 중진국 함정을 어렵지 않게 뚫고 선진국으로 도약했기에 커다란 자 부심을 갖게 되었다. 그리고 우리는 계속 전진하리라 믿었다.

그랬건만 어처구니없게도 우리 정치는 벌써 퇴행을 시작하여 국 격이 빠르게 추락하고 있다. 지난 2년 만에 적게는 그 전 5년 동안, 크게는 그 전 20년 동안, 이룬 선진화를 이미 되돌리고 말았다. 그리 하여 스웨덴 '민주주의 다양성 연구소'의 《민주주의 보고서 2024》는 한국을 독재화가 진행되는 나라로 분류했고, 2024년 이탈리아에서 열리는 G7회의에는 한국 외무부의 많은 노력에도 불구하고 초청도 받지 못하게 되었다. 참으로 부끄러운 일이다. 이 퇴행을 막지 않으면 지난 30여 년 동안 이룬 성취마저 모두 물거품이 될 지도 모른다. 그러니, 말할 것도 없이, 우리는 이런 퇴행과 그 퇴행을 불러온 폭정을 더 이상 방치할 수 없다. 방치하여 폭정이 자리 잡으면 나라도 망하고 우리의 미래도 사라지게 된다.

그러니 이런 폭정은 그것이 자리를 잡아 막을 수 없게 되기 전에 막아야 한다. 따라서 현재 우리의 시대정신은 폭정에 저항하고 폭정을 막아 민주정을 반석 위에 올려놓는 일이어야 한다. 다행이 양식이 있는 우리 국민들은 벌써 이 시대정신을 받아들이고 행동에 나서고 있다. 더불어민주당의 공천 과정에서 당원들의 표결로 탈락한 국회의원들이 주로 이 시대정신에 반하여 폭정에 저항하기보다는 자신의 의원직의 안위에만 신경 쓴 이들이었다는 점에서 그렇다. 이와 함께 "3년은 너무 길다"는 구호를 내세운 '조국혁신당'이 돌풍을 일으킨 것도 우리의 시대정신을 따르는 지지자들 덕이다. "정치 검찰 해체"를 구호로 내세운 '소나무당' 또한 시대정신을 따른 정당이었으나 당의 리더가 구속된 상태인 데다 창당이 너무 늦어 세인의 주목을 크게 받지 못해 아쉬움을 남겼다.

검찰 정권의 폭정을 하루 빨리 종식시켜야 한다는 우리의 시대정신은 2024년 4월 10일 실시된 제22대 총선에서 민심으로 확인되었다. 야권은 더불어민주당 161석, 더불어민주연합 14석, 조국혁신당

12석 등 도합 192석인데 반해, 여권은 국민의 힘 90석, 그 위성정당인 국민의미래 18석으로 총 108석에 그쳤다. 그래서 새로 국회가 구성되면 적어도 야당들은 시대정신에 따라 행동하는 거대한 정치 세력이 되어 폭정과 적극적으로 싸울 것으로 예상되었고 제22대 국회가 구성되어 열리면서부터 실제로 그렇게 하고 있다. 두 세대 만에 세계 최고 수준의 산업화를 이루고 선진 민주정의 국가들과 거의 버금가는 수준의 민주정을 발전시킨 우리이기에 다시 가열차게 싸워 이 폭정을 극복하고 검찰개혁을 완수하면 우리의 민주정도 세계 최고 수준으로 선진화할 수 있게 될 것이다.

민주정은 매우 취약해서 국민들이 조금만 방심해도 폭정으로 타락한다. 우리는 그것을 지금 뼈저리게 체험하고 있다. 우리 모두 폭정에 대한 경각심을 일깨우고 폭정과 싸워야 한다. 그것이 지금 우리의 시대정신이다. 양식 있는 이들은 이 시대정신에 모두 참여해야 한다. 그리하여 하루빨리 이 폭정을 종식시켜 시대정신도 더 고상하고 원대한 것으로 대체해야 한다. 폭정이 똬리를 틀고 자리를 잡으면 그것을 무너뜨리는 일이 어려워지고, 무너뜨리기 위해 많은 희생을 치러야 한다. 우리는 이미 폭정에서 민주정을 살려내고 발전시켜온 경험과 역사가 있다. 우리 자신의 자유롭고 평화로운 삶을 위해서, 그리고 우리의 후대 세대의 그런 삶을 위해서, 우리가 어렵게 쟁취한 우리의 민주정을 지키기 위해 우리 모두 시대정신에 따라 다시 한번 폭정에 단호히 맞서야 한다.

친애하는 국민 여러분, 저는
북한 공산세력의 위협으로
자유대한민국을 수호하
국민의 자유와 행복을
있는 파렴치한 종북
세력들을 일거에   사유
헌정 질서를 지키

민주정과

저는 지금까   을 일삼은
망국의 원흉   세력   정치
반드시 처   니다. 이는
체제 전'   는
반국가   동으로부터
국민   안전, 그리고
국   능성을 보장하며
         에게 제대로 된 나라를
         위한 불가피한
         니다.

1.

　정치(政治, politics)는, 《논어》가 증거하고 있듯이, 동양에서는 군주가 "나라를 다스리는 일"로 여겨졌다. 그리고 나라를 다스리는 일은 덕치(德治)여야 했고, 이는 바꾸어 말하면, 백성을 위한 선정(善政)이어야 했다. 그래서 《맹자》에서 맹자는 그 군주가 선정이 아니라 폭정을 일삼으면 그를 바꿀 수 있다는 이른바 역성혁명(易姓革命) 사상을 제시했다. 그러나 역성혁명 사상도 백성의 뜻과 권리를 강조하기는 했지만 나라를 다스리는 주체는 어디까지나 군주였다. 동양에서는 백성을 위한 정치 즉 선정이 강조되었지만 서양에서처럼 백성이 직접 나라를 다스리는 주체여야 한다거나 그러한 권리를 양도했다는 사고는 없었다. 중국 정치사상 연구자 김영민 교수[(2021). 《중국 정치사상사》. 201쪽]도 맹자는 "공공선을 위하여 그릇된 통치자를 끌어내리고 저항할 백성들의 권리를 강조하였다. 그렇다고 해서 맹자가 직접 혹은 대의적 인민주권 이론을 전개한 것은 아니다."라고 지적했다. 아마 동양에서는 시민들의 직접 통치가 가능한 도시 국가가 발달하지 못했기 때문일 것이다.

　반면에 서양에서는, 특히 서양 문화의 원형이라고 할 수 있는 고대 그리스에서는, 국가는 도시(polis) 단위였다. 그래서 서양에서 정치라는 말은 본래 고대 그리스어의 '도시의 업무(affairs of the cities)'를 뜻하는 폴리티카(politika)에서 유래했다. 고대 그리스에서 도시는 국가였으므로 도시의 업무는 국가의 업무이며 따라서 정

　　　　　　　　　　폭정에서 민주정 구하기

치는 전통적으로 도시 국가의 목표와 목적 그리고 그것들을 실현할 제도들, 국가의 주민들인 시민들과의 관계 및 다른 국가와의 관계에 관한 것이었다. 이 또한, 간략히 말하면, 나라를 다스리는 일이라고 할 수 있다. 그런데, 아테네에서 가장 전형적으로 나타난 바와 같이, 그리스의 나라들은 도시 국가였기에 자유민들의 수가 매우 제한적이었고 따라서 자유민들이 직접 나라의 일을 결정하는 직접 민주정이 발달할 수 있었다. 즉, 이 경우 정치는 다른 누구도 아닌 자유민들 자신의 업무였다.

그런데 오늘날 정치라는 말이 이처럼 국가의 통치 또는 공공에 관한 업무라는 뜻에 국한되지 않고 매우 넓게 인간의 사회적 관계의 전 영역에서 일어나는 행위를 지칭하기도 한다. 이런 넓은 의미의 정치의 개념을 제시한 대표적인 예로 레프트위치(Adrian Leftwich)의 "사회들 안에서 그리고 사회들 사이에서 협조, 협상 및 갈등의 모든 행위들"이라는 정의를 들 수 있다. 또 다음과 같은 위키피디아 [Wikipedia. "politics"]의 정의도 이런 부류에 속한다. "정치는 집단에서 또는 그 밖의 개인들 사이의 권력 관계에서 자원이나 지위 분배와 같은 결정과 연관된 일단의 활동들이다." 그러나 이런 식으로 정치의 개념을 확장하면 정치는 부부관계, 친구관계를 포함한 인간의 모든 상호작용을 다 포괄하게 되어 결국 정치가 지나치게 광범위한 영역을 대상으로 하게 된다. 이렇게 되면, 국가의 통치라는 정치의 본래의 영역은 그 중요성이 희석되어 버리는 결과를 낳는다.

따라서 본서에서는 정치는 나라를 다스리는 일 즉 국가의 통치 또는 공적 업무라는 본래의 좁은 의미의 개념으로 쓰고자 한다. 실제로 오늘날에도 정치는 주로 국가의 통치 또는 공적 업무에 관한 것이라는 좁은 의미로 쓰이는 경우가 일반적이라고 해야 할 것이다. 말하자면, 정치는 국가 전체에 대한 규칙을 만들고, 해석하고 실행하는 관료들의 집합체인 정부의 업무와 활동, 여기에 직간접적인 영향을 미치는 정당과 정치인들을 비롯한 권력 엘리트들, 그리고 국가와 정부를 상대로 한 이익집단, 사회운동가들 등의 행위들을 정치의 영역으로 포괄할 수 있을 것이다. 그래서 이들의 행위만을 정치로 말해지기도 한다. 그러나 이러한 정치의 규정은 매우 잘못된 것이다. 이는 주인인 국민을 대리한 공복(公僕)들의 행위에 불과하기 때문이다.

'민주정' 또는 보다 정확히는 '대의제 민주정'에서 국가의 주인은 국민이다. 다만 오늘날 국민들의 수가 너무 많아 아테네의 직접 민주정과는 달리 국민들이 국가를 다스리는 일에 직접 참여할 수 없어 그 대리자들을 뽑아 그들로 하여금 주인의 정치를 대리하게 한 것이다. 그러나 대통령이나 수상, 국회의원을 비롯한 국민의 대리자로 선출된 자들과 그들에 의해 임명된 장관을 비롯한 고위관료, 국민을 대변한다는 정당, 주요 사회단체 등과 같이 이른바 전문적인 정치 영역에 속한 이들이나 조직이 주인인 국민의 뜻을 저버리거나 그에 반할 때 그에 항의하거나 책임을 묻거나 그들을 갈아치우려는 일반 국민들의 행위야말로 민주정의 진정한 정치 행위라 할 수 있다. 따라서

폭정에서 민주정 구하기

일반 국민들의 투표, 청원, 시위, 시민 불복종, 파업, 조세 저항, 반란과 같은 국가의 통치와 관련된 국민들의 행위야말로 중요한 정치 행위에 마땅히 포함되어야 한다. 한 시인은 이렇게 말한다. "집회와 시위와 파업은/권리가 아니라 주인의 의무/민주공화국은 주인들 모두가/'전문시위꾼'인 나라이다/알겠는가, 머슴들아"[박노해, 〈민주주의는 시끄러운 것〉 중에서].

2.

사람들은 세계관, 종교관, 가치관, 삶의 조건, 지식, 지위, 권력, 목표, 이해관계, 의견 등이 서로 다르다. 게다가 인간에게는 경쟁심, 분열성의 특성도 있다고 할 수 있다. 정치사상가 벌린(Isaiah Berlin)은 "인간의 차이, 야심 및 경쟁에의 경향성"을 지적하기도 했다. 이에 따라 어떤 중요한 사회적 이슈에 대한 사회 성원들의 이해나 견해나 평가나 판단이 서로 다르게 된다. 그렇기에 사회에는 언제나 중요한 문제를 두고 사회 성원들이 의견의 불일치로 서로 다투는 일이 발생한다. 바꾸어 말하면, 많은 이들이 함께 공동체를 이루고 사는 곳에는 많은 사회적 문제들이 발생하고 그 문제들에 대한 대처 방법에 대해 대체로 의견의 불일치 즉 갈등이 존재하기 마련이다. 이처럼 개인들 간의 사적인 문제가 아니라 그 사회 전체 또는 상당수의 이해관계나 관심이 걸린 공적인 문제에 대해 의견의 불일치 또는 갈등을 어떻게 해소하느냐로 정치에 대한 견해가 크게 두 가지로 나뉜다.

하나는 그 갈등의 당사자들이 대화와 협상으로 합의를 이끌어 냄으로써 불만을 최소화하여 해소하는 방법이다. 다른 하나는 힘이 더 센 쪽이 일방적으로 그 힘을 이용하여 문제를 처리하고 불만을 잠재워버리는 방법이다. 이 양자 모두 현실적으로 존재하는 정치 방식이다. 합의에 의한 방식은 시간이 걸리지만 후유증은 별로 남지 않는다. 합의 없이 힘에 의해 일방적으로 처리하는 방식은 효율적이지만 그로 인한 불만과 후유증은 크다. 전자의 방식 즉 합의로 갈등을 해소하는 방식은 대체로 민주정의 국가에서 행해지는 방식이고, 후자 즉 힘으로 갈등을 잠재우는 방식은 대체로 폭정의 국가에서 행해지는 방식이라 할 수 있다.

정치라는 말은 과거나 오늘날이나 매우 논쟁적이다. 특히, 한때는 정치가 합의에 의한 것이냐 갈등에 의한 것이냐를 놓고 논쟁이 일기도 했다. 이는 정치에 대한 도덕주의적 관점과 현실주의적 관점이 맞물리는 논쟁이기도 했다. 정치는 합의적이어야 한다는 아리스토텔레스, 한나 아렌트, 버나드 크리크 등의 주장은 동시에 도덕적 관점에 기초한 것이기도 하다. 아렌트는 "정치적이라는 것은 모든 것이 폭력이 아니라 말과 설득을 통해서 결정되는 것을 의미한다"는 것이 아리스토텔레스의 견해라고 보았다. 버나드 크리크(Bernard Crick)는 정치를 "사람들이 차이를 해소하기 위해서 제도화된 절차를 통해 함께 행동하는 구별적 형태의 통치"로 정의했다.

이러한 도덕적, 합의적 관점에 반하여 현실주의적, 갈등적 관점에

폭정에서 민주정 구하기

서 정치는 그 추구하는 목적과 상관이 없이 권력이라는 강제력의 행
사에 기초한다고 본다. 이런 관점에는 선 이들이 마키아벨리, 토마
스 홉스, 해롤드 라스웰 등이다. 예컨대, 마키아벨리는 정치는 도덕
과는 무관한 것으로 기만과 조작의 실행으로 보았고, 라스웰(Harold
Lasswell)은 정치란 "누가 무엇을 언제 어떻게 얻는가"로 규정했다.
이들 견해에 따르면 정치란 권력의 행사를 통해 갈등을 강제적으로
또는 기만적으로 해소하는 것을 뜻한다. 이 때문에 이 현실주의적 관
점의 정치는 마키아벨리즘으로 비판을 받기도 하지만 현실에서는 이
런 유의 정치가 횡행한다.

그러나 오늘날은 이 양자의 통합적 관점이 받아들여지고 있다. 레
버(Michael Laver)와 같은 정치학자의 견해가 대표적이다. 그는 이
렇게 말한다. "정치는 인간의 상호작용에서 흔히 발견되는 갈등과 협
력의 특징적인 혼합에 관한 것이다. 순수한 갈등은 전쟁이고 순수한
협력은 진정한 사랑이다. 정치는 이 양자의 혼합물이다."[*Wikipedia*.
"politics"에서 재인용]. 이러한 통합적 관점에서 정치는 상이한 이익
과 가치를 대변하는 이들이 갈등과 협력을 통해 이루어낸 집단적 의
사 결정 과정이라 할 수 있다. 민주정에서는 상이한 이익과 가치를
대변하는 존재는 흔히 정당들이다. 이러한 통합적 관점이 가장 현실
적이고 따라서 적절한 정치의 규정이라 할 수 있을 것이다.

3.

민주정은 다른 어떤 정치체제보다 더 개인의 자유와 사적 이익의 추구를 허용하는 체제다. 그렇다고 해서 민주정에 불만이나 갈등이 생기지 않는 것은 아니다. 민주정에서도 이러저러한 이유로 국민들의 불만과 다양한 갈등이 적지 않게 발생할 수 있고 그것들이 때로는 그 정도가 심각하여 민주정 자체에 위협이 될 수도 있다. 그렇기에 민주정에서야말로 정치가 격렬해지고 정치적 해결이 중요해진다. 바꾸어 말하면, 민주정에서 바람직한 의미의 정치 즉 상이한 이해관계와 가치를 대변하는 집단들에 의한 집합적인 결정 과정이라는 정치 행위가 빛을 발할 수 있는 것이다. 그렇다면 민주정에서 왜 불만이나 갈등이 야기되는가?

무엇보다 대의제 민주정의 퇴보에 그 원인이 있다. 본래 대의제 민주정은 국민의 대표로 뽑힌 이들이 정치에서 국민의 뜻을 대변한다는 것이었다. 그러나 시간이 흐르면서 국민의 대표자들은 유권자의 뜻을 받든다는 초심을 잃고 자신의 뜻을 유권자의 뜻으로 착각하게 된다. 그리하여 오늘날 대의제 민주정에서 국민의 대표자들은 국민과 유리된 채 국민의 뜻이 아니라 자기들의 뜻대로 정치를 행한다. 정치인들은 선거철에는 당선을 위해 유권자들에게 굽실거리고 아부하지만 일단 당선이 되고나면 자신이 잘 나서 당선되었다고 생각하게 되고 유권자의 뜻은 아랑곳하지 않고 자신의 판단과 이해관계에 따라 처신하게 되는 것이다.

폭정에서 민주정 구하기

게다가 많은 정치인들은 현대사회의 정치적 문제들이 복잡하고 까다로워 일반인들이 그 문제들을 제대로 이해하기도 힘들고 그럴만한 정보도 능력도 없다고 생각한다. 분명히 그런 면도 있다고 할 수 있다. 그러면 그럴수록 그들은 더 유권자들을 만나서 그들과 대화하고 이해시키고 설득해야 한다. 그러나 그들은 유권자보다는 주로 정보와 돈과 힘을 가진 기득권 세력들을 만나고 그들과 이해관계를 공유하게 되고 그들과 거래하여 정치자금을 만든다. 정치인들에게 기득권 세력은 가깝고 민중은 멀다. 그 결과 그들은 민중의 삶이나 뜻과는 거리가 멀어지고 그들 스스로 기득권을 가진 정치 엘리트가 되어버린다.

게다가 오늘날 대의제 민주정의 중요한 정치적 결정은 대통령을 비롯한 고위 공직자, 국회의원, 주요 정당의 당료들 등의 정치 엘리트가 주도한다. 그들은 돈과 정보로 영향력을 행사할 수 있는 기업이나 이익집단의 로비를 받고 그들과 유착하게 된다. 그들에게 유권자는 선거에서 표를 얻어야 하는 존재이나 선거는 몇 년에 한 번씩만 오기에 유권자와는 일상적으로 어울릴 필요가 없는 데 반해 기득권 세력과는 일상적으로 어울리게 된다. 이런 상황에서 중요한 존재가 언론이다. 언론을 잘 활용해야 선거에 유리하기 때문이다. 그런데 언론은 본래는 정치 엘리트를 감시하고 민의를 전하는 존재로 되어 있지만, 실제로는 주로 이들 엘리트들의 언행을 일반인들에게 전달하게 된다. 말하자면, 엘리트는 자신의 입이 되어줄 언론이 필요하고,

언론은 자신의 지면이나 시간을 채울 뉴스로 포장할 중요한 인물의 말이 필요하다. 이로 인해 정치 엘리트와 언론 사이에는 공생관계가 형성된다. 미국의 언론학자 위버[Paul Weaver (1994). *News and the culture of lying*(뉴스와 거짓말하기의 문화), The Free Press.]는 이러한 정치 엘리트와 언론의 공생 관계의 의해서, 가짜 위기를 진짜 위기로 날조하는 "거짓말하기의 문화(the culture of lying)"가 탄생한다고까지 주장한다.

게다가 많은 정치인들은 선거에서 이기기 위해 공약들을 남발하게 된다. 물론 그런 공약들 가운데 지킬 수 있는 것도 있고 실제로 성실하게 지키기도 한다. 그러나 많은 공약들은, 보스웰[Christina Boswell (2020. 1. 14). "What is politics?(정치란 무엇인가?)"]의 지적처럼, 버려지거나 제한적인 자원, 실행가능성, 또는 정치적 거부 앞에서 희석되어 버린다. 더구나 일부의 공약들은 지킬 수도 없는 것을, 지킬 생각도 없이, 단지 표를 얻기 위해 내세우는 장밋빛의 공약이다. 이런 공약(公約) 아닌 공약(空約)이 갈수록 늘어간다. 특히 표만을 의식하는 대중영합주의자들은 그런 지킬 수 없거나 지키면 국가 재정이 거덜이 날 공약을 남발한다. 그러니 경쟁 세력은 그런 공약을 반대할 수밖에 없다. 그렇게 해서 정치인은 믿을 수 없는 부류가 되고 그들의 정치 또한 불신을 받게 된다.

어느 사회에서든 경제적 자원은 희소하다. 희소할수록 더욱더 공정하게 나누어야 불만도 적어진다. 그러려면 집권 세력은 경쟁 세력

폭정에서 민주정 구하기

과 진지하게 주요 국정에 대해 협상하고 때로는 양보도 해야 한다. 그러나 우리 정치에서는 집권 세력은, 특히 일부 정치 세력은, 집권하면 일방적인 국정운영으로 경쟁 세력의 극한적인 반대를 자초하기도 한다. 또 집권을 했지만 의회에서 소수 세력은 다수 세력의 주도권을 인정하고 그들에게 협조하는 모습도 보여야 한다. 그러나 우리의 정치에서 그런 모습은 보기 어렵다. 그래서 우리 정치는 타협과 협조의 정치에서 점점 더 반목과 대결의 정치로 퇴행하고 있다.

4.

아리스토텔레스는 인간을 정치적 동물로 규정했다. 이러한 규정은 인간은 정치를 하는 존재임을 뜻한다. 인간은 정치를 할 뿐만 아니라 원하든 원치 않든 일상적인 삶에 정치에 의한 크고 많은 영향을 받고, 그 영향을 피하기도 어렵다. 그리고 공적으로 중요한 일을 관계 대표자들이 협상과 타협을 통해 비폭력적으로 해결하는 경우 '정치적 해결'이라는 말로 정치를 긍정적으로 평가하기도 한다. 그러므로 우리는 모두 정치에 많은 관심을 갖고 적극적으로 참여할 필요가 있다. 그럼에도 우리 사회에서 정치는 흔히 매우 부정적인 함축적 의미를 갖는 기피와 비난의 대상이 되었다. 실제로 많은 이들이 정치를 금기시하고 정치를 피하려 한다. 심지어는 주요 선출직 공직자의 선거에 투표조차 하지 않는 이들도 상당수다. 그 이유는 무엇일까?

일반인들이 정치에 부정적인 이유의 하나는 정치는 흔히 나라를 다스리는 일이고 따라서 대통령, 장관, 국회의원 등 정부의 높은 사람들만 관계하는 업무로만 한정되는 경향이 있기 때문이다. 특히, 모데바제[Valeri Modebadze (2010). The term politics reconsidered in the light of recent theoretical developments(최근 이론적 발전의 맥락에서 본 정치라는 용어), *IBSU Scientific Journal* 1(4), 39-44]의 지적처럼, 일반인들의 생각에는 정치는 정당과 정치인들의 활동과 밀접히 관련되어 있는 영역이다. 이처럼 정치가 정당과 정치인들의 활동으로 매우 좁게 규정되고 그들만이 정치적 결정을 내리는 것으로 간주되기에 정치는 매우 부정적인 함의를 갖게 된다는 것이다. 정치는 우리의 일이 아니고 저들의 업무일 뿐이라는 생각 때문에 정치에 부정적인 것이다.

여기에는 자신의 사적인 일에만 골몰하여 공적인 일에는 관심이 없는 상당수의 국민들이 있는 때문이기도 하다. 이런 이들은 정치는 자신과는 무관한 일이므로 관심도 없고 따라서 정치가 어떻게 돌아가는지도 잘 모르고 언제나 정치에 관해서는 침묵을 지킨다. 그러나 이런 이들이라고 정치의 영향에서 벗어나 있는 것은 아니다. 정치권이 만들어내는 무수한 정책과 입법은 국민 모두의 삶에 직접적이거나 간접적인 영향을 미치기 때문이다. 게다가 이들은 정치인들에 의해 '침묵하는 다수'로 포장되어 정치적으로 이용당하고 있다. 말하자면 그들의 침묵이라는 비정치적 행동도 사실은 매우 정치적인 결과를 낳는 것이다. 한 나라나 사회의 성원이라면 정치에 눈을 감을 수

폭정에서 민주정 구하기

는 있으나 누구도 정치를 피할 수는 없다.

　정치에 부정적인 이들은 흔히 정치를 협잡과 기만의 장으로 본다. 사실, 정치에 협잡과 기만이 난무하는 것도 사실이다. 그래서 마키아벨리는 정치는 도덕과 아무런 관련이 없다고 단언했다. 현실주의자들은 강제력과 함께 협잡 또는 기만이 권력을 확보하는 가장 효율적 수단이라고 주장하기도 한다. 비어스(Ambrose Bierce)의 *The Devil's Dictionary*(악마의 사전)에 정치는 "원칙의 경쟁으로 위장된 이해관계의 충돌. 사리를 위한 공적 업무의 수행"으로 정의되어 있다. 그러나 모든 정치가 다 협잡이나 기만의 산물은 아니며 정치권에 사익만을 챙기는 사기꾼이나 표리부동한 인물들만 있는 것은 아니다. 그들 가운데에는 공익을 위해 진심인 이들도 많고 또 그렇게 공익에 기여해야 유능하고 훌륭한 정치인으로 평가받아 정치인으로서 성공할 수도 있다. 그러니 정치인은 자기 자신을 위해서도 진정으로 훌륭한 정치인으로 평가받을 수 있는 처신을 해야 하는 것이다. 그렇기 때문에 정치인을 모두 다 협잡꾼이나 사기꾼으로 치부할 수도 없고 치부해서도 안 된다.

　정치에 부정적인 또 하나의 이유는 정치인들의 비리와 부정부패 때문이기도 하다. 대통령, 장관을 비롯한 고위공직자, 국회의원 등은 여러 사람들의 이해관계가 걸린 문제에 대해서 결정권을 갖는다. 그러니 그들의 결정과 큰 이해관계가 걸린 조직(특히, 기업)이나 개인들은 결정권자들과 거래를 하려 한다. 그 때문에 이들은 비리에 빠지고 부정부패에 물들기 쉽다. 실제로 선출직이든 비선출직이든 국회의원을 비롯한 많은 공직자들이 비리에 연루되거나 부정부패를 저질러 처벌을 받는 경우도 적지 않다. 실제로 조사를 받거나 처벌을 받지 않았지만 상당수의 정치인들이 비리 연루 사실이나 혐의가 검찰이나 경찰에 파일로 보관되고 있기도 하다. 이 때문에 이들은 수사기관과 집권세력에 약점이 잡혀 제대로 목소리를 내지 못하는 경우도 있다.

그러나 모든 고위공직자나 정치인들이 다 비리가 있는 것은 아니다. 우리에게는 공직에 있는 이들에게 청렴과 강직을 가르쳐온 유교적 전통과 현실적인 신상필벌의 제도가 있고, 흔히 '김영란 법' 또는 '청탁금지법'으로 불리는 '부정청탁 및 금품 등 수수의 금지에 관한 법률'이라는 공직자 윤리에 관한 법도 있다. 그 가르침과 제도와 법을 따르는 공직자들이 절대 다수라고 해야 할 것이다. 해병대 채수근 상병의 사망 사건의 조사를 맡았던 박정훈 대령처럼 권력의 지시에 굴하지 않고 불이익을 당하면서도 법대로 처리한 이도 있고, 김건희 여사의 명품 가방 수수 사건의 처리를 두고 윗선과 갈등 끝에 "수뇌부가 명품백 사건 종말을 밀어붙여 힘들다"며 자결한 권익위원회 김 모 부패방지 국장 같은 이도 있다.

이처럼 우리에게는 정권이나 권력자나 상관의 지시를 거부하고 법대로 처리하거나 지시를 따르는 경우에도 양심의 가책으로 괴로워하거나 끝내는 죽음으로 항거하는 이들도 있다. 그러니 우리는 공직

폭정에서 민주정 구하기

자와 정치인들 가운데 옥석을 잘 가려서 비리를 저지르고 부정부패에 빠진 이들을 엄히 심판하되 청렴하고 강직한 이들은 중용하도록 하는 등 신상필벌을 확실히 해야 한다. 그를 위해 유권자는 공직자를 선출하는 선거나 공직자의 처벌과 책임을 묻는 시위, 청원 등의 행위 등에 적극적으로 참여할 필요가 있다. 그것이 주권자인 우리 일반인들이 할 수 있는 중요한 정치 행위이기도 하고 민주정에서의 본래의 또는 진정한 의미의 정치 행위라고 할 수 있다. 이러한 정치 행위를 회피할수록 열등하고 비열하고 사악한 자들의 지배와 폭정에 놓이게 된다.

친애하는 국민 여러분, 저는
북한 공산세력의 위협으로
자유대한민국을 수호하
국민의 자유와 행복을
있는 파렴치한 종북
세력들을 일거에 ㅊ   사유
헌정 질서를 지키

민주정에서
기만의 문제

저는 지금까   을 일삼은
망국의 원흉
반드시 척   니다. 이는
체제 전   는
반국가   동으로부터
국민   안전, 그리고
국   능성을 보장하며
              에게 제대로 된 나라를
            위한 불가피한
          니다.

1.

거짓말을 천착한 철학자 시셀라 복[Sissela Bok (1978). *Lying: Moral choice in public and private life*(거짓말: 공적 및 사적 삶에서의 도덕적 선택), 14쪽]에 따르면, 우리가 의도적으로 남들을 속이려 할 때는 그들을 오도하려는, 우리 자신은 믿지 않는 것을 그들이 믿게 하려는, 메시지를 소통한다. 그런 소통 수단은 몸짓, 위장, 행위, 비행위, 심지어는 침묵 등 다양하다. 이 수많은 기만적 메시지 가운데 "거짓말은 진술된, 의도적으로 기만적인 메시지"다. 즉, 속이는 행위가 말로 이루어진 좁은 의미에서는 '거짓말'이고, 속이는 행위 전체를 포괄하는 넓은 의미에서는 '기만(欺瞞)'이다.

인간의 경우에는 기만이 주로 말, 즉 거짓말에 의한다. 인간의 말은 정교한 소통 수단이기에 말로 더 잘 속일 수 있기 때문이다. 언어학에서는 언어의 여러 특성 가운데 중요한 하나로 거짓말하기 (prevarication)를 든다. 그런데 언어는 동일한 시각과 장소에 존재하지 않는 사건이나 사안을 말할 수 있는 특성인 전이성(轉移性, displacement)도 가지고 있다. 이 전이성에 의해 언어는 지금 여기에 없는 것에 대해서 말할 수 있고, 과거의 일과 미래에 일어날 일도 말할 수 있고, 추상적인 개념들과 상상적이거나 가정적인 사건들도 언급할 수 있다. '거짓말하기'는 바로 이 전이성을 활용하여 없는 것도 있다고 할 수 있고, 모르는 것도 안다고 할 수 있고, 할 수 없는 것도 할 수 있다고 할 수 있다. 물론 그 반대의 경우로도 쓸 수 있다. 그

폭정에서 민주정 구하기

래서 말이 발달하고 말을 주요 소통 수단으로 이용하는 인간 사회에는 거짓말이 가득하다.

하지만 어느 사회에서나 거짓말이나 기만은 비도적인 것으로 제재의 대상이다. 거짓말이 허용되면 그 사회가 유지될 수 없기 때문이다. 거짓말에 더 엄격한 기독교 문화권인 구미 선진 민주주의 국가에서 거짓말은, 특히 정치에서의 거짓말은, 결코 용납되지 않는다. 그런 나라들에서는 거짓말이 발각되면 정치생명은 바로 끝장난다. 아니, 인생이 끝장나기도 한다. 예컨대, 1974년 미국 공화당 출신의 리차드 닉슨 대통령은 워터게이트 스캔들로 사임했다. 이 스캔들은 닉슨 행정부가 1972년의 민주당 전국위원회 본부 침입 사건에 연루되었음을 백안관이 은폐하려는 시도에서 비롯된 것이다. 닉슨의 사임은 이 침입 사건 그 자체 때문이라기보다는 그 침입 사건에 백악관은 관계하지 않았다고 말한 거짓말 때문이었다. 닉슨이 침입 사건에 공모한 명백한 물증으로 거짓말이 탄로나 의회가 자신을 탄핵하려 하자 그는 탄핵을 피하기 위해 사임했던 것이다.

정치에서 거짓말의 더 비극적인 종말은 1987년 독일의 바쉘 사건에서 일어났다. 독일 슐레스비히-홀슈타인 주의 총리이자 기민당 대표이던 바쉘은 자신의 언론 특보에게 정적인 사민당 대표인 엥홀름에 대한 비방 광고, 허위 정보 유포, 개인적 비밀 유포, 음해성 캠페인 조직 등을 지시했다. 그런데 그 언론 특보는 독일의 권위지《슈피겔》지에 이 사실을 폭로했다. 그러자 바쉘은 기자회견을 열고 그 사실을 강력 부인했다. 그러나 그 사건에 대한 조사위원회가 구성되고 소환이 임박하자 그는 총리직을 사임하고 스위스의 한 호텔에서 자살했다. 한편 엥홀름은 압도적인 표차로 1988과 1992년 주 총선에서 압승하고 주 총리가 되었고 연방 총리의 물망에 오르기도 했으나 1993년 갑자기 주 총리와 당 대표 직을 사임하고 정계에서 은퇴했다. 바셀의 언론 특보를 5만 마르크로 매수하여 앞의 폭로를 사주한 사실이 밝혀졌기 때문이었다.

선진국에서는 정치인의 거짓말은 이렇게 엄격하게 단죄된다. 그럼에도 선진국이 되었다는 우리의 정치권에서는 거짓말이 여전히 횡행한다. 거짓말임이 나중에 밝혀져도 거짓말을 한 사람이 불이익을 받지도 않는다. 거짓말을 하고 들통이 나도 정치 생명에 별 지장이 없는 것이다. 그러니 거짓말을 밥 먹듯 하고 거짓말임이 드러나도 부끄러워하지도 않는다. 거짓말에 대해 사과하거나 책임지거나 하는 일도 거의 찾아보기 어렵다. 거짓말에 대한 태도가 그러하니 거짓말의 한 형태나 그 세기는 좀 덜한 말 바꾸기는 더 잦고 더 일상적으로 일어난다.

예컨대, 여야가 바뀌면 여야 모두 아무런 해명이나 변명도 없이 당연하다는 듯 여야의 주장과 말이 이전과는 완전히 정반대가 되는 경우가 허다하다. 또는 정세가 불리하면 정계 은퇴를 선언했다가 정세가 유리해지면 한마디 양해도 없이 슬그머니 정계에 복귀하는 행위도 자주 행해지는 말 바꾸기다. 이처럼 거짓말은 우리 정치권의 가장 큰 악습이고 후진적인 모습이다. 그 탓으로 우리 정치권이 국민들의 불신과 경멸을 받는다. 우리 정치 발전을 위해서는 이런 악습과 불감증에서 하루빨리 벗어나야 한다.

2.

거짓말 또는 기만은 도덕적인 차원에서만 논의되는 것은 아니다. 기만은 또한 권력적 차원에서 논의되는 것이기도 하다. 정치학에서 기만은 비록 가장 비인간적인 형태이긴 하지만 권력의 한 유형으로 간주된다. 정치학자 롱[Dennis Wrong (1979). *Power: Its forms, bases, and uses*(권력: 그 형태들, 기초들, 및 활용들), 2쪽]은 "권력은 다른 이들에게 의도되고 예견된 효과를 생산하는 어떤 이들의 능력"으로 정의하고 그런 능력으로 강제력, 조작, 설득, 권위의 네 가지를 들었다. 여기서 조작이 바로 거짓 또는 기만에 의한 권력이다. 롱[위의 책, 28쪽]에 따르면, 권력 행사자가 자신의 의도, 즉 그가 생산하고자 하는 의도된 효과를, 권력 대상자에게 숨길 때, 권력 대상자를 조작하려 시도한 것이다. 그래서 어떤 이에게 바라는 반응이 무엇인지 명시적으로 소통하지 않은 채 그의 반응에 영향을 미치는 의도적이고 성공적인 노력은 어떤 것이든 조작을 형성한다는 것이다.

조작은 가장 친밀한 사이에서도 행해질 수 있다. 흔히 일차적인 집단의 개인적 관계는 솔직성, 정서적 따뜻함 그리고 동기의 상호 노출 등이 지배한다. 그러나 이 경우에도 상대에게서 바라는 반응을 끌어내기 위하여 어느 정도의 계산, 정서적 초연, 그리고 상대의 감정을 이용하는 행위는 조작에 해당한다. 조작은 조작자와 그 대상 사이에 사회적 관계가 없는 경우에도 행사될 수 있다. 그래서 현실주의자들은, 특히 마키아벨리주의자들은, 진정한 권력으로 강제력과 기만의 두 가지 유형만 인정할 정도로 기만은 매우 중요한 권력의 유형이다. 도덕적으로는 사악한 것으로 비난받고 그래서 비인간적이며 나쁜 유형의 권력으로 치부되지만, 현실 정치에서의 거짓말은 엄연한 권력인 것이다. 정치에서, 특히 후진국 정치에서, 거짓말이 횡행하는 이유이기도 하다.

그런데 정치적 경쟁의 장에서 만일 누군가는 도덕적인 이유나 종교적인 이유나 또는 거짓말이 들어났을 때 처벌이나 비난을 받을 것을 두려워하여 거짓말을 하지 않으나 그의 상대나 경쟁자는 양심에 거리낌이 없거나 처벌이나 비난을 두려워하지 않거나 또는 거짓말이 들어나지 않을 거라고 믿어 거짓말을 과감하게 활용한다면 그들 사이의 정치적 거래나 경쟁은 매우 불공정한 것이 될 것이다. 그래서 정치권에서 기만을 더욱더 엄격히 금지되어야 하고 정치 행위로서 기만은 더욱더 가혹하게 처벌되어야 마땅하다. 그렇지 않으면 정치는 기만으로 진흙탕이 되고, 거짓이나 기만에 능한 자가 더 크고 많은 권력을 차지하게 될 것이다.

그렇다면 거짓말에 속거나 기만에 놀아난 것은 면피될 수 있는 일인가. 일반인들은 일상생활에서 속거나 사기를 당하는 일이 비일비

폭정에서 민주정 구하기

재하다. 일반적으로 보통 사람이 처음으로 속은 경우에는 속인 자를 비난하고 속은 자는 비난을 받지는 않는다. 경우에 따라서는 속은 자가 순진해서 그렇다며 동정을 받기도 한다. 그러나 일반인의 경우에도 두 번 이상 속으면 동정을 받기는커녕 잘 속는 자 또는 어리석은 자로 치부된다. 두 번 속으면 바보, 세 번 속으면 공범이라는 말도 있다. 자주 속는 이들은 사람들 사이에서 바보로 취급되거나 공범으로 의심받아 동정은커녕 비난과 경계의 대상이 되기도 한다.

그러나 정치에서는 단 한 번이라도 속아서는 안 된다. 정치에서 속는다는 것은 권력 투쟁이라는 싸움에서의 패배이며 그것은 곧 정치적으로 무능함을 의미하기 때문이다. 정치에서의 패배는 패한 사람이나 세력이 대표하는 큰 이익, 경우에 따라서는 공익 내지는 국익이라는 큰 이익이 걸려 있기 때문이다. 일반인이 일상생활에서 속는 것은 한 사람의 손해로 한정되지만 정치 싸움에서 패배는 많은 이들에게 또는 국민 전체에게 손해를 끼치는 일이 된다. 그래서 폴란드 출신의 저명한 역사가 콜라코우스키는 "정치에서 속는 것은 변명이 될 수 없다(In politics, being deceived is no excuse)"고 말했을 것이다. 정치에서 속는 것은 싸움에서 패한 것이고, 따라서 무능한 것이고, 자신이 대표하는 사람들의 이익을 제대로 지키지 못한 것이다. 그것은 변명할 수도 없고 변명해서도 안 되는 부끄러운 일일 뿐이다.

예를 들어 보자. 1979년 10월 김재규 중앙정보부장의 박정희 대통령 암살로 인한 비상시국 속에서 12월 12일 보안사령관이던 전두환을 필두로 소위 신군부라는 군내 사조직인 하나회 세력이 반란을 일으켰다. 당시 그들은 최규하 대통령의 승인도 없이 육군 참모총장, 특수전 사령부 사령관, 수도경비 사령부 사령관, 육군 헌병감 등을 불법적으로 체포했다. 이 과정에서 한 때 반란군과 이를 막으려는 군의 진압 부대가 대치하는 상황이 벌어졌다. 이에 반란군 측에서 양쪽이 군을 동시에 물리자는 제의를 하였고 이에 진압군은 순진하게 반란군의 퇴각을 확인도 하지 않은 채 물러났으나 반란군은 퇴각하는 체하다 진압군이 퇴각하는 것을 확인하고 도로 국방부로 진입하여 전군을 장악하게 되었다. 이 기만에 의해 전두환 일당의 반란이 성공하여 한국은 박정희의 유신 독재에 이어 신군부의 독재를 또다시 겪어야 했고 민주화가 적어도 7년 이상 늦어지게 되었다. 또 국민들이 독재에 시달리고 광주항쟁과 민주화 투쟁 과정에서 많은 이들이 희생되거나 고초를 겪어야 했다.

3.

이와 유사한 일이 2019년 윤석열 검찰총장과 그를 따르는 부하 검사들(주로 특수부 출신의 서울 중앙 지방검찰청 검사들)에 의해서도 일어났다. 이번에는 윤석열 검사의 거짓말에 의해서였다. 문재인 대통령은 2019년 6월 17일 윤석열 서울중앙지방검찰청 검사장을 검찰총장에 지명했다. 윤 지명자의 인사 검증 과정에서 문재인 정부

폭정에서 민주정 구하기

의 청와대는 '중대 흠결'로 평가된 윤석열의 과거 행적과 문제를 대체로 알았다. 문재인 정부의 검찰총장으로서는 부적격에 해당하는 많은 거짓말과 비리 의혹과 문제점이 확인되었던 것이다. 그래서 청와대 내에서도 그의 지명에 반대의견이 있었다.[《오마이TV》 (2023.8.11). 〈최강욱 최초 본격증언 "윤석열은 '중대흠결'로 검찰총장에 부적절하다고 문재인 대통령에 4번 보고했다"〉/《오마이TV》 (2022.1.18). 〈누가 윤석열 검찰총장을 만들었나? 최강욱 "민정수석실은 반대, 다른 힘 작용"〉/[《오마이뉴스》 (2022.1.20). 〈최강욱이 윤석열 검찰총장 임명을 반대한 이유〉].

그리고 당시 야당은 윤 지명자의 부인과 처가의 과거 행적을 포함하여 윤 지명자에 대한 많은 제보를 받아 국회 인사 청문회 과정에서 그것을 폭로하며 그의 임명에 격렬히 반대했다. 사실 그의 드러난 거짓말이나 비리 의혹이나 문제점은 정치적 공방으로만 그칠 문제가 아니라 공직자의 윤리 문제로 수사 기관에 의해 공적으로 엄격히 조사되어 그 결과에 따라 처리되어야 마땅했다. 그는 애초에 검찰총장이 되기에는 너무나 크고 많은 거짓말과 비리 의혹과 문제가 있는 인물이었던 것이다.

그럼에도 불구하고 윤석열 지명자는 2019년 7월 25일 검찰총장에 임명되었다. 그렇게 된 데에는 그 인사 검증 과정의 면접에서 그는 수사권과 기소권의 분리, 공직수사처의 신설 등을 비롯하여 강도 높은 검찰 개혁을 명시적으로 다른 어떤 후보보다도 더 강하게 그것도 검증 라인에 있는 거의 모두에게 적극적으로 약속한 때문이라고 한다. 이에 대해 최강욱 당시 민정비서관은 윤 지명자가 "문재인 정부의 검찰 개혁안에 억지로 주파수 맞추는 연기를 했다"며 "문재인 대통령을 향해 가장 적극적으로 사기를 친 사람이 검찰총장이 되었다"고 증언했다.[《오마이TV》 (2023.8.6). 〈최강욱의 본격증언: 문재인의 청와대는 "윤석열에게 끌려다녔다"〉]. 이처럼 문제 있는 사람의 말을 믿고 그의 문제를 덮어둔 채 문 대통령과 청와대는 그를 검찰총장에 임명했다. 놀라운 일이다.

그러나 그는 검찰총장에 임명되자 약속했던 검찰 개혁에 착수하기는커녕 서울 중앙 지방검찰청 조직을 확대하고 그 조직을 이용하여 조국 민정수석의 법무장관 임명을 저지하려고 하는 등 정권의 검찰 개혁에 맞섰다. 그러면서도 겉으로는 계속 검찰 개혁을 입버릇처럼 되뇌었다. 예컨대, 2019년 7월 8일 열린 인사청문회에서, 2019년 9월 28일 서초동에서의 검찰 개혁 촛불 집회에 관련한 성명에서, 10월 17일에는 대검찰청 국정감사에서, 윤석열 검찰총장은 "국민의 뜻을 받들어 검찰 개혁에 최선을 다하겠다"고 말했다. 그는 심지어 2020년 11월 9일에는 진천 법무연수원에서 후배 검사들에 대한 강연에서도 "검찰 개혁의 방향은 공정한 검찰과 국민의 검찰이 되어야 한다"고 말했다. 하지만 그의 검찰 개혁 약속은 말잔치에 불과한 거짓말이었다.

조국 민정수석이 검찰 개혁을 본격적으로 추진하기 위해 2019년

9월 9일 법무장관에 임명되자 윤석열 총장과 그의 부하 검사들은 문재인 정권의 검찰 개혁을 돕기는커녕 약속과는 달리 그것을 막기 위해 검찰의 수사권을 남용하였다. 마구잡이 압수수색으로 조국 장관과 그 가족의 행적을 샅샅이 조사하고, 언론 플레이를 이용하여 조국 장관 일가에게 불리한 내용들이 보도되게 했다. 그 탓으로 조국은 법무장관에 취임한지 36일 만에 사퇴했고, 조국과 그 부인은 결국 영어(囹圄)의 신세가 되기도 했다. 이런 기만과 배신의 과정을 거쳐 윤석열 총장은 야당의 대통령 후보로 부각되었고 야당 후보로 출마하여 대통령에 당선 되어 검찰 개혁은커녕 검찰 권력을 더 강화했고 검찰 국가를 탄생시킨 것이다. 수사를 받아야 할 자가 수사 기관의 장이 되어 수사권을 남용하고 '은밀한 쿠데타'를 감행하여 집권까지 한 것이다.

그럼에도 청와대는 윤석열을 검찰총장에 임명했을 뿐만 아니라 조국 법무장관의 후임으로 윤석열 검찰총장의 비리를 조사하여 그의 징계를 청구하는 추미애 법무장관을 해임시켜 도리어 그를 지켜주었다. 인사청문회 과정에서 그의 비리 혐의를 폭로하며 그의 지명에 격렬히 반대했던 야당은 도리어 그를 영입하여 자당의 대통령 후보로 내세워 대통령에 당선시켰다. 그렇게 해서 윤석열의 검찰 정권이 탄생하게 되었고 폭정이 시작되었다. 여권은 정권 재창출의 기회를 잃었고, 야권은 정권을 탈환했으나 그것은 진정한 의미의 자당 정권이 아니라 검찰 정권의 외피가 되었을 뿐이다. 여야 모두 검찰 정권의 탄생과 그 폭정에 엄중한 책임이 있다. 이에 대해 우리 정치권은 모두 깊이 반성해야 한다.

그런데 2024년의 총선 과정에서 더불어민주당에서는 윤석열 정권의 탄생에 기여한 이들은 불출마해야 한다는 지적이 일자 그 관계자들은 자기들도 속았다며 변명을 했다. 그러나 그들은 속았다는 말로 변명하기 전에 윤석열과 같은 문제가 많은 정치 검찰을 검찰 총장으로 임명하고, 그가 세력을 키우도록 돕고, 그를 지켜주어 그가 대통령이 되는데 기여한 어마어마한 결과에 대해 먼저 반성과 사과부터 해야 했다. 정치에서 속는 것은 권력 투쟁에서 패한 것이고 따라서 정치가로서는 무능한 것이라고 했다. 더구나 그 패배와 무능으로 국민들은 폭정에 시달리고 나라의 위상은 크게 떨어져가고 있기에 더욱 반성하고 사과해야 했다.

따라서 그의 현란한 거짓말에 속아서 그랬든 또는 그를 권력의 믿음직한 칼잡이로 여겨서 그랬든 그에게 검찰총장의 자리를 맡기고, 그의 힘을 키워주고, 그와 그의 자리를 지켜주어 검찰 정권을 탄생시키는데 기여한 이들은 그에 대해 책임지는 자세를 먼저 보였어야 한다. 그런 어마어마한 잘못에 대해 아무런 반성이나 자책이나 사과도 없이 '속았다'는 말 한마디로 넘어가려는 것은 민주정에서 책임을 지는 정치인의 자세와는 거리가 멀다.

폭정에서 민주정 구하기

친애하는 국민 여러분, 저는
북한 공산세력의 위협으로
자유대한민국을 수호하
국민의 자유와 행복을
있는 파렴치한 종북
세력들을 일거에   사유
헌정 질서를 지키

민주정과

언론

저는 지금까지   을 인사을
망국의 원흉   세력
반드시 척   니다. 이는
체제 전   는
반국기   동으로부터
국민   안전, 그리고
국   능성을 보장하며
              에게 제대로 된 나라를
              위한 불가피한
              니다.

1.

　근대적 언론은 공사(公事) 즉 공적인 일에 관하여 정부가 무슨 일을 하는지를 비롯하여 국민들이 국정에 대해 알아야 할 정보 또는 민주 시민으로서 필요한 정보를 제공하기에 민주주의에 기여하는 것으로, 나아가 민주주의의 한 요소로 인식되었다. 그래서 언론은 행정부, 입법부, 사법부와 같은 헌법적 기구는 아니지만 비공식적으로는 이들 3부에 이은 '제4부'로서 다른 3부를 감시하는 '감시견(watchdog)'으로 불리게 되었다. 그리고 공식적으로는 우리 헌법을 비롯하여 민주 국가의 헌법은 '언론의 자유'를 반드시 보장하는 조항을 두어 언론에 특별한 지위와 역할을 부여하고 있다. 미국의 수정 헌법 1조는 아예 언론자유를 제한하는 입법조차 하지 못하게 금지시키고 있다.

　이런 맥락에서 미국의 '건국의 아버지들'의 한 사람이었고 제3대 대통령이기도 했던 토마스 제퍼슨은 1787년 미국 건국 과정에서 "우리 정부의 기초는 국민들의 의견이기에, 그 첫째 목적은 그 권리(언론을 통해 정부의 업무에 관해 국민들에게 충분한 정보를 주는 일)를 지키는 것이므로, 만일 나에게 신문 없는 정부를 갖거나 정부 없는 신문을 갖거나를 결정해야 한다면, 나는 한 순간도 주저하지 않고 후자를 택할 것이다."라는 유명한 말을 남겼다. 우리의 김남주 시인도 "언론의 자유는 민주주의의 꽃이다"라고 노래했다. 근대적 언론은 민주정을 위하여 폭정에 맞서 싸우는 존재로 출발했고 지금도 그런 관념이 상당한 정도 남아있다.

　　　　　　　　　　　　　　　폭정에서 민주정 구하기

그런데 시간이 흐르면서 양식 있는 사람들 사이에서도 민주주의에 대한 언론의 역할은 반드시 긍정적인 것으로만 인식되지는 않게 되었다. 토마스 제퍼슨조차도 대통령이 된 다음에는 "신문을 본 적이 없는 사람이 신문을 읽는 사람보다 더 잘 안다. 아무 것도 모르는 사람이 허위와 오류로 가득 찬 사람보다 진실에 더 가깝기 때문에." 라고 20년 전과는 정반대되는 말을 하기도 했다. 언론의 지나친 당파성과 그에 따른 편파성과 불공정성, 시시비비를 가리지 않는 기계적 중립성, 상업성에 따른 선정주의, 대기업 광고에 지나치게 의존하는 수익 모델의 한계, 정보원으로서 엘리트에 지나치게 의존하는 등 뉴스의 취재와 보도에 개재하는 구조적 한계, 언론인들의 능력과 자질의 한계, 시민들의 권력 박탈과 그에 따른 정치적 무관심과 수동성, 수용자들의 잘 속고 휘둘리는 속성 등으로 언론이 오히려 민주주의에 독이 될 수도 있다는 인식이 대두하게 되었다.

　그래서 오늘날은 언론이 민주주의의 발전과 유지에 기여한다고 긍정적으로 생각하는 사람들은 많지 않게 되었다. 오히려 거꾸로 양식 있는 많은 이들에 의해 언론은 민주주의의 발전과 유지에 부정적으로 기여한다는 우려의 목소리가 증가하고 있다. 그래서 언론은 권력의 감시견으로 불리는 대신 권력 엘리트 또는 기득권의 이익을 지키는 '수호견(또는 보호견, 경비견으로도 불림, guard dog)', 심지어는 그들에게 온순하고 순응적인, 따라서 감시견의 반대적 은유로 사용되는, '애완견(lapdog)'이라거나 짖지 않고 진실에 눈을 감은 채

잠이나 자는 '잠자는 개(sleeping dog)' 등의 모욕적인 말들로 불리기도 한다.

실제로 언론은 국민들의 뜻을 반영하는 것이 아니라 점점 더 권력 엘리트의 뜻을 매개하는 존재가 되었다. 대의제 민주주의가 일종의 과두정으로 변질되어 가는데 언론이 기여한 셈이다. 그래서 사람들은 언론의 민주적 구실을 회의하게 되었다. 예컨대, 허먼과 촘스키[Edward Herman & Noam Chomsky (1988). *Manufacturing consent: The political economy of the mass media*(동의의 제조: 대중매체의 정치경제학)]는 미국의 민주적 언론관은 언론이 독립적이며 진실을 발견하고 보도하는데 진력하고 세상을 권력집단들이 인식되기를 바라는 대로 단순히 반영하는 것은 아니라고 하나, 실제로는 언론이 국가와 사적 활동을 지배하는 특별한 이익을 위한 지지를 동원하는데 봉사한다며 이른바 언론의 선전 모델(propaganda model)을 제시했다. 미국의 언론은 권력집단의 감시견이 아니라 그들의 선전 수단으로 구실한다는 뜻이다.

한 걸음 더 나아가, 미국 정부의 비행을 감시하는 사회활동가 맥가우원[David McGowan (2000). *Derailing democracy*(민주주의의 탈선). 1쪽]은 겉으로는 다양하고 자유로워 보이는 미국의 매체들이 실은 대기업들에 매입되어 그들의 하수인이 되었다고 지적한다. 그 결과 아이젠하워 대통령이 1961년 그 부당한 영향력을 경고했던 군산복합체(the military-industrial complex)라는 야수가 그 경고에

폭정에서 민주정 구하기

도 아랑곳하지 않고 자라나며 매체까지 흡수통합하여 대량의 다촉수의 매체 기구로서 점점 더 권위주의적인 의제를 미국인들에게 파는 군산매체복합체(the military-industrial-media complex)로 변이되어 그 총체적 의도와 목적에서 국가의 선전 기관이 되었다는 것이다.

미국과 영국의 선진 민주주의 국가의 언론(저널리즘)과 민주주의에 관한 비판들을 종합하여 영국의 미디어 사회학자 맥네어[Brian McNair (2000). *Journalism and democracy*(저널리즘과 민주주의), 8쪽]는 이렇게 정리했다. "언론은, 이상적인 체계에서라면 당연히 그래야 할, 민주주의적 과정을 지원하기보다는 우리 정치 문화에서 소외시키고, 냉소주의를 유발하고, 마취시키는 하나의 힘이 되어버려 시민들로 하여금 민주적 잠재력을 완수하도록 준비하게 하기 보다는 시민의 권리를 포기하게 만든다." 맥네어는 이런 비판에 전적으로 동의하는 것은 아니며, 필자도 마찬가지다. 그러나 많은 언론학자들과 정치비평가들은 언론이 민주주의에 부정적으로 작용하고 있다고 생각한다.

미국의 저명한 미디어 사회학자 허버트 갠스(Herbert Gans)는 《저널리즘은 민주주의에 약인가 독인가》(2008)로 번역된 *Democracy and the news*(민주주의와 뉴스)(2003)라는 책의 서문에서 "불행하게도 저널리스트들이 생각하는 것만큼 뉴스 자체가 민주주의를 위해 공헌할 수 있는 여지는 그리 많지 않다."고 단언했다. 그에 따르면, "정치인과 기업가들은 권력의 기원은 시민이라고 마음에도 없는 말을 습관처럼 해대지만, 정작 시민은 그런 권력을 가져본 적이 없다. 미국처럼 큰 나라는 기업, 공공기관, 비영리 법인과 같은 조직들에 의해 움직인다. 이들 조직들은 시민 없이도 잘 움직이고, 시민은 그런 조직들에 접근하기조차 쉽지 않다."고 지적한다. 그는 언론이 민주주의에 기여한다는 증거가 없다며 언론이 민주주의에 기여하려면 사회 구조와 언론의 관행에 많은 개선이 있어야 한다며 언론의 민주주의에의 기여에 대해 유보적 입장을 보였다.

2.

이처럼 근대의 자유주의적 언론관은 그 발생지인 영미에서 이미 오래 전부터 문제로 지적되어 왔다. 과거에는 언론이 정부의 감시견 역할을 제대로 하려면 누구나 마음대로 언론을 소유하고 표현의 자유를 누려야 하며 언론에 대한 공적 개입은 배제해야 한다는 자유주의적 언론관이 지배했었다. 그러면 언론은 시민들에게 정부에서 일어나는 일을 비롯하여 민주 시민으로서 알아야 할 정보를 전하고 그에 관한 생각, 의견, 진실의 토론을 증진시킬 것으로 기대되었다. 그러나 그런 기대와는 달리 언론 시장의 독과점화, 언론의 지나친 당파성, 황색 저널리즘에서 보듯 지나친 선정성과 상업성, 부정확하고 명예훼손적 보도의 남발 등으로 오히려 언론은 사회적 지탄의 대상이 되었다.

이런 언론 현실에서 미국과 영국에서 1940년대에 언론의 사회적 책임론이 대두되었다. 이는 기존의 자유주의적 언론관에 대한 반성이기도 하다. 이 반성의 핵심은 언론이 가진 힘과 독과점적 지위는 언론으로 하여금 사회의 중요 이슈나 문제에 대해 진실하고 종합적이고 지적인 설명을 제공하고, 의견과 비판이 제시되는 토론의 장으로 구실함으로써 언론은 자유롭되 동시에 사회적으로 책임 있는 모습을 보여야 하며 그렇지 못하면 국가 등 외부의 개입을 초래하게 된다는 주장이었다. 그러나 언론의 사회적 책임론은 언론이 처한 정치, 경제, 사회의 구조적인 문제를 도외시한 채 언론의 자유와 자율성을 중시한 나머지 지나치게 언론과 언론인, 즉 언론 당사자의 도덕성과 전문성의 증진이라는 자유의지적 행위만을 해결책으로 제시한 것이었다.

그 결과 시간이 흐를수록 언론은 점점 더 독과점적 지배하에 들어갔고, 점점 더 권력 엘리트의 도구가 되어갔으며, 민의의 반영과 토론의 장이라는 모습은 더욱더 아득해져 갔다. 감시견으로서 언론의 모습은 점점 그 이상에서 멀어져갔던 것이다. 그리하여 언론이 진정한 감시견의 역할을 하려면 구조적 개혁과 공적 개입이 필요한 상황이 되었다. 실제로 북구의 몇몇 나라들에서 언론의 독과점적 상황을 개선하고 정파성에서의 형평성을 기하기 위하여 공적 개입이 이루어져 언론의 감시견적 역할을 원활히 수행하는 사례도 생겼다. 영국에서도 방송, 서적, 영화 등에서 공적 개입으로 그 산업도 활성화했을 뿐만 아니라 그 공적 역할도 더 잘 수행하였다.

그럼에도 1977년 영국의 언론에 관한 제3차 왕립위원회, 일명 맥그리거 위원회(The McGregor Commission)는 선택적이거나 또는 국가에 경제적 의존성을 결과할 수 있는 모든 형태의 공적 비용은 국가의 검열을 초래할 수 있기에 정치적으로 받아들일 수 없다는 원칙을 천명하였다. 그러자 영국의 주요 비판적 언론 연구자들은 맥그리거 위원회의 원칙에 반대하고 언론의 공적 개입의 필요성을 제안하는 등 영국 언론 현실과 그 역할에 대한 대안적 분석을 제시한 제임스 커런(James Curran) 교수 편집의 *The British press: a manifesto*(영국의 언론: 하나의 선언)이라는 책을 1978년 발간했다. 그럼에도 북구를 제외한 영미와 서구에서 언론의 현실은 점점 그 본래의 이상에서 멀어져 갔다.

그 사이에 새로운 기술 발전에 의해 컴퓨터와 통신 혁명이 이루어져 디지털 기기에 의한 대안 미디어, 일인 미디어 시대가 열렸다. 그 결과 전통적인 신문, 방송을 포함한 과거형의 모든 대중 미디어는 올드 미디어(old media) 또는 리거시 미디어(legacy media)로 불리며 수용자들의 외면을 받게 되었다. 이제 수용자들은 신문이나 방송을 보지 않아도 자신들이 원하는 뉴스를 접할 수 있고 자신들의 의견도 피력할 수 있게 되었다. 이런 변화는 필터 버블에 의한 확증 편향, 가짜 뉴스의 횡행 등의 문제를 안고 있지만 기존 미디의 시대는 이제 거의 확실하게 끝나버렸음을 뜻하는 언론 지형의 변화이기도 하다.

폭정에서 민주정 구하기

자유주의적 언론의 종언을 확인한 이들은 영미의 언론학자들이다. 바비 젤리저(Barbie Zelizer), 파블로 보즈코브스키(Pablo J. Boczkowski), 크리스 앤더슨(Chris W. Anderson)은 2022년 펴낸 공저 《저널리즘 선언(Journalism manifesto)》를 통해 오늘날 언론이 직면한 이상과 현실 사이의 커다란 간극을 지적하면서 대의민주주의의 엘리트, 언론의 규범, 수용자의 문제를 지적하며 언론의 현재의 존재양식과 운영양식에 일대 개혁을 하거나 아니면 아예 새로 시작하는 혁명만이 언론이 살 길이라고 주장한다. *The British press: a manifesto*(영국의 언론: 하나의 선언)과는 달리 《저널리즘 선언》은 새로운 기술이나 소유 문제 등 구조적인 분석이나 지적은 결여되어 있는 한계를 지닌 연구서지만 현재의 모습으로는 더 이상 그 존재이유가 없다는 리거시 미디어의 조종은 확실하게 울렸다고 할 수 있다.

3.

언론의 자유가 가장 잘 보장되고, 세계적인 권위지들도 많고, 언론들이 비교적 공정하고 나름대로 언론의 사회적 책임을 위한 제도를 갖추고 실행해온 것으로 평가받는 미국과 영국의 언론조차도 민주주의에의 기여가 이처럼 의문시되고 있다. 그렇다면, 우리의 언론처럼 정파성도 강하고, 기득권과의 카르텔로 엮여 있고, 언론의 사회적 책임의식도 약하고, 무엇보다 의도적인 왜곡도 심한 언론들이 민주주의에 기여한다는 주장을 한다면 어불성설이 될 것이다. 우리 언론들이 진정한 의미에서 제4부로서 권력의 감시견으로 구실을 제대로 하려면 일대 대오각성이 필요하나 그런 것은 기대하기 어려운 지경이다.

우리 언론, 특히 언론 시장을 지배하는 보수적인 언론은, 갈수록 기득권 세력과 이해관계를 같이 하는 기득권 세력의 동맹 세력이 되었다. 특히 디지털 시대가 열리면서 수많은 인터넷 매체와 유튜브 등의 1인 미디어 시대가 되어가며 리거시 미디어의 구독과 영향력이 감소하여 경영난에 봉착하자 더욱더 기득권 세력의 이해관계를 대변하게 되었다. 그들은 시시비비를 가려야 하고 가릴 수 있는 경우에도 그것이 기득권 세력에게 불리하면 기계적 중립성을 내세워 양측의 주장을 똑같은 양으로 제시하여 물 타기를 한다. 그나마 갈수록 기계적 중립성마저 벗어던지고 노골적으로 기득권 세력을 편든다. 그들이 기득권 또는 보수 세력을 편드는 교묘한 방식은 다양하기 이루 말할 수 없다. 그런 방식들을 통해 언론들은 민주주의가 아니라 오히려 그 적인 독재 세력 또는 폭정에 기여하고 있다. 그래서 그들은 민주주의의 적으로 많은 비판을 받아왔고 개혁의 대상이 되었다.

언론이 사회적 책임을 올바로 수행하는 그래서 민주주의에 기여하는 언론이 아니라 하더라도 신문을 비롯한 인쇄매체의 경우에는 공적 개입이 어렵다. 인쇄매체는 이론상 그 수에 제한이 없고, 정파지로 발전해왔기에 그 정파성이 인쇄매체의 한 특징으로 간주되기 때문이다. 그러나 기존의 인쇄매체가 지나치게 특정한 정파적 이익을 대변하는 경우 형평의 차원에서 그 반대의 이익을 대변하는 인쇄

폭정에서 민주정 구하기

매체를 지원하는 일은 가능하다. 북구에서 인쇄매체에 대한 공적 개입은 대체로 이러한 논리와 방식으로 이루어지고 있다. 우리나라의 경우 신문 시장을 지배하는 사적 소유의 신문들이 지나치게 기득권과 보수 세력의 정파지이기에 그에 대한 대안 매체로서 시민들에 의한 공적 개입의 형태로 만들어진 것이 《한겨레》 신문이다. 《한겨레》는 시민과 진보 세력을 위한 정파지로 태어난 셈이다. 그런데 정작 《한겨레》는 자신의 본분을 오해하여 중립적이고 불편부당한 듯한 어설픈 입장을 취하면서 자신만이 언론의 정도를 걷고 있다고 생각하는 듯하다. 《한겨레》 종사자들의 신문의 존재 양식에 대한 성찰이 필요하다.

그러나 한정된 공적 자산인 주파수를 이용하는 지상파 방송의 경우에는 공적 개입이 허용된다. 그 공적 개입을 위한 방송의 거버넌스를 위한 규제 기구가 방송통신위원회설치법에 의한 방송통신위원회다. 방통위는 여야 위원 5명의 합의제 기구다. 그런데 윤 정권은 여권 위원 2명만으로 변칙적으로 운영해오고 있다. 이런 변칙부터 바로 잡아야 한다. 그리고 이보다 더 큰 변칙은 방송과 통신의 규제 업무가 모두 방통위에 주어져야 함에서 그 일부가 진흥 기구인 과학기술부에 나뉘어져 있다는 점이다. 이 탓에 국회의 분과에서 방통위가 연관성이 큰 문화부와 엮여 문방위가 되어야 함에도 과기부와 엮여 과방위가 되었다.

방통위는 본래 이명박 정부 때 출범했는데 그때는 미국과 영국처럼 올바르게 주파수 관리를 비롯한 모든 방송과 통신의 규제 업무를 방통위가 관장했다. 그러나 박근혜 정권이 출범하면서 방통위에 통합된 과거 정보통신부 출신 관료들의 잘못된 판단으로 방송과 통신의 규제 업무를 방통위와 과기부로 이원화하였다. 그러나 이는 반드시 바로잡아야 할 잘못이다. 과학과 기술의 진흥 업무를 담당하는 과기부가 방송과 통신의 규제 업무를 맡는 것은 행정 체계상으로도 맞지 않는 생뚱맞고 부자연스런 일이다. 그리고 방통위의 독립성을 위하여 방통위원장의 국무회의 배석은 바람직하지 않다. 미국의 통신위원장도 국무회의에 참여하지 않는다.

이와 함께 각 방송사의 거버넌스 체제인 이사회를 민주화하고 그 임원들(사장과 이사진)의 임기를 법으로 철저하게 보호하는 조항을 두어 정권이 바뀌면 방송사 임원들을 무리하게 바꾸려 하는 시도를 할 수 없게 해야 한다. 연합뉴스처럼 기왕에 공적 지원이 이루어지고 있는 매체의 경우에도 마찬가지다. 그리고 '방송통신심의위원회'는 그 업무가 내용 규제로서 검열적 성격을 갖는 것이기에 국가가 지원하거나 개입하는 일은 바람직하지 않으므로 그 심의 대상인 방송사와 통신사의 자율기구로 전환시키는 방안을 모색해야 한다.

우리 사회에서는 언론의 명예훼손(名譽毁損, defamation: 제3자의 평판을 해치는 진술)에 대한 징벌적 처벌이 한쪽에서는 언론 개혁의 일환인 것처럼, 다른 한쪽에서는 언론자유의 침해인 것처럼 이야기되고 있다. 그러나 언론의 의한 명예훼손에서 공직자에게는 "진실

폭정에서 민주정 구하기

한 사실로서 오로지 공공의 이익에 관한 때"라는 '위법성의 조각 사유'가 폭넓게 인정되어 언론에 의한 명예훼손은 거의 인정되지 못한다. 따라서 언론의 의한 명예훼손에 대한 징벌적 처벌은 주로 일반인을 대상으로 한 것이다. 이는 언론자유와 아주 무관한 것은 아니지만 그 주된 목적은 명예권이라는 일반인의 개인적 권리를 보호하기 위한 것이다. 아마 명예훼손에 대한 징벌적 처벌을 반대하는 언론계로서는 그것을 반대할 명분으로 언론자유 훼손 운운하고, 그것을 추진하는 측에서는 언론개혁으로 포장하여 명분을 얻으려는 전략일지 모른다. 하지만 언론자유를 제한하는 입법을 할 수 없다고 규정한 헌법을 가진 미국에서도 일반인에 대한 언론의 명예훼손에 대해 가혹한 징벌적 처벌을 하는 법이 있고 그 법이 명예훼손 소송 재판에서 엄격하게 적용된다. 그래서 재정이 약한 신문사가 일반인에 대한 명예훼손 소송에서 패하면 어마어마한 배상금이 부과되는 징벌적 처벌로 인하여 회사가 망하기도 한다.

　우리나라에서는 명예훼손이 형법에 규정되어 있다. 우리 형법의 제33장은 '명예에 관한 죄'라는 제목 하에 제307조 '명예훼손', 제308조 '사자의 명예훼손', 309조 '출판물 등에 의한 명예훼손', 310조 '위법성의 조각', 제311조 '모욕'에 대해 규정하고 있다. 그러나 명예훼손은 말 즉 진술에 의한 평판의 훼손으로서 그 말의 고의성과 비방성으로 명예훼손 여부를 판단할 수 있으며 형법상의 사기, 절도, 강간, 상해, 살인 등과 같이 수사가 필요한 범죄를 저지르는 행위와는 차원이 다르다. 그래서 명예훼손은, 선진국들이 대개 그러하듯, 민법에서 다루는 것이 더 적절하다. 한국도 형법의 명예훼손죄 규정을 삭제하고, 대신 민법에서 규정한 명예훼손이라는 불법행위(750조, 751조, 764조)를 좀 더 구체화하여 다루는 것이 더 바람직하다. 형법에 규정된 명예훼손죄는, '윤석열 명예훼손 사건'을 수사 중인 검찰에 의한 야당 의원, 언론인, 일반인 등 무더기 통신조회에서 보듯, 권력에 의해 폭정에 악용될 소지가 다분하다.

4.

인쇄매체는 정파지로 발전해왔기에 그 정파성이 인쇄매체의 한 특징으로 간주된다고 했다. 그래서 언론이 어떤 정치적 성향을 갖든 그것은 언론의 자유에 속한다. 민주정에서는 언론이 보수적 성형을 갖든 진보적 성향을 갖든 그 자체는 시비할 수 없는 자유의 영역이다. 그러나 민주정의 국가에서 언론의 정파성이 언론자유에 속한다고 해서 폭정을 두둔하거나 비호하는 것조차 허용되는 것은 아니다. 폭정은 민주주의에 반하는 정체이기에 폭정을 옹호하는 행위는 반민주적인 행위가 되기 때문이다. 그러므로 폭정을 두둔하거나 비호하는 언론은 민주주의에 적대적인 존재인 것이다. 그럼에도 지금 한국의 언론들 가운데 대부분의 보수적 언론들은 윤석열 정권의 폭정을 지지하고 옹호하고 있다. 그들은 한국의 민주주의에 적대하고 있는 것이다. 그런 행위는 말할 것도 없이 민주공화국인 대한민국의 국체에 반하는 행위임을 성찰해야 한다. 그렇지 않으면, 그들 언론들은 반민주적 존재로, 또는 민주정의 적으로, 낙인이 찍히게 될 것이다.

게다가 언론이 폭정을 옹호하고 지원하여 폭정이 커질수록 결국 그들마저 폭정의 제물이 될 수도 있다. 지금 언론은 폭정의 동맹 세력으로 그들을 돕고, 그들을 이끌고, 경우에 따라서는 훈수도 두고, 도저히 가려줄 수 없거나 정권 유지에 도움이 안 되는 일부 인사들을 비난하기도 하면서 자신의 힘을 과시하고 만끽하고 있다. 하지만 폭정은 자유로운 언론을 원치 않으므로 처음에는 자기들에게 호의적인 언론과 동맹 관계를 유지하더라도 언젠가 폭정 세력의 힘이 훨씬 더 커지면 아무리 협조적인 언론이라도 완전히 통제하고 장악하려 할 것이다. 박근혜 정권의 조선일보에 대한 탄압에서 그 일단을 볼 수 있었다. 거짓으로 유지되는 정권일수록 진실이 가장 두렵기 때문이다. 이집트 인권운동가 사다위(Nawal El Saadawi)의 지적처럼, "거짓의 세계에서는 진실보다 더 위험한 것은 없다." 언론이 폭정의 감시견이 아니라 수호견 노릇을 하는 것은 결국 자충수가 될 것이다. 그런 언론은 결국 자유를 잃고 폭정에 예속되어 그들의 노예가 될 수 있기 때문이다.

그런데, 말할 것도 없이, 폭정이 오래 가지는 못한다. 그 까닭은 무엇보다 폭정을 오랫동안 견디지 못하는 인간의 속성 때문이다. 그래서 영국의 문필가 사무엘 존슨은 이렇게 말했다. "어떤 정부의 권력도 오랫동안 남용되지 못한다. 인간은 그것을 견디지 않을 것이다.

인간의 속성 속에는 우리를 모든 형태의 정부로부터 안전하게 지켜주는 구제책이 있다." 더구나 디지털 기기의 발달로 인지와 저항 수단이 다양해지고 은밀해져 폭정의 증거와 흔적이 곳곳에 남게 되어 오늘날에는 폭정이 더 오래 계속되기 어렵다. 그리고 폭정이 쫓겨나거나 몰락하는 즉시 폭정을 지원했던 언론은 폭정과 한패로 엮여 정의의 심판대에 올라 준엄한 반민주 세력으로 역사의 단죄를 받게 될 것이다.

사실, 오늘날 신문이든 방송이든 이른바 '리거시 미디어(legacy media)'라고 불리는 구형 매체는 일반 수용자, 특히 젊은이들에게는 별 영향력을 미치지도 못한다. 신문의 경우는 뚝 떨어진 실제적 판매 부수로, 그리고 방송의 경우 아주 낮은 시청률로, 나타난다. 인터넷의 발달에 의한 언론 지형의 급격한 변화 때문이다. 젊은이들은 굳이 과거의 방식으로 신문이나 방송을 통해 정보를 구하지 않는다. 그들은 인터넷이나 유투브 등을 통해서 자신들에게 필요한 정보만을 추구한다. 이런 언론 지형의 좋고 나쁨은 언론 연구자의 별도의 과제이지만 그 때문에 리거시 미디어의 영향력, 특히 젊은이에 대한 영향력은, 거의 무시할 정도가 된 것이다. 게다가 우리 언론은 OECD 국가 중에서 수용자의 신뢰도도 가장 낮은 편에 속한다. 오죽하면 기자들을 '기레기'라고 부르겠는가. 그럼에도 정계, 관계, 업계의 결정권자들은 대체로 나이든 세대로서 낡은 미디어를 수용하며 그 영향력이 크다고 믿는다. 올드 미디어 또는 리거시 미디어의 효과는 나이든 세대의 근거 없는 맹신에 따른 허구적인 것이라고 해도 과언이 아닐 것이다.

게다가 우리 언론의 편파성과 그에 따른 현실 왜곡이 너무도 심한 나머지 보수 세력이 현실이나 민심을 오판하거나 아전인수 격으로 파악하거나 해석하도록 만든다. 그래서 보수 세력은 대체로 현실을 제대로 파악하지 못하고 따라서 그에 제대로 대처하지 못하는 경우가 적지 않다. 보수 세력에게 유리한 언론의 논조가 실제로는 보수 세력에게 더 불리한 결과를 낳는 것이다. 특히, 선거에서 그러하다. 아이러니가 아닐 수 없다. 예컨대, 최근의 강서구청장 보궐선거에서 여당의 대패, 그리고 부산 엑스포 유치전에서의 한국의 참패, 22대 국회의원 선거에서의 여권의 대패가 그러했다. 이 예들은 언론의 장악이나 통제를 통해 유리한 보도를 결과하는 것이 결국 독이 된다는 것을 증거한다. 언론 통제의 역설 또는 언론 통제로 인한 유리한 보도의 역설이라 할 수 있다.

스스로 기울어진 운동장으로 행동할 뿐만 아니라 사회조차도 기울어진 운동장이 되도록 조장하는 언론이 수용자들에게 영향력마저 크다면 언론은 우리 사회의 민주주의를 파괴하는 너무나 큰 해악을 끼치는 셈이 된다. 그러나 다행스럽게도 디지털 미디어의 등장과 언론 지형의 변화로 리거시 미디어는 대다수의 유권자들, 특히 젊은 유권자들에게는 큰 영향을 미치지 못한다. 경우에 따라서는 보수 세력에게 민심을 오판하게 만들어 선거에서 안이하게 대처해 패하도록 만들기도 한다. 이점은 이들 리거시 미디어의 매우 편파적이고 불공정한 보도에도 불구하고 민주화 이래로 김대중, 노무현, 문재인 등의 진보적 정권이 탄생했을 뿐만 아니라, 근래에는, 21대 및 22대 총선에서 보듯, 민주당이 압승을 거둔 적이 적지 않다는 사실로도 입증된다.

우리 유권자들은 바보가 아니다. 권력자나 정치권은 언론을 장악하여 민심을 왜곡하거나 국민을 속이려는 꼼수가 아니라 민심에 부응하는 비전과 정책의 제시라는 정도(正道)로 민심을 얻어야 한다. 언론은 온갖 교언영색으로 폭정을 지원하고 비호하여 반민주 세력이라는 역사의 심판을 받기 전에 폭정에 반대하고 폭정을 종식시키는 데 기여하는 민주적 언론의 정도를 걸어야 할 것이다. 그것이 민주정의 국가에서 언론의 마땅하고 올바른 존재이유이고 감시견이라는 본래의 역할이기도 하다.

폭정에서 민주정 구하기

친애하는 국민 여러분, 저는
북한 공산세력의 위협으로
자유대한민국을 수호하
국민의 자유와 행복을
있는 파렴치한 종북
세력들을 일거에 처   사유
헌정 질서를 지키

한국 정치의
선진화를 위하여

저는 지금까2   을 일삼은
망국의
반드시 척   니다. 이는
체제 전'   ,는
반국7'   동으로부터
국민   안전, 그리고
국   능성을 보장하며
          에게 제대로 된 나라를
          위한 불가피한
          니다.

1.

한국은 세계 2차 대전 직후 한동안 거의 세계 최빈국이었으나 점진적으로 산업을 발전시키고 동시에 정치의 민주화도 이루어내 약 두 세대만인 21세기 초입 무렵부터 선진국 수준에 이르렀다. 경제력, 군사력과 같은 하드 파워에서만이 아니라 민주주의, 언론자유, 사회 제도, 교육, 문화 등의 소프트 파워에서도 그렇다. 물론, 우리가 그렇게 되었다고 해서 이제는 자만해도 되는 것은 아니며 우리 앞에 탄탄대로만이 놓여 있는 것은 더더욱 아니다. 우리에게는 개선하거나 해결해야 할 것도 적지 않다. 현실에 만족하여 제자리걸음을 하거나 뒷걸음을 치지 않고 계속 앞으로 나가기 위해서, 그리하여 우리의 민주정을 더욱 반석 위에 올려놓고 발전시키기 위해서, 우리는 늘 우리 자신을 성찰하고 더 향상하기 위해 노력해야 한다.

이 책의 1장 〈깨어보니 선진국!〉에서 언급했던 박태웅 저술의 《눈떠보니 선진국》이라는 책은 영어 제명으로는 "Already, but not yet(벌써, 그러나 아직은 아니다)"로, 부제로는 "앞으로 나아갈 대한민국을 위한 제언"으로 달았다. 그리고 머리말에는 다음과 같이 말하는 구절이 있다.

미친 속도로 선진국을 베낀 최고의 후발추격국은 수십 년간 '어떻게'를 외쳐온 끝에 '왜'와 '무엇'을 묻는 법을 잃어버렸다. 학교에서 여전히 표준화, 규격화, 양산의 주입식 암기 교육으로 산

폭정에서 민주정 구하기

업사회를 대비하는 데, 세상은 이른바 4차 산업 혁명기로 접어들고 있는 중이다. 왜곡된 인센티브 시스템이 곳곳에서 미래의 한국 사회를 위태롭게 한다. 눈을 떠보니 선진국이 되어버린 우리는 이제 무엇을 해야 하는 것일까.[5쪽].

　사실 이 책은 한국이 양적으로는 몰라도 질적으로는 아직 진정한 선진국은 아니며 진정한 선진국이 되기 위해서 필요한 것들을 저자 나름대로 지적한 책이다. 바꾸어 말하면, 한국은 몸집은 어른만큼 커졌지만 아직 진정한 성인은 되지 못했기에 성인에 어울리는 것들을 갖추어야 한다는 조언이다. 이 지적과 조언에 전적으로 동의하는 것은 아니지만 우리 모두 귀 기울여 경청해야 할 충언이다.
　　그런데 우리가 계속 전진하기 위해 가장 개선해야 할 부문은 정치일 것이다. 사실, 그 동안 우리의 정치는 친일 청산 실패, 남북의 통일이나 진정한 관계 개선의 실패, 정변, 독재, 인권 탄압, 부정부패 등으로 얼룩지기도 했다. 그래서 우리 정치에 대한 국민들의 불신이 매우 크다. 어느 사회든 정치는 그 사회의 모든 영역과 밀접히 연계되어 있고 다른 영역들을 선도하거나 그들에 큰 영향을 미친다. 그러나 우리 정치는 정파적 이익에 골몰하여 국민들을 분열시키면서 나라의 발전을 선도하지 못했다. 오히려 발목을 잡았다고 말해도 과언이 아니다. 그럼에도, 참으로 다행인 것은 우리나라가 선진국으로 도약했다는 사실이다. 그 까닭은 뒤에 말하기로 한다. 이는 실로 기적에 가까운 일이다. 실제로 한국의 발전에 대해 국제적으로는 '한강의 기적'으로 불리기도 한다.

한국의 마지막 왕조였던 조선은 갈수록 현실과 동떨어진 성리학을 교조화하여 거기서 벗어난 이들을 사문난적(斯文亂賊: 성리학에서, 교리를 어지럽히고 사상에 어긋나는 언행을 하는 사람을 이르는 말)으로 몰아 죽이는 노론이라는 한 당파가 권력을 독점한 끝에 결국 외세에 나라를 잃고 말았다. 그런 나라를 되찾기 위해 일반 백성들이 의병으로 또는 독립운동가로 나서서 자신을 희생하며 용감히 싸운 덕분에 나라를 되찾아 대한민국이라는 국민이 주인인 민주 공화국으로 재탄생할 수 있었다. 그리고 식민 착취와 동족상잔의 파괴와 살육을 겪고 폐허 속에서 가난과 굶주림을 견디면서도 더 나은 삶을 위해 산업화의 역군으로 고군분투하고 민주화의 투사로 독재 권력에 맞서 싸웠던 많은 헌신적인 일반 국민들 덕택에 오늘의 선진 한국으로 일어설 수 있게 되었다.

2.

우리는 우리 정치가 제구실을 제대로 하지 못했음에도, 바로 이러한 강한 주인의식으로 무장한 주권자인 일반 국민들 덕택에 우리가 발전도상국에 머무르지 않고 두 세대 만에 선진국의 반열에 오르는 '한강의 기적'을 이룬 것이다. 이차대전 이후 이런 예는 한국이 거의 유일하다. 일반 국민들이 높은 교육수준과 정치의식으로 정치를 감

폭정에서 민주정 구하기

시하고 뛰어난 자질과 근면성으로 각자 자신들의 할 일을 잘 해낸 덕택이다. 그로 인해 선진국이 된 오늘의 한국이 있는 것이다. 낮은 정치 수준에도 불구하고 국민의 향상하려는 강한 열망과 높은 의식 수준이 정치가 나라를 망치는 것을 막고 나라를 선진국 반열에 올려놓은 일이야말로 한국인만이 거의 유일하게 이루어낸 기적 같은 일이라 할 수 있다. 한국의 발전을 '한강의 기적'이라고 부르는 것은 결코 과장된 표현이 아니다.

세계 2차 대전 이후에도 세계의 많은 나라들이 후진국 상태에 그대로 머물러 있거나 오히려 더 퇴행하거나 심지어는 선진국에서 후진국으로 역주행하기도 했다. 그런 나라들은 하나같이 국민들의 교육 수준이 낮고 현실을 개선하기 위한 의식과 노력이 부족하다. 무엇보다 정치가 엉망임에도 국민들이 그런 정치를 바로잡지 못하고 정치가들이 타락하거나 부패했음에도 그런 정치인들을 제대로 견제하거나 책임을 묻거나 처벌하지 못했기 때문이었다. 그래서 정치가 점점 더 부패하고 타락하여 결국 나라의 발전을 가로막고 나라와 국민의 삶을 나락으로 떨어뜨린다. 정치가 사회의 발전에 기여한 것이 아니라 거꾸로 그 퇴행에 기여한 것이다.

이런 맥락에서 보면, 2009년 "나쁜 통치(bad governance)는 우리들 사회 내에서 점점 더 만악의 근원의 하나로 간주되고 있다"는 '유엔 아시아 및 태평양 경제 사회 위원회'의 〈좋은 통치란 무엇인가〉에서의 지적은 올바르다. 오늘날은 정치 대신 이 거버넌스라는 개념이 많이 쓰이기도 한다. 이 개념에서 강조되는 면은 구성원들의 적극적인 참여의식과 결정권자인 대리인들의 책임의식이다. 구성원은 자신의 공동체나 나라의 일에 적극적으로 참여하고 결정권자들의 결정을 감시하고 그에 대한 책임을 철저히 요구해야 한다. 또 결정권자는 사회성원들의 뜻을 잘 파악하고 그에 따라야 하며 자신들의 결정에 대해 책임을 져야 한다.

지금까지 우리 국민은 나라의 일에 참여하고 대리인들의 책임을 묻는 일에 적극적이었다. 우리 국민은 높은 정치의식과 교육수준으로 정치가 국리민복 대신 사리사욕이나 부정부패로 얼룩지는 것을 용납하지 않고 강하게 비판하고 저항했으며 그런 과정에서 많은 희생을 치르기도 했다. 그래서 불법이나 비리를 저지른 자들은 대체로 처벌되었다. 상당수 전직 대통령들 또는 그 가족들의 감옥행이나 박근혜 대통령의 탄핵에서 보듯, 심지어는 최고 권력자와 그 가족들조차 처벌을 면치 못했다. 그 결과 정치가 경제를 비롯하여 다른 부문조차 발목을 잡을 정도로 타락하거나 부패하거나 무능할 수가 없었던 것이다. 우리 국민들이 정치가 나락으로 떨어져 국가 발전을 좀먹을 정도까지 방치하지 않았다는 뜻이다.

이 지적은 우리 정치가 그런대로 괜찮았다는 뜻은 결코 아니다. 우리 정치는 전체적으로 생산적이지 못했고, 일부 정치 세력은 매우 부패한 데다 시대착오적이고 퇴행적이다. 오늘날까지도 철지난 반공 팔이로 연명하려 하거나 헌법에 규정된 우리 민주정의 법통을 부정하는 뉴 라이트라는 친일세력도 있다. 그럼에도 국민들이 깨어 있었기에 그리하여 대리자들을 감시하고, 선거에 적극적으로 참여하고, 때로는 시위와 집회로 때로는 청원으로 때로는 자신을 희생하는 저항으로 맞섰기에, 우리 정치가 사회 발전의 걸림돌이 될 정도로 타락하는 것이 방지되었다는 뜻이다. "찬란한 빛이 세상을 바꾼 적이 있던가/돈과 권력을 가진 눈부신 빛들이/세상을 올바로 열어낸 적 있던가//그러나 보아라 어둠을 몰아내는 건/빛이 아니라 어둠을 살아온 사람들/이 작은 촛불의 사람들이다"[박노해, 〈촛불의 광화문에서〉 중에서]. 촛불을 든 시민들 또는 깨어 있는 국민들의 적극적인 참여와 저항의 덕택으로 우리 정치가 어느 정도의 수준을 유지할 수 있었던 것이다.

3.

그런데 우리가 대통령 직선제를 쟁취해내는 등 형식적인 민주화를 이룩한 뒤로 우리 국민들의 많은 수가 정치에 대해 무관심해지고 정치에 적극적으로 개입하고 참여하는 대신 정치판의 구경꾼으로 전락하는 성향이 커지고 있어 우려를 자아내고 있다. 우리가 민주주의의 선진화 또는 실질화를 위해서는 아직도 달성해야 할 많은 과제들이 남아 있기 때문이다. 그런데도 특히 젊은 유권자들에게서 정치에 무관심한 성향이 두드러지게 나타난다. 독재 시대에 국가와 민족을 위해 가졌던 젊은이들의 날카로운 비판의식과 분기와 결기 어린 행동을 오늘날은 찾아보기 어렵게 되었다.

이렇게 된 데에는 정치권의 영향이 크다. 대의제 민주주의가 점점 더 겉만 번지르르한 쇼가 되어 가고 있기 때문이다. 정치가들이 선거 전에는 유권자들에게 머리를 조아리고 유권자를 주인 대하듯 하지만 일단 당선이 되고 나면 목에 힘이 들어가고 유권자들 위에 군림하여 그들의 뜻과는 전혀 상관이 없이 자신의 이해관계에 따른 결정들을 해댄다. 그들은 기득권자들을 대변하고 스스로 기득권자가 되었다. 그러니 그들의 정치는 일반 유권자들의 눈에는 자신들과는 무관한 것으로 인식된다. 그 결과 유권자들은 자연스레 구경꾼으로 전락한다. 오늘날 대의제 민주주의는 이처럼 '구경꾼 민주주의' 또는 정치학자 런시먼의 표현을 빌면, '좀비 민주주의'로 퇴행해 왔다.

대의제 민주주의의 이런 타락에 따라 유권자들이, 특히 젊은 유권자들이, 정치에 관심을 갖지 않는 것은 어쩌면 당연하다. 젊은 유권자들이 정치에 관심을 갖는 경우에도 공익이라는 대의명분의 관점에 서라기보다는 지극히 사적인 이익의 관점에서 그러하다. 유명 대학을 졸업하고 많은 스펙을 쌓아도 취업이 잘 되지 않고, 따라서 현실에 좌절하고 미래에 희망을 가질 수 없는 젊은이들이 사적 관심사와 이해관계에 함몰되는 것은 어쩌면 당연한 일이기도 하다. 그런 자세는 비난의 대상이기보다는 이해의 대상이 되어야 할 것이다.

그럼에도 그런 자세가 민주정의 건전한 발전이나 선진화에는 아무런 도움이 되지 않는다. 오히려 민주정의 퇴행이나 타락에 기여할

　　　　　　　　　폭정에서 민주정 구하기

뿐이다. 그래서 우리의 일부 사악한 정치 세력은 오히려 국민들의 정치에 대한 무관심 또는 혐오증을 유발하려 한다. 그래야 무능하고 부패한 자신들에게 유리하기 때문이다. 말하자면, 우리의 일부 정치 세력은 자신들의 적은 사적 이익을 위해 국가와 민족의 큰 이익을 저해한다. 그럼에도 많은 이들이 그들의 번지르르한 정치 쇼에 넘어가 그런 세력을 열렬히 지지하기도 한다. 그러니 우리 유권자는 더욱더 각성하여 정치권을 감시하고 정치 무관심과 정치 혐오를 조장하는 세력을 단호히 비판하고 심판해야 한다.

이런 맥락에서 우리 정치의 가장 큰 과제는 우리의 민주정이 국민의 목소리를 제대로 파악하고 반영하는 올곧은 민주정이 되도록 만드는 일이 되어야 한다. 대의제 민주주의는 대리자들이 자기 뜻대로 하는 정치가 아니라 자기들이 대리하는 유권자들의 의중 즉 민의를 파악하고 대변하는 정치여야 한다. 그러기 위해서는 우선 정당은 당원들이나 그 지지자들의 뜻을 잘 파악하여 그들의 뜻을 대변할 수 있는 체제로 전환해야 한다. 선거전에는 표를 얻기 위해 유권자들에게 머리를 조아리다가 선거가 끝나면 언제 그랬냐 싶게 태도가 돌변하여 지지자들의 뜻이 아니라 자기의 뜻을 따른다면 그것은 대의 민주주의의 정신에 반하는 자세다.

이와 함께 우리 정치는 민주정에 반하여 폭정을 행하는 세력은 여야를 떠나 비판하고 제거하기 위해 노력해야 한다. 그럼에도 그런 노력에 매우 미온적이다. 심지어는 야당인 더불어민주당의 상당수의 의원들조차 폭정 세력에 맞서기는커녕 오히려 소가 닭 보듯 하고 자당의 대표를 비난하는데 더 열을 올려왔다. 다행히 유권자들은 시대정신에 따라 그런 정치인들의 상당수를 22대 총선에서 심판했다. 22대 국회에서는 번지르르한 정치 쇼가 아니라 유권자들에 뜻에 따라 폭정에 단호히 맞서는 모습을 보여야 할 것이다. 사실 그것이 총선의 진정한 민심이었다고 할 수 있다. 2년 만에 대한민국을 자랑스러운 선진국에서 부끄러운 후진국으로 퇴행시킨 타락한 정치를 우리 유권자들은 용납하지 않는다는 뜻을 분명히 한 것이다.

4.

게다가 지금껏 우리 정치의 가장 큰 문제의 하나는 국민들을 통합시키고 희망찬 미래를 기대할 수 있는 비전과 정책을 제시하기보다는 국민을 분열시키는 비생산적, 정파적 이익을 위한 정치 싸움에 많은 시간을 낭비해왔다는 점이다. 세계적으로 경쟁을 해야 하는 국제화 시대에 정파의 이익을 위해 싸우기만 하는 정치로는 국가 경쟁력을 높여 나라를 발전시킬 수 없다. 정치가 퇴행적이면 여타 부분도 퇴행하고 결국 나라가 쇠락하거나 망한다. 이제부터라도 정치가 여타 부분을 선도하거나 도와야 한다. 이제 정치가 나라를 이끌어가도록 선진화해야 하는 것이다. 국민을 선도하지 못하고 오히려 국민에 끌려가기만 하는 정치라면 더는 그 존재이유가 없다.

우리에게는 러시아와 우크라이나의 전쟁, 미중 대치, 그에 따른 북한, 중국, 러시아의 밀착이라는 새로운 세계정세 속에서 우리의 올바른 자세와 입장의 정립, 중국의 동북아 역사 조작인 동북공정에의 대응과 일제의 의한 한반도 역사 왜곡인 식민사관의 광정, 사회 각 부분 특히 검찰과 언론에서의 일제 잔재의 척결, 남북 경협과 통일을 견인할 정책, 검찰 정권의 종식과 제대로 된 검찰 개혁, 입시 지옥 해결과 창조성 함양을 위한 교육 개혁, 미래 먹을거리 창출을 위한 새로운 첨단 산업의 육성, 청년 실업과 일자리 창출 방안, 노인들의 보람 있는 삶과 생산 활동을 위한 고령화 정책, 출산율의 지나친 저하를 방지할 인구 정책, 혁신과 창조를 방해하는 지나친 규제의 혁파, 효율적인 부동산 대책, 지나치게 늘어난 가계부채의 감소 대책, 국민연금을 비롯한 복지제도의 개혁과 확대 등 많은 과제가 있다. 우리 정치는 눈앞의 정파적 이익이 아니라 이런 과제들에 대한 고민과 해법으로 경쟁해야 한다.

이와 함께 우리 정치는 정파적 이익에 지나치게 매몰되어 반대 세력을 죽여 없애야 할 적이나 악마로가 아니라 공존해야 할 정당한 경쟁상대로 대하는 자세를 갖추어야 한다. 미국 오바마 대통령은 언젠가 "민주당은 민주당의 방식으로 애국하고, 공화당은 공화당의 방식으로 애국한다"며 국민통합적인 연설을 한 적이 있다. 정치가로서 상대를 인정하고 존중하는 자세가 아닐 수 없다. 우리 정치인들도 이러한 오바마식 인식과 자세를 가져야 한다. 지금과 같이 상대를 적으로 간주하고 국민 통합 대신 국민 분열을 조장하는 정치는 폐기되어야 한다. 그리고 그런 습속에 젖은 정치인은 정치의 무대에서 영원히 퇴출되어야 한다.

우리 정당들에게는 청년당원들을 체계적으로 자당의 인재들로 육성하는 시스템이 없다. 그러다 보니 선거철마다 자당 출신의 인재가 없어 외부 인사들을 영입하기에 바쁘다. 유능한 전문가를 영입하는 일도 필요하지만 그보다는 자당에서 인재를 많이 배출하는 일이 더 필요하고 더 중요하다. 정당이 자당에 필요한 인재들을 배출하기 위해서는 자신들의 청년당원들을 모집하고 육성하는 체계적인 제도를 도입해야 할 것이다. 그러기 위해서는 무엇보다 자당의 이념이나 정강정책에 대하여 더 많이 고민하고 보다 더 현실적이고 구체적인 이념과 정강정책을 개발하게 될 것이다. 그 결과로 경쟁하는 정당들과 그 후보들은 보다 더 현실적이고 구체적인 이념과 정책으로 경쟁하게 되고, 현재 우리 정당들이 보여주고 있는 바와 같은, 상대 당을 극단적인 용어로 낙인찍는, 저질 정치는 사라지게 될 것이다.

동시에 우리 정치권은 미래의 먹을거리를 찾아내고, 우리의 산업의 발전에 기여하고, 국민의 복지를 신장시킬 수 있는 건설적이고 창의적인 정책을 제시해야 한다. 이를 위해 정치인들이 무엇보다 연구하고 넓은 안목을 키울 필요가 있다. 그러려면 국회의원에 당선되었다는 이유만으로 입법 전문가로 또는 유능한 정치인으로 대접을 받는 것은 어불성설이다. 그들을 그런 지식과 자질과 판단력과 비전을 갖추도록 교육시켜야 한다. 정치의 가나다도 모르면서 국회의원에

폭정에서 민주정 구하기

당선되었다는 이유로 무한의 정치 활동이 허용되는 것은 어처구니없는 일이다. 정치야말로 많은 공부와 사유가 필요한 직업이다.

국회의원이라는 정치인들의 공부와 교육을 위해, 국회의원에 당선된 이들은 의원으로 활동하기 전과 중에 반드시 일정 기간 동안 훌륭한 의원으로서 또는 정치인으로 필요한 자질을 갖추기 위해 요구되는 의무적 교육 프로그램을 마련하여 이를 이수하도록 해야 한다. 예컨대, 국회의원에 새로 선출된 이들을 대상으로 사법연수원제도와 같은 의원연수원제도를 도입하여 일정 기간 입법 절차를 비롯 철학, 역사, 법학, 정치학, 경제학, 사회 문제, 소통과 토론 등을 심도 있게 공부하게 하는 방안도 강구해야 할 것이다. 그렇게 해서 의원들이 큰 안목으로 미래에 대한 비전과 정책을 제시하고 정당들이 그것들로 경쟁하도록 해야 한다. 우리 정치가 선진화하기 전까지 한국은 진정한 선진 민주주의 국가라 할 수 없다. 우리 정치가 후진적 수준에 머무는 한 더 높은 선진화를 기대할 수 없을 뿐만 아니라 기왕에 달성한 우리의 선진국 지위도 쉽게 흔들리거나 퇴행할 수 있다.

친애하는 국민 여러분, 저는
북한 공산세력의 위협으로
자유대한민국을 수호하
국민의 자유와 행복을
있는 파렴치한 종북
세력들을 일거에   사유
헌정 질서를 지키

한국 정치권의
바른 자세를 위하여

저는 지금까지   을 일삼은
망

반드시 척   니다. 이는
체계 전'   는
반국기   -동으로부터
국민   r 안전, 그리고
국   능성을 보장하며
에게 제대로 된 나라를
위한 불가피한
니다.

1.

검찰 정권이 탄생한 이후로 2년 반 가까이 흘렀다. 그런데 우리의 현실은 점점 더 어두워지고 있다. 어두운 현실에서는 희망이라는 햇불이 필요하다. 절망적인 상황일수록 더 희망이 요구된다. 그런데 우크라이나 전쟁의 여파로 특수를 누리고 있는 방위산업을 제외하고는 우리의 경제 현실이 매우 암울한 데다 앞으로 상당 기간 그런 상황이 지속될 가능성이 큰 것으로 전망된다. 그렇기에 우리는 이 어려운 상황을 헤쳐갈 수 있다는 강한 희망으로 무장한 채 정신을 바짝 차리고 각오를 단단히 다져야 한다. 그래야 우리 민주정이 흔들리지 않고 더욱 발전할 수 있을 것이다.

인간은 상황이 절망적일수록 그 절망을 헤쳐가기 위해서 희망이 필요하고 또 실제로 그런 상황에서 희망이 샘솟기도 하는 법이다. 우리는 일제의 식민 수탈과 이어진 한국 전쟁으로 초래된 전 국토의 폐허화라는 절망적인 상황 속에서 우리도 잘 살 수 있다는 희망으로 분연히 일어나 두 세대 만에 대한민국을 선진국을 반열에 올려놓았다. 지금 우리 앞에 놓인 상황이 아무리 암울해도 그것을 극복할 수 있다는 희망을 견지하면서 그보다 훨씬 더 어려운 상황을 극복했던 정신력과 투지력으로 맞서면 우리가 이겨내지 못할 어려움은 없다.

그렇다면 우리가 맞서야 할 현실은 어떤가. 먼저 경제 상황부터 살펴보자. 우리의 무역 수지가 2021년에는 273억 달러 흑자이던 것이 우크라이나 전쟁으로 인한 에너지를 비롯한 원자재 가격의 급등

폭정에서 민주정 구하기

으로 2022년에는 약 500억 달러의 적자로 급전환했다. 그러나 2023년 6월부터는 흑자로 전환되었다. 무역수지의 신속한 회복은 정말 다행이지만 안심하기에는 이르다. 더욱이 우리의 무역수지가 국제 경제 환경에 너무 민감한 구조이기에 이를 개선하고 시장을 다변화해야 할 필요성을 과제로 안겨주었다.

우리가 정말 우려할 경제 상황은 따로 있다. 우리의 금리가 계속 오르고 있어 가계 부채가 많은 이들이나 영끌족들이 파산에 내몰리고 있고, 한미 금리차가 점점 더 벌어지고 있어 외자 탈출이 우려되고 있다. 이 때문에 미국이 금리를 내리더라도 한미 간의 금리차를 줄여야 하는 우리로서는 당분간 금리를 내리기 어렵다. 그리고 많은 대형 건설업체들이 얽히고설킨 수많은 'PF 대출'(project financing loan: 주로 부동산 개발에서, 기존의 대출처럼 '담보'가 아니라, '사업성'을 기반으로 돈을 빌려 주기에 모회사 등의 지급보증이 중요하나 사업이 잘 안 될 경우 모회사나 그 밖의 지급보증 회사가 디폴트를 선언하면 담보가 없기에 줄도산의 도화선이 될 우려가 큼)로 부도 위기에 있어 언제 금융위기가 터질지 모르고, 경기불황으로 많은 소상공인과 자영업자들의 폐업이 속출하고, 물가가 너무 올라 서민들이 많은 고통을 받고 있다. 2024년 경제 성장률 전망치도 2.1%로 바듯이 2%를 넘겼으나 경제 침체의 심화로 실제로 이를 달성할 수 있을 지는 미지수다.

이런 상황에서 남북 관계는 최악을 향해 달리고 있다. 양쪽에서

서로 적대적인 언사와 행동이 늘어나고 있다. 북한은 남한에 핵무기를 사용할 수 있다고 협박했다. 남한 대통령은 북한의 핵무기를 두려워하지 말고 북한의 도발에 대응하라고 지시했다. 언사만으로 그치지 않고 도발적인 행동도 늘리고 있다. 북한은 극초음속 미사일을 포함하여 무수한 미사일들을 발사하여 도발 수위를 높여오고 있다. 그것으로 모자라 2022년 말에는 5대의 무인기를 서울 상공으로 침투시키기도 했다. 이에 대해 윤석열 대통령은 "북한의 한 대에 대해서 우리는 2대, 3대 올려 보낼 수 있도록 조치하라"며 "확전 각오"를 지시했다.

북한은 2023년 7월부터 우리나라에 대한 호칭을 '남조선'에서 '대한민국'으로 바꾸더니 그해 말 노동당 전원회의에서 남북관계를 동족 관계가 아닌 적대적 두 국가 관계로 규정하고 그간의 대남노선을 전면적으로 바꾼 이후 대한민국이라는 호칭을 일반화했다. 이는 동족의식의 흔적을 완전히 뺀 호칭을 사용하여 우리나라를 불변의 적대국으로 규정하겠다는 북한의 인식과 전략이 반영된 것으로 보인다. 최근에는 남한 반북단체의 전단 풍선 보내기에 맞서, 북한은 오물 풍선을 남한으로 보내고 있고, 남한은 이에 대한 대응으로 대북확성기로 대북 방송을 다시 시작했다고 한다. 양측의 적대 행위와 그로 인한 긴장이 점점 더 높아지고 있어 많은 이들의 우려를 자아내고 있다. 남북 간의 적대 관계와 긴장이 커질수록 한국에 대한 외국의 투자가 줄어들기에 남북 관계의 악화는 우리 경제에는 커다란 악재가 아닐 수 없다.

국제 정세도 우리에게 불리하다. 우리의 가장 큰 경제 파트너인 중국의 경기 침체, 부동산 위기, 외국 투자의 급격한 감소 등으로 중국 리스크가 점점 커지고 있다. 더구나 중국 제조업의 고도화로 한국과 중국의 경제 협력이 상보적 관계에서 경쟁적 관계로 바뀌고 있다. 이보다 더욱더 우리에게 불리한 정세 변화는 미국을 위시한 서방 세계의 중국 포용 정책이 중국 적대와 배제 정책으로 바뀌고 있다는 점이다. 이는 앞으로 적어도 첨단 산업 분야에서는 중국이 우리의 중요 경제 파트너가 될 수 없음을 뜻한다. 이러한 중국과의 경제적 디커플링은 당분간 한국의 무역 수지를 크게 악화시킬 것이다. 물론, 서방의 중국 견제로 중국과 경쟁해야 하는 한국 제조업은 상대적으로 유리해지는 측면도 있기는 하다.

2.

한국은 산업을 고도화한 지난 30여 년 간 부단히 분투하기도 했지만 운도 좋았다고 할 수 있다. 우리가 수출 주도 성장 전략으로 산업화에 성공하고 더욱더 큰 시장이 필요한 시점에서 탈냉전과 함께 세계화가 진행되었기 때문이다. 세계화는 미국에 의해 국제적 가치 체인(global value chain)이라는 이름의 국가 간 분업 체계라 할 수 있는데 이것이 중국과 러시아를 포함하여 전지구적으로 확대되었다. 그리하여 한국은 중국과 함께 세계화의 최고 수혜자 가운데 하나가 될 수 있었다. 우리 산업의 고도화에 따른 양질의 제품들이 이 확대된 국제 분업 체계에 편승할 수 있었기 때문이다. 그 결과 한국은 2021년 유엔에 의해 정식으로 선진국으로 분류되었다.

그러나 경제력이 커진 중국이 미국의 세계 패권에 도전한 데다 에너지 자원으로 부유해진 러시아가 우크라이나를 침공하자 미국을 위시하여 서방 세계는 중국과 러시아를 배제한 서방만의 별도의 공급망을 구축하고 있다. 이는 탈세계화의 시대를 예고한 것으로 우리가 거대한 시장을 가진 중국이나 러시아와 이전 같은 경제 협력을 이어가기 어렵게 되었다는 것을 뜻한다. 따라서 우리는 앞으로 중국이나 러시아와 경제적 디커플링을 하게 되는 만큼 다른 곳에서 이들을 대체할 수 있는 시장을 찾거나 만들어내야 한다. 이미 중국 경제의 위축으로 중국과의 무역에서 적자를 보고 있고, 우크라이나 침공으로 서방의 러시아 제재에 동참한 우리는 러시아와의 중요한 거래 활동을 중단했다.

이런 상황 속에서 우리는 우리의 첨단 산업들을 더욱 고도화하고 전략화해야 한다. 지금 세계는 고부가가치의 첨단 산업을 전략화하여 그 육성을 위해 국가가 여러 방식으로 지원한다. 대표적인 것이 '산업의 쌀'로 불리는 반도체다. 미국, EU, 중국, 일본 등 주요 선진국들이 자국의 반도체 산업 육성을 위해, 또는 반도체 제조업체의 자국 내 유치를 위해, 재정적 지원, 세금 감면, 법적 보호 등과 같은 각종 지원책을 제시하고 있다. 이런 때에 우리 정치권은 아직도 한가하게

　폭정에서 민주정 구하기

정파적 이익으로 다투고 있다. 우리가 살아남으려면 우리 정치권도 시스템 반도체를 비롯하여 수소를 비롯한 대체 에너지, 2차 전지와 전기차, 인공지능, 로봇 등 첨단 산업과 그 기초 설비라 할 수 있는 제대로 된 5G 통신의 육성과 지원을 위한 정책으로 국가 경쟁력을 끌어올리기 위해서 고민하고 협력해야 한다.

우리가 이러한 난관들을 돌파하려면 우리 모두 다 잘 해야 하지만, 특히 국가 정책의 결정권을 가진 국가 지도자와 정치권이 잘 해야 한다. 따라서 우리의 국가 지도자들, 정당들, 정치인들은 정파적 이익이나 자기 자신들의 앞날이 아니라 국가와 민족의 이익과 앞날을 위해 나서야 한다. 그럼에도 우리 지도자들과 정치권은 국가와 민족의 이익이라는 대의에 충실했던 모습은 별로 보여주지 못했다. 정파적 이익이라는 소의에 매몰된 경우가 많았다. 그에 따라 여야의 관계가 경쟁 관계가 아니라 점점 더 적대 관계로 변해왔다. 여야가 서로를 타파해야 할 적으로 간주하는 한 정치는 정책에 의한 선의의 경쟁이 아니라 정파적 이익을 위한 사생결단의 투쟁이 되어버린다.

국가와 국민을 위해서 정치가 정파적 이익을 위한 적대와 투쟁의 장이 아니라 공익을 위한 경쟁과 협력의 장이 되어야 마땅하다. 그러기 위해서는 상대를 무찔러야 할 적으로가 아니라 선의의 경쟁자로 여겨야 한다. 물론 당이나 정파가 다르면 현실 인식이나 문제의식 또한 다르고 그에 대한 해법이나 정책도 다르기에 적대 관계로 발전하기 쉽다. 그러나 그럴수록 서로 허심탄회하게 대화하고 협상해야 한다. 이와 아울러 집권당이나 다수당이 되었다고 이용할 수 있는 모든 제도를 자신들에게 유리하게만 이용하려는 자세도 자제해야 한다. 그러한 자세야말로 독재나 폭정의 자세와 크게 다르지 않기 때문이다.

민주정에 대한 장에서 말한 바와 같이, 대의제 민주주의는 승자 독식의 단순한 다수 지배로는 다수의 폭정이 될 수 있기에 '제한적 다수의 지배' 이론이 도입된 것이다. 그리고 민주정과 정치에 대한 장에서 민주정의 "정치는 상이한 이익과 가치를 대변하는 이들이 갈등과 협력을 통해 이루어낸 집단적 의사 결정 과정"이라고 정의했다. 이러한 대의제 민주정의 이론과 민주 정치의 정의는 대의제 민주정에서 다수당과 소수당이 머리를 맞대고 국정을 논의하고 가급적이면 타협과 양보를 통해 합의에 기초한 결정으로 국정을 이끌어가야 함을 뜻한다. 특히, 국방, 통일, 외교 분야는 반드시 그래야 한다. 그래야 여와 야 또는 소수와 다수의 지위가 바뀌어도 정책의 일관성을 유지할 수 있기 때문이다.

정치에는 상대에 대한 관용과 자신의 힘에 대한 절제가 매우 중요하다. 예컨대, 거부권, 사면권, 탄핵권 같은 것이 그런 제도다. 이들은 얼마든지 합법적으로 남용될 수 있다. 그러나 그것들의 활용이 설령 합법적이라도 절제 없이 남용하면 정치를 경쟁이 아니라 투쟁으로 전락시키게 된다. 제도는 절제 없이 마구 이용되면 민주주의를 위험에 빠뜨린다. 그래서 레비츠키와 지블랫은 《어떻게 민주주의는 무너지는가》에서 상호 관용과 함께 제도적 자제는 미국 민주주의 역사에서 얻을 수 있고 민주주의를 제대로 작동시키기 위한 핵심 교훈이라고 강조한다. 이는 사회 정의를 무시하고 여야가 서로의 잘못을 봐주면서 사이좋게 지내라는 뜻이 아니라 가혹한 정치 보복을 하지 말라는 뜻이다. 그리고, 말할 것도 없이, 관용과 자제는 상호적이어야 한다. 어느 한편은 관용과 자제를 보이나 다른 편은 그렇지 않다면 관용과 자제가 유지될 수 없다.

3.

지금까지는 대한민국의 발전을 정치권이 선도하지 못했어도 우리가 선진국 반열에 올라설 수 있었던 것은 우리 국민의 세계 최고의 교육열과 잘살아 보려는 의지, 그것을 실현시키려는 끈질긴 노력, 불의를 용납하지 않는 비판 정신 등이 있었기 때문이었다. 특히, 국민들의 높은 교육 수준과 부정부패에 대한 비판 정신이 주효한 덕택에 우리는 산업화와 함께 민주화도 달성했고, 우리 정치권이 국가 발전에 해가 될 정도로 부패하는 것을 막았다. 그러나 그렇게 되기까지 우리 국민은 많은 희생을 치러야 했다. 산업화를 위해서 많은 노동자들의 희생이 있었고, 민주화를 위해서는 많은 민주투사들의 희생이 있었다.

그러나 이런 국민들의 투쟁으로 민주정을 지키고 발전시키는 일은 앞으로는 더 이상 기대하기 어렵게 되었다. 많은 국민들이 세계적 경쟁 시대에 좋은 직장을 구하기도 어려워 먹고사는 일이 힘들어진데다 한국 정치에 실망한 나머지 정치에 무관심하거나 정치의 구경꾼으로 전락했기 때문이다. 이제 한국의 민주정을 발전시키고 선진화하는 일은 우리 정치권의 과업이 되었다. 만일 정치권이 이 중요한 위기와 전환의 시기에 여전히 정파적 이익을 위해 소모적인 싸움과 좀비 민주주의로 시간을 허송하면 한국 민주정은 퇴행할 수밖에 없다. 이제는 국민들의 희생으로가 아니라 정치권의 선도로써 더 높은 단계의 선진화로 나아가야 한다. 그것이 우리 정치권의 소명이고 시대정신이라고 할 수 있다.

그 어느 때보다 지금이야말로 우리 정치권이 성숙한 모습으로 새롭게 맞이하는 험한 환경에 맞서 국민들에게 희망을 불어넣고 지도력을 발휘할 때다. 우리 정치권이 이제 사익을 추구하는 구태를 버리고 공익이라는 대의를 위해서 여야와 그 지도자들이 머리를 맞대야한다. 그렇지 않으면 몇 년 전 "깨어보니 선진국"이라는 말이 "깨어보니 후진국"이란 말로 고착될지도 모른다. 이미 그 말이 사람들의 입에 적잖이 떠돌고 있다. 그런 일이 일어나지 않도록 하루빨리 우리 정치권이 솔선해야 한다. 정파적 이익과 개인의 사익을 추구하는 무가치하고 소모적인 정치 싸움을 그만 두고, 공익과 나라의 미래를 두고 건설적인 정책으로 경쟁해야 한다. 그러면 우리는 새로운 난국을 타개하고 한국의 민주정은 내실을 다지고 더욱 선진화할 수 있게 될 것이다.

폭정에서 민주정 구하기

2024년 4월 10일의 22대 총선에서 국민들은 야당에 압승을 안겨 주었다. 국민들은 야당들로 하여금 하루빨리 검찰 정권의 폭정을 종식시키고, 제대로 된 검찰개혁을 단행하고, 민주정을 복원시켜 더욱 선진화라는 국민의 뜻을 표한 것이다. 이제 야당 의원들은 말할 것도 없고 양식 있는 여당 의원들도 이런 민심을 받들어 우리 정치권이 해야 할 일들을 차근차근 흔들림 없이 해나가야 한다. 그러면 대의 민주주의에 대한 국민들의 마음도 다시 돌아서고 한국의 민주정은 더욱 발전하고 선진화할 것이다. 만일 우리 정치권이 이번에도 국민들을 실망시키면 한국의 민주정의 행방과 나아가 선진국 한국의 위상은 묘연해져버리고 말 것이다. 그리고 그 결과는 상상하기도 싫은 것이 될 것이다.

친애하는 국민 여러분, 저는
북한 공산세력의 위협으로
자유대한민국을 수호하
국민의 자유와 행복을
있는 파렴치한 종북
세력들을 일거에 ?   사유
헌정 질서를 지키
                        선
저는 지금까지   을 일상을
망국의
반드시 척   니다. 이는
체제 전   는
반국가   동으로부터
국민   안전, 그리고
국   능성을 보장하며
                에게 제대로 된 나라를
                위한 불가피한
                니다.

한국의
민주정을 위하여

1.

우리 헌법은 1조에서 "(1항) 대한민국은 민주 공화국이다. (2항) 대한민국의 주권은 국민에게 있고, 모든 권력은 국민으로부터 나온다."고 규정하고 있다. 1항은 대한민국의 정체가 민주정임을 선언한 것이고, 2항은 국민주권주의와 주권재민사상을 표방한 것으로 1항의 민주 공화국을 보다 더 구체적으로 설명한 것이기도 하다. 이는 대한민국의 주권 및 권력의 주체와 소재는 어디까지나 국민임을, 즉 국민이 대한민국의 주권자이고 권력의 원천임을, 뜻한다. 이를 국가 조직 관계에 대입하여 말하면, 대한민국의 주인은 국민이고 국가 또는 정부의 운영자금 즉 재정은 국민이 낸 세금으로 충당한다는 점을 의미한다. 그래서 국가나 정부의 일을 맡은 공직자는 주인인 국민에 의하여 고용되어 국민이 낸 세금으로 그 삶을 받으며 따라서 그 주인의 뜻에 따라야 하는 일꾼들이라는 뜻이기도 하다.

따라서 대통령, 총리, 장관, 국회의원, 고위 공직자 등 모든 공무원은 선출직이든 임명직이든 주인인 국민의 대리자 또는 국민의 공복(公僕: 국가나 사회의 심부름꾼)이다. 그들은 국민이라는 주인의 명에 따라야 하는 머슴 또는 도구에 불과하다. 그들은 결코 국민의 지배자나 상전이 아니라 주인인 국민의 명에 따라 국민의 이익을 위해 일해야 하는 일꾼이다. 그들에게는 결정권이 주어졌지만 그 결정권은 자신의 이익 즉 사익이 아니라 국민의 이익 즉 공익을 위해 행사되어야 한다는 뜻이다. 이재명 더불어민주당 대표의 표현을 빌면, "정치인은 높은 자리에서 국민을 지배하는 것이 아니라 그저 국민에게 고용되어서 국민이 맡긴 권한으로 국민을 위해 일할 의무를 가진 국민의 공복 즉 머슴일 뿐"[유투브, 〈국민의 공복, 머슴 이재명〉]이다. 따라서 그들은 맡은 일을 제대로 하지 않거나 못하거나 사익을 추구하면 소환하고, 처벌하고, 갈아치워야 하는 존재다. 그것을 보장하는 것이 민주 공화국으로서 대한민국의 헌법이고, 그 헌법에 따른 선거, 탄핵, 소환 등의 제도다. 그리고 헌법은 이런 제도를 실현하기 위해 필요한 언론, 결사, 집회, 시위의 자유를 허용한 것이다.

우리 선조들은 조선 왕조가 일제에 의해 침탈을 당할 때는 의병으로 나서서 싸웠고, 나라를 잃은 후에는 국내외에서 독립을 위해 싸웠다. 그런 과정에서 많은 고난과 희생이 따랐다. 그런 고난과 희생을 겪는 가운데 우리 독립 운동에 나섰던 이들은 독립된 조국의 국체를 군주정이 아니라 국민이 나라의 주인인 민주 공화정으로 정했다. 특히 1919년 3월 1일 시작되어 '대한 독립'을 외치고 '조선인이 나라의 주인'임을 선언한 거국적 독립운동이 결정적인 계기가 되었다. 이의 영향으로 그해 4월 11일 상해에서 민주 공화제의 '대한민국 임시정부'를 수립했다. 임시정부는 '대한민국'이라는 국호를 쓰고 "대한민국은 민주공화제로 한다"는 정체 선언을 1조로 한 임시헌장 10개조를 제정·공포한 뒤 국무총리와 6부의 행정부인 국무원을 구성한데 이어 의정원과 사법부의 3권 분립을 제도적으로 보장하는 민주정부를 출범시켰다. 이것이 오늘날의 민주 공화국 대한민국으로 이어지고 있다.

광복 후 3년의 미군정을 거쳐 1948년 7월 17일 제정된 헌법에 의해 '대한민국'은 정식 국명이 되었고 '민주 공화정'은 대한민국의 정식 국체로 채택되었고 그에 따라 그해 8월 15일 민주 공화정의 대한민국 정부가 정식으로 수립되었다. 그러나 별도의 정부를 수립한 북한의 남침에 의한 전쟁, 이어진 독재 등으로 우리의 민주 공화정은 수난을 겪었다. 그때마다 3.1독립운동 및 4.19혁명과 그 정신을 이은 줄기찬 민주화 운동 등으로 우리 젊은이들은 많은 희생을 치렀고 마침내 1987년 6월 항쟁으로 다시 민주주의를 쟁취했다. 그래서 우리 헌법은 그 전문(前文)에서 "유구한 역사와 전통에 빛나는 우리 대한국민은 3.1운동으로 건립된 대한민국 임시정부의 법통과 불의에 항거한 4.19민주이념을 계승"한다고 선언하고 있다.

그 이후 우리 민주정이 약간의 우여곡절은 겪기도 했다. 이명박 정권과 박근혜 정권 동안 상당한 후퇴도 있었다. 정치 검찰을 중용하고 이용하여 정치보복을 하거나 국정을 농단하는 일어 벌어지기도 했다. 특히 박근혜 정권에서는 정치 검찰이 전면에 나서서 최순실 국정농단을 비호하고 그에 관해 보도하는 언론을 탄압하기도 했다. 그러자 시민들이 나서서 촛불시위를 통해 국정농단과 정치 검찰의 포악한 행태에 저항한 나머지 박근혜 대통령을 탄핵하게 되었다. 그리하여 한국을 다시 반듯한 민주정의 나라로 되돌려 놓았다. 결과적으로 지난 30여 년 동안 우리의 민주정은 약간의 우여곡절에도 불구하고 전체적으로는 착실히 발전해왔다고 할 수 있다.

2.

그랬던 우리의 민주주의가, 또는 우리 헌법이 채택한 우리의 민주 공화정 즉 민주정이, 지금 심각한 위협을 맞고 있다. 미국 '건국의 아버지들'이 신생 미국의 민주정에 염려했던 일들이 지금 우리나라에서 일어나고 있기 때문이다. 그것은 바로 "한 개인이나 집단에 의한 권력의 불법 사용, 또는 권력자 자신의 이익을 위한 법의 회피"다. '권력의 불법 사용'의 예로 도이치 모터스 주가 조작 사건의 핵심 당사자이며 명품 가방을 수수한 당사자인 김건희 여사의 수사 및 기소의 노골적 기피 끝에 마지못한 형식적 수사와 무혐의 처리, 검찰 개혁을 시도했던 조국 전 법무장관과 그 가족에 대한 가혹한 수사와 기소, 이재명 야당 대표에 대한 끝없는 수사와 기소 등을 들 수 있다.

권력의 불법 사용의 또 다른 예를 들어보자. '윤석열 명예훼손 사건'을 수사중인 검찰(서울 중앙지검 반부패수사 1부)은 2024년 1월 이재명 대표, 추미애 의원 등 야당 인사는 물론《한겨레》,《EBS》,《뉴스타파》,《미디어오늘》,《미디어스》,《통일TV》 등 언론사 기자들과 자유언론실천재단, 언론노조 등 언론단체 관계자들, 그리고 일반 민간인 등 3천 명에 달하는 이들의 통신 조회를 했다는 사실이 알려졌다. 문재인 정부 시절인 2021년 12월 공수처(고위 공직자 범죄 수사처)는 윤석열 당시 국민의 힘 대선 후보 부부와 소속 의원 89명 등의 통신 자료를 조회하자 윤 후보는 "미친 사람들"이라며 "독재 시절에나 하던 짓", "정치 사찰" 등으로 강하게 비난했다. 그런데 윤 대통령 하의 검찰은 훨씬 더 방대하고 무차별적인 통신 조회를 한 것이다. 이야말로 '미친 사람들'에 의한 '독재 시절에나 하던 짓' 아닌가?

'법의 회피'는 징용공 문제를 사법부의 징용공 판결을 따르지 않는 방식으로 해결하고, 국회통과가 필요한 그래서 야당의 협조가 필요한 법률 제정을 시도하지 않고 행정부 단독으로 개정할 수 있는 대통령 시행령으로 행정부의 권한을 확대하고, 대통령의 거부권과 사면권을 편파적으로 남용하는 등의 행태로 나타나고 있다. 이들 행위는 3권 분립의 파괴다. 특히 이태원참사특별법, 김건희 여사 특검법, 대장동 50억 클럽 특검법을 비롯하여 2024년 5월까지 21대 국회에서 14건의 법안에 대해 거부권을 행사함으로써 권력자 자신을 위해 법을 회피하고 있다. 22대 국회에서 올린 특검법에 대해서도 마찬가지다. 더구나 윤석열 대통령은 2021년 12월 대선 과정에서 "특검을 왜 거부합니까? 죄 졌으니까 거부하는 겁니다! 진상을 밝히고 조사를 하면 감옥에 가기 때문에 못하는 겁니다."고 발언한 당사자임에도 그렇다. 그의 말에 따르면, 그의 거부권 행사는 그가 죄인임을 뜻함에도 그는 자신의 거부권 행사에 아무런 양심의 가책도 없는 듯하다.

이외에도 민주정 또는 민주주의를 위협하는 많은 일들이 저질러지고 있다. 예컨대, 동일한 법이나 규정이나 절차나 관행을 집권자나 그와 같은 편의 사람들과 그 밖의 다른 사람들에게 차별적으로 적용하여 법치주의와 사법 정의가 파괴되고 있고, 공직에 선출되거나 임명된 적도 없지만 집권자와 특별한 관계에 있는 부인을 비롯한 사

폭정에서 민주정 구하기

인(私人)들이 국정에 개입함에도 그에 대해 언급조차 할 수 없는 성역과 금기가 되었고, 국가기관들이 고유 역할을 제대로 수행하지 못하는 상태에 이르렀으며, 언론자유와 표현의 자유가 심대하게 위축되었고, 백주에 야당 대표의 목숨을 노린 백색 테러가 횡행하고, 그에 대한 수사 결과를 제대로 발표하지 않는 등의 민주 공화정의 파괴행위들이 자행되고 있다. 게다가 헌법에 규정된 "3·1운동으로 건립된 대한민국 임시정부의 법통"을 부정하는 그래서 대한민국의 정통성을 부정하는 뉴 라이트 계열의 반헌법적인 인물들을 슬금슬금 한국학중앙연구원, 국사편찬위원회, 동북아역사재단, 독립기념관 등의 국립 역사 기관들이나 독립운동을 기리는 기관의 장과 임원으로 또는 그 밖의 기관의 요직에 임명했다.[유정인 (2024.8.13). 〈뉴 라이트, 윤 정부 '전면에─역사 기관 25개 요직 장악〉,《경향신문》.]. 이런 행위들은 우리가 어렵게 쟁취한 대한민국이라는 민주 공화국이 위기에 처했음을 보여준다.

3.

이런 사태가 일어나게 된 데 대한 일차적 책임은 정치권에 있다. 특히 정치 검찰을 이용하기 위해 그들의 힘을 키워주어 결과적으로 검찰 정권의 탄생에 기여한 문재인 정권과 '더불어민주당'에 큰 책임이 있다. 그렇다고 '국민의힘'에게 책임이 없는 것도 아니다. 국민의힘은 자신이 배출하고 옹호했던 박근혜 전 대통령을 탄핵하는데 결정적인 역할을 한 수사 검사였던 데다 검찰총장에 지명된 윤석열 씨를 국회 인사청문회 과정에서 여러 비리 관련 제보로 맹렬하게 비판했다. 그런 그를, 아무 일도 없었다는 듯, 자당의 대통령 후보로 영입하여 대통령으로 당선시켰기 때문이다. 민주 국가의 정당과 그 지도자는 잠재적 독재자는 걸러내야 한다. 만일 그러지 못해서 자기들의 후보가 대통령이 되어 독재적 행태를 이어간다면 이에 저항하고 필요하면 야당과 협조해서라도 독재자를 물러나게 해야 한다. 박근혜 대통령 탄핵 때는 여당의 상당수 인사들이 그렇게 했다.

그럼에도 지금은 여당 내에서 사태를 바로 잡으려는 양식 있는 움직임이나 폭정을 고발하는 양심선언도 거의 없다. 오히려 권력자가 총선 지휘를 맡을 여당의 비상대책위원장으로 그의 부하를 내리 꽂아도 아무런 거부 없이 받아들였다. 그리고는 그를 다시 여당의 당대표로 선출하여 차기 대선 후보로 키우고 있다. 여당 인사들과 정치인들은 자리를 보존하기 위해 또는 더 나은 자리를 위해 권력자와 그 측근 실세들의 눈치 보기에 급급하거나 많은 경우 그들의 속내에 적극적으로 부응하고 있다. 시중의 언어로 말하면, 알아서 기고 있는 것이다. 그들은 폭정에 부역하고 있는 셈이다. 그러니 그들에게 민주주의를 파괴하는 폭정 세력의 이런 반민주적 행태를 저지하거나 광정하기를 기대하는 것은 연목구어다.

우리의 민주정을 수호하려면 폭정을 일삼는 자는 선거로 대통령이 되었다 하더라도 정당한 절차를 거쳐서 그를 하루빨리 권력의 자

폭정에서 민주정 구하기

리에서 내려오게 하기 위해 적극적인 자세를 보여야 한다. 그런데도 검찰 정권을 탄생시키는 데 기여했고 그렇기에 그 폭정에 저항하고 막기 위해 더 적극적으로 나서는 것이 자신들의 마땅한 처신이기도 하고 또 그럴 수 있는 인적, 물적 자원을 가진 거대 야당은 검찰의 파일이 두려운 것인지 있지도 않을 역풍이나 우려하면서 매우 소극적으로 임해왔다. 그러다가 제22대 총선 과정과 결과에서 그들의 대다수가 유권자들의 성난 민심에 의해 정치판에서 제거되었다. 시대정신이 무엇이고, 자신의 구실이 무엇이어야 하는지를 제대로 파악하지 못한 정치인들의 사필귀정의 모습이라고 해야 할 것이다.

정치권을 감시하고 폭정을 폭로하고 비판해야 할 사회적 책무가 있는 언론들은 집권세력의 불법이나 비리 그리고 그들의 폭정에는 눈을 감은 채 그들의 변명이나 그들의 프레임 전환에 적극적으로 부응한다. 특히 검찰의 발표에는 보수지이건 진보지이건 가리지 않고 그들의 언론 플레이에 적극적으로 응하는 모습을 보인다. 우리 언론들은, 특히 보수적 언론들은, 정부와 권력의 감시라는 고유 역할을 망각한 채 대부분 보수 세력의 당파지로 전락하여 보수 세력이, 무능하고 부패하고 폭정을 행함에도, 계속 집권하기를 바라는 입장에 서서 매우 편향적이고 왜곡된 보도로 오히려 그들을 두둔하고 비호하고 있다.

폭정은 민주정의 적이다. 따라서 폭정의 비호와 두둔은 민주정에 대한 적대행위라 할 수 있다. 폭정을 비호하고 두둔하는 언론의 행태는 명백히 우리 헌법이 규정한 '민주 공화국'이라는 우리의 국체에 반하는 행위로서 엄격히 말하면 우리 민주정에 대한 반역행위인 셈이다. 따라서, 〈민주정과 언론〉에 관한 장에서 이미 언급했듯, 그런 행위는 언론의 단순한 정파성으로 양해될 수 있는 선을 넘어선 것이다. 그것은 민주정에서는 결코 용납될 수 없는 유의 행위로서 민주정을 수호하기 위해서는 처벌의 대상일 뿐이다. 그런데도 그들은 자신들의 행태가 반헌법적이고 반민주적이며 따라서 우리의 정체 또는 국체에 반하는 어마어마한 행위라는 것을 알지 못하는 듯하다. 이 얼마나 부끄러운 일인가! 우리 보수 언론의 대오각성이 필요하다.

4.

그러니 이러한 사태를 막고 우리의 민주주의를 위기에서 구해내는 일은 결국 성난 민심을 알아차리고 그에 부응하려는 상당수 22대 국회의원들과 깨어 있는 우리 민주 시민들의 몫이 되었다. 그럼에도 우리가 방관하거나 무관심으로 일관하면 할수록 사태를 더 악화시키고 결국에는 그런 사태를 용인하는 결과를 낳게 된다. 그런데 많은 이들이 세상 돌아가는 데에 무관심해서 또는 알아도 무기력해서 방관하는 태도를 취한다. 이는 "의를 보고도 행하지 않으면 용기가 없음이다(見義不爲 無勇也)"[《논어》, 위정편]라는 공자의 말씀을 입증할 뿐이다. 그런데 그런 태도를 취하는 것은 결국 미필적으로 그 사태에 가담하는 것이 되고 만다. 행동이 필요할 때 행동하지 않으면 동

폭정에서 민주정 구하기

조하는 셈이 되기 때문이다. 그래서 김대중 전 대통령은 '615남북공동선언' 9주년 기념식 연설(2009.6.21)에서 "행동하는 양심이 되자, 행동하지 않는 양심은 악의 편이다"라고 호소했을 것이다.

영국의 정치학자 런시먼[Runciman (2020).《쿠데타, 대재앙, 정보권력》, 66쪽]은 "대부분의 민주 사회에서 사람들은 구경꾼으로 살아간다. 그들은 선거 때 지지를 호소하던 정치인들이 당선된 후에 자기 마음대로 결정을 내리는 것을 지켜만 본다."고 지적했다. 그는 이런 상황을 설명하기 위해 현대 정치학은 '청중 민주주의', '구경꾼 민주주의', '국민투표식 민주주의'라는 다양한 용어를 만들어 냈으나 그보다는 '좀비 민주주의'라는 표현이 더 적절하다고 말했다. 그에 의하면, 이 용어들에 내포된 공통적인 개념은 "국민들이 때를 가려 박수나 치는 공연 관람객 정도의 역할만 한다는 것이다. 민주정치는 좀 더 특색 있는 공연자가 대중의 관심을 더 많이 끄는 겉만 반지르르한 쇼가 되어 가고 있다."는 지적이다.

나치의 점령 하에서 프랑스의 레지스탕스를 이끌었던 드골 장군은 "정치는 정치인들에게만 맡기기에는 너무나 중요하다"고 말했다. 그렇다. 정치는 우리 삶의 질을 결정하는 중대사다. 그래서 그것은 정치인들에게만 맡겨 놓을 수 없다. 다행히 우리 국민들은 정치 쇼의 구경꾼으로만 남아 있지 않았다. 우리 국민의 교육 수준은 세계의 어느 나라 국민들의 교육 수준보다 높다. 동시에 우리 국민들의 정치에 대한 관심과 비판 의식 또한 매우 높다. 조선조의 선비와 유생들은 임금에게조차 때로는 목숨을 두려워하지 않고 직언을 하는 전통이 있었고 그 전통은 현대에도 지성인과 학생들의 사회 참여와 민주화 운동으로 면면히 이어져오고 있다. 그 전통은 4.19혁명과 6월 항쟁을 비롯하여 민주주의를 쟁취하는 과정에서 그리고 2016년 촛불시위에서 어김없이 발휘되었다. 그에 힘입어 우리는 두 세대 만에 세계에서 거의 유일하게 산업화와 함께 민주화를 달성하여 세계 선진국 반열에 올랐다.

우리는 분노해야 할 때 분노하고 용기를 내야 할 때 용기를 내었다. 우리의 민주정을 올곧이 지키기 위해 우리는 그 전통을 면면히 이어야 한다. 그래서 우리는 어렵게 쟁취한 민주주의가 위협을 받을 때면 언제든 주저 없이 그 분노와 용기를 거듭 보일 수 있고 반드시 보여야 한다. 그렇지 않으면 취약한 민주주의는 폭정으로 타락하고 우리는 그 폭정에 신음하며 자유롭게 그리고 미래를 꿈꾸며 살 수 없게 된다. 그리되면 우리가 세계에서 유례가 없이 두 세대 만에 산업화와 민주화를 달성하고 선진국이 되었던 사실도 아득한 옛이야기가 되거나 또는 남가일몽(南柯一夢)의 아쉬운 꿈 이야기가 되고 말 것이다. 이 얼마나 허망한 일이겠는가!

그런 허망한 일이 일어나지 않도록 하기 위해, 우리가 선출한 일꾼들이 주인인 국민 위에 군림하는 주객전도의 상황을 막기 위해, 나아가 우리의 선진국 위상을 더욱더 내실 있고 명실상부한 것으로 만들기 위해, 그 위상을 더욱더 단단한 반석 위의 올려놓기 위해, 그리하여

폭정에서 민주정 구하기

우리와 우리 후손들이 계속해서 자유롭고 평등하며 꿈꾸는 삶을 살수 있기 위해, 우리 모두 경각심을 가지고 폭정에 대해 행동하는 양심으로 분노해야 한다. 그렇지 않으면 지금까지 우리가 성취해온 모든 것들이 무너지고 우리와 나라가 나락으로 떨어질 수 있다. 여기서 우리는 "악의 승리를 위해 필요한 유일한 것은 선한 이들이 아무 것도 하지 않는 것"이라는 영국의 보수적 정치인이자 사상가였던 에드먼드 버크(Edmund Burke)의 반어법적인 경고를 깊이 새겨야 한다.

맺음말

> 지옥의 가장 어두운 곳들은 도덕적 위기의 시기에
> 중립을 유지한 자들을 위해 예약되어 있다.
> — 단테 알리기에리(Dante Alighieri)

폭정이나 독재정은 법을 무시하거나 악용하여 권력을 남용하거나 오용하고, 공익보다 사익을 추구하고, 국민들에게, 특히 폭정에 반대하는 이들에게, 포악하게 행동한다. 이에 반해 민주정 또는 민주주의는 법치와 삼권분립에 의한 견제와 균형에 의해 사익보다 공익을 우선하고, 시민의 자유와 평등을 비롯한 인권을 보장하고, 개인들의 이익과 자기 결정을 존중하고, 평화와 번영을 가져오는데 다른 어떤 정치 제도보다 더 유리하다. 그래서 민주정은 인류가 고안해낸 최선의 정치 제도로 말해지고 대다수의 국민들이 지지하기에 많은 나라들이 채택하고 있다.

그렇다고 해서 민주주의가 튼튼하고 안전한 제도인 것은 아니다.

오히려 민주주의는 매우 취약한 제도다. 레비츠키와 지블랫[(2018). 《어떻게 민주주의는 무너지는가》, 6쪽]의 지적처럼, "민주주의는 언제나 위태로운 제도였다." 게다가 민주주의 실패 요인은 그 자체에 내재한다. 그래서 과거와는 달리 오늘날은 민주주의는 혁명이나 정변이 아니라 국민이 선출한 지도자에 의해서 죽음을 맞기도 한다. 오늘날 많은 민주정들이 그렇게 해서 질식되어가고 있다. 그렇게 질식되어서 실질적인 내용은 없이 독재자에게 유리한 형식적인 선거 제도만 남은, 즉 빈 껍질만 남은, 허울뿐인 민주정도 허다하다. 또는 대중영합주의로 재정이 거덜이 나 국민들이 비참한 삶을 사는 나라들도 적지 않다.

그래서 민주주의가 유지되고 더 발전하려면 삼권분립이나 법치주의를 명문화한 헌법 외에도 그에 유리한 토양이 마련되어 있어야 한다. 그렇다면 민주주의의 퇴행은 쉽게 일어나지 않을 것이다. 예컨대, 자유와 평등에 대한 국민들의 확고한 의식, 민주주의를 지키려는 의지와 행동력, 그에 따른 민주화 투쟁의 경험, 두꺼운 중산층의 존재, 상당한 수준의 부, 높은 교육 수준, 행동하는 양심으로 깨어 있는 다수의 국민들, 낮은 수준의 부정과 부패, 적대와 분열보다는 타협과 통합을 지향하는 선진적인 정치, 경쟁 상대에 대한 상호 관용과 제도 운용에서의 절제 등이다.

그러나 이러한 여건이 조성되어 있다고 해서 대중영합적 선동가나 야심가의 출현과 득세조차도 막을 수 있는 것은 아니다. 미국과 같은 나라에서도 트럼프 같은 선동적인 야심가의 출현으로 민주정에 큰 위기를 겪어야 했다. 민주정의 국가에서라면 정당의 지도자 선출 과정에서 그런 자들은 배제되어야 하겠지만, 선동에 능해서 사람들의 지지가 크면 그런 인물이 정당의 지도자로 부각되고 끝내는 국가의 지도자로 선출되는 것을 막기도 쉽지 않다. 또는 야심가, 즉 잠재적 독재자가 최고 권력자가 될 때까지는 자신의 야심을 철저하게 숨기고 위선의 가면을 쓰는 경우에도 그런 자를 판별하고 가려내는 것이 쉬운 일이 아니다. 게다가 정당이 선의의 경쟁보다는 어떻게든 집권하려고만 하는 경우에도 선동적인 야심가를 가려내지 못한다. 당의 지도자 그리고 국가의 지도자를 투표로 선출하는 이른바 민주적 절차의 맹점이다.

따라서 민주주의를 지키고 선진화하려면 위의 여건들을 갖추는 것도 중요하지만, 그런 선동가나 야심가가 나라의 최고 지도자가 되어 독재자의 길을 걸으려 한다면 또는 폭정의 조짐이 보인다면 양식 있는 지성인들과 깨어 있는 시민들이 행동하는 양심으로 이에 맞서 싸우지 않으면 안 된다. 그것도 폭정을 제도화하여 삼권분립에 의한 견제와 균형이 그리고 법 앞에 만인이 평등한 법치주의가 형해화하기 전에 미리 그 싹을 자르지 않으면 안 된다. 일단 폭정이 자리 잡으면 그것을 몰아내는 것이 어렵고 몰아내더라도 많은 희생을 치러야 하기 때문이다. 그 사이 나라는 경제적으로나 정치적으로나 형편없이 추락하고 국민들은 인권유린, 부정부패, 재정파탄으로 참혹한 피

폭정에서 민주정 구하기

해를 입게 된다.

우리에게는 세계에서 가장 높은 교육 수준을 가진 국민들이 있다. 우리에게는 사업화에 성공하여 윤택한 삶을 사는 상당수의 국민들, 즉 두터운 중산층이 있다. 무엇보다, 그간의 민주화 투쟁과 촛불 집회에서 보듯, 우리에게는 자유와 평등에 대한 확고한 의식을 보유하고 민주주의를 지키려는 양심과 의지와 행동력까지 갖춘 많은 이들이, 그리고 그에 따라 많은 희생과 어려움을 감내하면서 폭정에 맞서 싸워 민주정을 쟁취한 빛나는 역사가, 있다. 그런 역사의 본을 받아 이제 우리들이 연대하여 행동하는 양심으로 폭정에 항의하고, 정치권을 압박하여 폭정이 단단히 똬리를 틀기 전에 제거하고, 검찰 개혁을 이끌어내고, 우리의 민주정을 반석 위에 올려놓아야 한다. 그리고 이는 미래에 대한 우리들 모두의 책임이다.

미국의 제35대 대통령 존 에프 케네디(John F. Kennedy (Feb. 18, 1958). "Remarks of Senator JFK at the Loyola College Annual Alumni Banquet")는 상원 의원이었던 시절에 한 연설에서 미국이 소련과의 경쟁에서 승리하기 위해서는 미국의 교육 개혁이 필요함을 강조했다. 그러면서 그 책임의 많은 부분은 정부에 있지만, 기본적인 책임은 미래 지도자의 학부모이자 공격받는 민주주의의 시민들인 일반 미국인들에게 있다며 "과거를 탓하려 하지 말고, 미래에 대한 우리 자신의 책임을 받아들이자"고 촉구했다.

그런데 미래에 대한 책임의 촉구는 오늘의 우리에게도 타당하고 절실하다. 어렵게 쟁취해낸 우리의 민주정이 내부에서 공격받고 있기에 이를 지키고 더 선진화하여, 우리와 우리 후예들이 더 자유롭고 평등하고 안전하고 평화로운 세상에서 살 수 있도록, 그리고 더 나은 내일을 꿈꾸며 살 수 있도록 나서야 할 책임이 우리에게 있기 때문이다. 과거나 남의 탓을 하지 말고 한국 민주정의 시민으로서 한국 민주정의 미래에 대한 우리의 책임을 받아들이고 그 책임을 다 하자.

참고문헌

국내문헌

- 김영민 (2021). 《중국정치사상사》. 사회평론 아카데미.
- 김영평.최병선 등 (2019). 《민주주의는 만능인가?》. 가갸날.
- 김인회 (2017). 《문제는 검찰이다: 검찰개혁 없이는 민주주의도 없다》. 도서출판 오월의 봄.
- 김창균 칼럼 (2023.10.20). 〈이럴 거면 뭐 하러 용산 이전 고집했나〉.
- 김현철.백정화 (2024). 《나는 고발한다: 이화영 대북 송금 조작 사건의 실체》. PARK&JEONG.
- 문재인.김인회 (2011). 《문재인, 김인회의 검찰을 생각한다: 무소불위의 권력 검찰의 본질을 비판하다》. 오월의 봄.
- 박노해 (2010). 《박노해 시집: 그러니 그대 사라지지 말아라》. 느린걸음.
- 박태웅 (2021). 《눈 떠보니 선진국》. 한빛비즈.
- 시민사회단체 기자회견 (2024.7.10). 〈제12차 방위비 분담 협정 즈음한 시민사회단체 기자회견: "주한미군 방위비 분담금 인상 반대, 대폭 삭감!〉.
- 《시사로드》. 〈보수 논객의 팩트 폭행: 남은 3년 어떻게 보내나〉.
- 《오마이뉴스》 (2022.1.20). 〈최강욱이 윤석열 검찰총장 임명을 반대한 이유〉.
- 《오마이뉴스》 (2023.11.12). 〈김대중의 '행동하는 양심', 시작은 동아일보 지키기〉.
- 《오마이TV》 (2022.1.18). 〈누가 윤석열 검찰총장을 만들었나? 최강욱 "민정수석실은 반대, 다른 힘 작용"〉.

- 《오마이TV》 (2023.8.6). 〈최강욱의 본격증언 : 문재인의 청와대는 "윤석열에게 끌려다녔다"〉.
- 《오마이TV》 (2023.8.11). 〈최강욱 최초 본격증언 "윤석열은 '중대흠결'로 검찰총장에 부적절하다고 문재인 대통령에 4번 보고했다"〉.
- 유정인 (2024.8.13). 〈뉴 라이트, 윤 정부 '전면에─역사 기관 25개 요직 장악〉, 《경향신문》.
- 유튜브, 〈국민의 공복, 머슴 이재명〉.
- 이성윤 (2024). 《그것은 쿠데타였다: 흔들리는 헌법, 윤석열과 정치검찰》. 오마이북.
- 이춘재 (2023). 《검찰국가의 탄생: 검찰개혁은 왜 실패했는가?》. 서해문집.
- 《이카》. 〈조갑제 윤석열 지지층 총 붕괴, 윤석열이 반역자다〉.
- 《이카》. 〈조갑제 '윤통 개만큼 국민 아까나?' 국민들 (탄핵) 결단 필요!〉.
- 이효성 (2016). 《소통과 권력》. 커뮤니케이션북스.
- 임혁백 (2021). 《민주주의 발전과 위기: 아테네에서 21새기 한국까지, 민주주의 연대기》. 김영사.
- 주섭일 (1999). 《프랑스의 대숙청: 드골의 나치 협력 반역자 처단 진상》. 도서출판 중심.
- 《중앙일보》 (2024.5.18). 〈조국 예언한 '용산·검찰 갈등설'…"이재명 영장 기각이 그 시작"〉.
- 최동석 (2024.7.6). 〈건강한 민주주의 네크워크 296. 인사 평가 방법론으로 본 유시민과 김어준(우원식, 조국, 문재인)〉.
- 최동석 (2024.8.10). 〈건강한 민주주의 네크워크 311. 윤석열 현상, 국가적 재앙. 어떻게 볼 것인가?].
- 최정규 (2022). 《얼굴 없는 검사들》. 블랙피쉬.
- 추미애 (2023). 《장하리: 자유와 진실을 향한 외침》. 해피스토리.
- 한동수 (2024). 《검찰의 심장부에서: 대검찰청 감찰부장 한동수의 기록》. 오마이북.
- 홍상화 (2019). 《30-50 클럽》. 한국문학사.

번역문헌

- 갠즈, 허버트 지음, 남재일 옮김 (2007). 《저널리즘, 민주주의에 약인가 독인가》. 도서출판 강, 방송문화진흥총서89. 원저 Gans, Herbert J. (2003), *Democracy and the news*. Oxford University Press.
- 다이아몬드, 래리 지음, 김지운 옮김 (2009). 《민주주의 선진화의 길》. 광림북하우스. 원저 Diamond, Larry (2008). *The spirit of democracy: The struggle to build free societies throughout the world*. Times Books.
- 달, 로버트 지음, 김왕식·장동진·정상화·이기호 옮김 (1999). 《민주주의》. 동명사. 원저 Dahl, Robert (1998). *On democracy*. Yale University Press.
- 런시먼, 데이비드 지음, 최이현 옮김 (2020). 《쿠데타, 대재앙, 정보권력: 민주주의를 위협하는 새로운 신호들》. 아날로그. 원저 Runciman, David (2018). *How democracy ends*. Profile Books.
- 레비츠키, 스티븐; 지블랫, 대니얼 지음, 박세연 옮김 (2018). 《어떻게 민주주의는 무너지는가: 우리가 놓치는 민주주의 위기 신호》. 어크로스. 원저 Levitsky, Steven & Ziblatt, Daniel (2018), *How democracies die*. Crown.
- 아렌트, 한나 (2006). 예루살렘의 아이히만. 한길사. 원저 Arendt, Hanna. *Eichmann in Jerusalem: A report on the banality of evil*. Penguin Classics.
- 에셀, 스테판 지음, 임희근 옮김 (2011). 《분노하라》. 돌베개. 원저 Hessel, Stéphane (2010). *Indignez-vous!* Montpellier.
- 젤리저, 바비; 보즈코브스키, 파블로; 앤더슨, 크리스 지음, 신우열·김창욱 옮김 (2023). 《저널리즘 선언: 개혁이냐, 혁명이냐》. 도서출판 오월의 봄. 원저 Zelizer, Barbie; Boczkowski, Pablo; Anderson, Chris (2022). *Journalism manifesto*. Polity Press.

외국문헌

- Arendt, Hannah (1964). "Personal responsibility under dictatorship." https://grattoncourses.wordpress.com/wp-content/uploads/2017/07/arendt-personal-responsibility-under-a-dictatorship.pdf
- Bierce, Ambrose (1966). *The devil's dictionary.* Gordian Press.
- Bok, Sissela (1978). *Lying: Moral choice in public and private life.* Vintage.
- Boswell, Christina (2020, January 14). "What is politics?" https://www.thebritishacademy.ac.uk/blog/what-is-politics/
- *Britannica.* "tyranny."
- Coronel, Sheila (2020, June 16). "This is how democracy dies," *The Atlantic.*
- Council of Europe (2023). "12 principles of good democratic governance."
- Curran, James (ed.) (1978). *The British press: A manifesto.* Macmillan.
- Held, David (1987). *Models of democracy.* Polity Press.
- Herman, Edward & Chomsky, Noam (1988), *Manufacturing consent: The political economy of the mass media.* Pantheon Books.
- Kennedy, John F. (Feb. 18, 1958). "Remarks of Senator JFK at the Loyola College Annual Alumni Banquet, Baltimore, Maryland. https://www.jfklibrary.org/archives/ other-resources/john-f-kennedy-speeches/baltimore-md-19580218
- Mandela, Nelson (2022, Jan 8). https://www.biography.com/political-figures/nelson-mandela.
- McGowan, David (2000). *Derailing democracy: The America the media don't want you to see.* Common Courage Press.

- McNair, Brian (2000). *Journalism and democracy: An evaluation of the political public sphere*. Routledge.
- Modebadze, Valeri (2010). "The term politics reconsidered in the light of recent theoretical developments." *IBSU Scientific Journal 1(4)*, 39-44.
- Mosher, Steven (2017). *Bully of Asia*. Regnery Publishing.
- Nye, Joseph S. (2009, November 11). "South Korea's Growing Soft Power," *Foreign Affairs*.
- Przeworski, Adam (2019). *Crises of democracy*. Cambridge University Press.
- Snyder, Timothy (2017). *On tyranny: Twenty lessons from the twentieth century*. Tim Duggan Books.
- The Organization of American States (2001). "Inter-American democratic charter."
- United Nations Economic and Social Commission for Asia and the Pacific (2009, July 10). "What is good governance?"
- V-Dem Institute (2024). *Democracy report 2024*.
- Weaver, Paul (1994). *News and the culture of lying*. The Free Press.
- *Wikipedia*. "Arendt, Hannah."
- *Wikipedia*. "politics."
- *Wikipedia*. "tyrant."
- Wrong, Dennis (1979). *Power: Its forms, bases, and uses*. Harper Colophon Books.

폭정에서 민주정 구하기

한국 민주정의 선진화를 위하여

초 판 발행일 2024년 12월 18일
개정판 발행일 2025년 3월 1일

지은이 이효성
펴낸이 마형민
기획 신건희
편집 곽하늘 강채영 최지인
디자인 김안석 조도윤
펴낸곳 주식회사 페스트북
홈페이지 festbook.co.kr
편집부 경기도 안양시 동안구 관악대로 488
씨앗트 스튜디오 경기도 안양시 동안구 안양판교로 20

ⓒ 이효성 2025

ISBN 979-11-6929-695-3 03340
값 19,000원

* 이 책은 저작권법에 의해 보호를 받는 저작물이므로 무단 전재와 무단 복제를 금합니다.
* 주식회사 페스트북은 작가중심주의를 고수합니다. 누구나 인생의 새로운 챕터를 쓰도록 돕습니다.
  creative@festbook.co.kr로 자신만의 목소리를 보내주세요.